世纪英才高等职业教育课改系列规划教材（经管类）

市场营销与策划

彭 杰 陈 婧 主 编

人 民 邮 电 出 版 社
北 京

图书在版编目（CIP）数据

市场营销与策划 / 彭杰，陈婧主编. -- 北京 : 人民邮电出版社，2010.4（2014.1 重印）
（世纪英才高等职业教育课改系列规划教材. 经管类）

ISBN 978-7-115-22174-2

Ⅰ. ①市… Ⅱ. ①彭… ②陈… Ⅲ. ①市场营销学－高等学校：技术学校－教材 Ⅳ. ①F713.50

中国版本图书馆CIP数据核字(2010)第002751号

内 容 简 介

市场营销与策划是一门实践性、应用性都很强的课程。本书针对市场营销专业学生学习考证、竞赛要求编写，力求达到理论完整，注重提高实践能力。在准确阐述市场营销与策划基本理论的基础上，突出实践性和操作性。

本书在注重学生的学习能力和实践能力的培养方面，做了有益的探索和改革。全书以课题的形式展开，包括领悟市场营销、树立现代市场营销观念、构建市场营销管理组织、进行市场营销环境分析、进行购买行为分析、进行竞争对手分析、进行市场细分与选择目标市场、进行市场定位、产品策略、品牌与包装策略、价格策略、渠道策略、促销策略、实施营销策划、撰写营销策划报告15 个课题。每个课题又分为案例与讨论、课题学习引导、课题实践页 3 个部分。

本书可作为高职高专院校市场营销、经济管理和工商管理等相关专业的教材，也可作为从事市场营销人员的学习参考用书。

世纪英才高等职业教育课改系列规划教材（经管类）

市场营销与策划

◆ 主　　编　彭　杰　陈　婧
　责任编辑　丁金炎
　执行编辑　洪　婕

◆ 人民邮电出版社出版发行　　北京市丰台区成寿寺路 11 号
　邮编　100164　　电子邮件　315@ptpress.com.cn
　网址　http://www.ptpress.com.cn
　三河市海波印务有限公司印刷

◆ 开本：787×1092　1/16
　印张：16.75　　　　2010 年 4 月第 1 版
　字数：380 千字　　　2014 年 1 月河北第 5 次印刷

ISBN 978-7-115-22174-2

定价：31.00 元

读者服务热线：(010)81055256　印装质量热线：(010)81055316
反盗版热线：(010)81055315

丛书前言

随着我国社会经济的发展，近几年，我国高等职业教育规模快速增长，到2008年年底，全国独立设置的普通高职高专院校已经达到1000多所。应当说，基本适应社会主义现代化建设需要的高等职业教育体系已经初步形成。

高等职业教育依托经济发展，为经济发展提供适应需要的人力资源。同时，高等职业教育要适应经济和社会发展的需要，就必须提高自身创新能力，不断深化课程和教学改革，依靠传统的课程已经不能满足现代职业教育对职业能力培养的要求。围绕高等职业教育专业课程体系建设及课程开发，做好人才培养模式、课程改革、专业师资队伍、实践教学条件等方面的建设，已经成为高职院校教学改革的首要任务，同时也成为我国高等职业教育发展的当务之急。

随着高等职业教育改革形势的纵深发展，我国高等职业教育在课程体系建设指导思想上逐渐汇流，"基于工作过程"的课程与课程开发的理念逐渐为广大高职院校师生所接受。

"基于工作过程"的课程开发设计导向遵循现代职业教育指导思想，赋予了职业能力更加丰富的内涵，它不仅打破了传统学科过于系统化的理论束缚，而且提升了职业教育课程的设计水平。这与高等职业教育的办学方向比较吻合，因此，得到了教育部有关部门的大力倡导。为了响应教育部的号召，我们于2008年组织了"基于工作过程"课程改革和教材建设研讨会，认真分析了当前我国高等职业教育课改现状，充分讨论了高等职业教育课改形势以及课程改革思路，并初步构建了面向21世纪的"世纪英才高等职业教育课改系列规划教材"体系。

我国高等职业教育是以培养高级应用型人才为目标，承担着为我国社会主义新型工业化社会建设输送人才的重任，大力发展高等职业教育是我国经济社会发展的客观需要。自国家大力倡导高职高专院校积极研究探索课程改革思路以来，我国的高等职业教育就步入了一个追求内涵发展的新阶段。"世纪英才高等职业教育课改系列规划教材"按照"基于工作过程"的课改思路，将科学发展观贯彻在高等职业教育的教材出版领域里，希望能为促进我国高等职业教育的发展贡献一份力量。

"世纪英才高等职业教育课改系列规划教材"汇聚了国内众多职业教育专家、高职高专院校一线教师的智慧和心血，以工作过程的发展展开教学过程，有区别地运用"结构模块化、技能系统化、内容弹性化、版面图表化"的呈现手段，内容结构层次从简从便，教材容量深度适当、厚度适合，并配以必要的辅助教学手段。相信本系列教材一定能成为广大高职高专院校师生的良师益友。

"世纪英才高等职业教育课改系列规划教材"建设是对高等职业教育课程改革的一次建设性的探索，期望得到广大读者的首肯和大力支持。如果您在阅读本系列教材的过程中有什么意见和建议，请发邮件至 wuhan@ptpress.com.cn 与我们进行交流，或进入本系列教材服务网站 www.ycbook.com.cn 留言。

世纪英才高等职业教育课改系列规划教材编委会

前言 Foreword

Foreword

市场营销与策划是企业把握当前与未来的市场需要，并把这些市场需要转化为企业盈利机会的运作与实践的过程。市场营销与策划是对这种运作与实践活动的理论概括和阐述。市场营销理论自 20 世纪 80 年代初引入我国以来发展十分迅速，尤其在理论研究和应用方面取得了很大成绩，已深入渗透到社会各个领域。大到一个城市、一个地区、一个国家，小到一个组织、一个企业甚至个人，都直接或间接地受到市场营销活动的影响，甚至需要参与及组织营销活动。在市场竞争环境中，从事营销的每个人都应该具有产品营销意识和促销推广能力，个人只有成功地开展营销，才能保证企业利润实现最大化；企业只有成功地开展营销，才能打出品牌和知名度，把企业做强做大。

本书以高职高专学生在营销岗位的实际工作者为主要对象，以实用性和操作性为原则，力求将营销理论与营销活动实践相结合，努力达到理论正确、体系完整、结构合理、文字表述通俗易懂，并通过剖析实际案例，以增强本书的针对性、实践性和可操作性，使之符合高职高专学生的特点。全书以营销实践为主线，分为 15 个课题，每个课题又分为案例与讨论、课题学习引导、课题实践页 3 个部分。

本书由金华职业技术学院的彭杰、陈婧担任主编，金华职业技术学院的陈爱萍、汪莉娜、虞啸华、周寿伟、陈瑞东以及贵州铜仁职业技术学院的吴玉蓉、张业共同参加编写，最后由彭杰统稿。

本书在编写过程中，参考了兄弟院校的教材和有关专家的论著，并得到了金华职业技术学院有关领导、老师及兄弟院校有关老师的大力支持和帮助，他们对本书的编写提出了宝贵意见。本教材的出版还得到了国家示范建设院校地方财政经费的资助，在此一并表示感谢。

由于编者水平有限，书中不足之处在所难免，敬请同行和读者不吝赐教，使本书日臻完善。

编　者

Contents

目录

Contents

目录

Contents

目录

Contents

课题一 领悟市场营销

技能目标	知识目标	建议学时
➢ 把握市场营销内涵	（1）认识市场概念及其功能 （2）掌握市场营销工作	4
➢ 明确市场营销任务	（1）了解市场营销学的研究对象 （2）明确市场营销的内容与任务	2

第一部分 案例与讨论

案例1：百年老企业——云南白药的再度辉煌

20世纪中成药中最神秘的莫过于云南白药，发明人曲折而坎坷的经历以及药物本身神奇的疗效，一直是人们津津乐道的话题。2002年，云南白药荣获中国驰名商标称号，百年老字号再次让世人瞩目。在天然药物逐渐成为世界潮流的今天，我们欣喜地看到，云南白药这个百年品牌与时俱进，不断焕发出新的生机与活力。

一、神秘的配方

19世纪末，云南民间名医曲焕章根据明、清以来流传于云南民间的中草药方，苦心钻研试验，经十载临床验证，反复改进配方，于1902年创制出一种伤科圣药，取名“曲焕章百宝丹”，俗称“云南白药”，并进而演化为“三丹一子”（即普通百宝丹、重升百宝丹、三升百宝丹、保险子）。1955年，曲焕章的家人将此秘方献给政府，由昆明制药厂生产，改名为“云南白药”。次年，国务院保密委员会将云南白药处方及其工艺列为国家级绝密资料。1971年，云南白药厂正式成立。1995年，云南白药被列为国家一级保护品种，保护期20年，是国内仅有的享受此种保护的两种中药产品之一。

二、产品立体化

云南白药公司从市场实际出发，不断开发云南白药的新剂型，先后从散剂开发出胶囊剂、酊剂、硬膏剂、气雾剂、创可贴等，使云南白药的内服和外用达到高效、方便、快捷，更适合现代人的需求。

宫血宁胶囊为国内外首创，是妇科止血、消炎的有效药物，已列入国家基本用药目录，是国家中药保护品种。

2001年3月云南白药公司又投资450万元（占总股本的90%）成立云南白药集团上海透皮技术研究有限责任公司，专门负责云南白药创可贴、云南白药膏的研究、生产和销售。

云南白药创可贴在市场上推广以来，其凌厉的攻势，已经对创可贴大王邦迪构成巨大冲击，2003 年其销售收入突破 1 亿元，稳稳坐上创可贴市场的第二把交椅。云南白药膏是在云南白药秘方的基础上研制而成。膏剂穿透皮肤能力强的特点，使云南白药镇痛消肿，活血散瘀的功效更加突出。

云南白药的外用药还有云南白药酊和云南白药气雾剂，市场反响也都非常不错。2002 年上半年气雾剂同比上升 53%，云南白药气雾剂逐渐成为云南白药公司一个新的而且是主要的利润增长点。

不难看出，云南白药公司研发新品时充分突出了患者使用药物的方便性，内服和外用制剂相辅相成，构成了云南白药公司立体的白药体系。

三、与体育结缘

作为伤科圣药，云南白药与体育结下了不解之缘，自面世以来，便一直陪伴中国运动健儿在运动场上奋力拼搏，为中国体育事业立下了汗马功劳。近几年来，云南白药更加大了对体育营销的关注。

2000 年 4 月，云南白药集团赞助 2000 年奥运会中国体育代表团，获得“第 27 届奥运会中国体育代表团热心赞助商”称号。云南白药系列产品（胶囊、散剂、气雾剂、创可贴、云南白药酊、膏）被指定为 2000 年奥运会中国体育代表团首选疗伤药品。

四、挺进流通业

2003 年 1 月，就在国内连锁药业发展得如火如荼的时候，大药房家族中又添新成员——“云南白药大药房”的招牌初次亮相昆明街头，新生的云南白药大药房打出了“空调环境、夜间服务”的旗号。云南白药集团表示，一年之内，将建设 100 个同样风格的药店，把全省 16 个地州市，80 多个县“连锁”成网，通过工业和商业的联合，实现对竞争对手的强力冲击，以获取新的发展空间。

五、资本整合市场

细观云南白药的发展历程，不难发现一个现象，云南白药近年来的每一次飞跃发展，都伴随着资本运营的身影。

1993 年，云南白药成功改制为云南白药实业股份有限公司，并成为云南首家上市公司。也就是从这一刻起，企业搭上了资本市场融资直通车，驶入加速发展的快车道。1996 年，通过资本运作，控股大理、丽江、文山 3 家省内云南白药生产企业，终结了白药生产的“战国时代”，云南白药由此“量增价升”。

可以这么说，没有成功有效的资本运营，便没有云南白药 10 年来的快速发展。云南白药今天的成功得益于有效的资本运营，云南白药要想成为引领中药产业航行的旗舰，关键中的关键还是在资本运营。

案例讨论

（1）百年老企业——云南白药为什么能长盛不衰?

（2）云南白药的再度辉煌对我们开展营销活动有什么启发?

（3）你对云南白药以后的发展有什么建议?

第二部分 课题学习引导

1.1 市场营销要领

任何一个营销者，都要明白一个事实：所有的营销活动都离不开市场，交易是营销的核心。作为一名营销者，必须从总体上把握营销，弄清楚到底什么是营销，企业为什么要开展营销活动，营销能给企业带来什么，营销究竟是做什么。对上述问题有了正确的认识，才能喜欢营销，工作才会有动力，也才会有自豪感。

1.1.1 市场

1．市场概念

所谓市场是指具有特定需要和欲望，而且愿意并能够通过交换来满足这种需要和欲望的全部潜在顾客。市场这个词，最早是指买主和卖主聚集在一起进行交换的场所。经济学家则将市场这一术语表述为卖主和买主的集合。而在市场营销者看来，卖主构成行业，买主则构成市场。在现代市场经济条件下，每个人在从事某项生产中趋向专业化，接受报偿，并以此来购买所需之物。每个国家的经济和整个世界经济都是由各种市场组成的复杂体系，而这些市场之间则由交换过程来连接。

市场包含三个主要因素，即有某种需要的人、有满足这种需要的购买力和购买欲望。用公式表示为：

市场=人口+购买力+购买欲望

市场的这三个因素是相互制约，缺一不可的，只有两者结合起来才能构成现实的市场，才能决定市场的规模和容量。例如，一个国家或地区人口众多，但收入很低，购买力有限，则不能构成容量很大的市场；又如，购买力虽然很大，但人口很少，也不能成为很大的市场。只有人口既多，购买力又强，才能成为一个有潜力的大市场。但是，如果产品不能适应人们的需求，对销售者来说，仍然不能成为现实的市场。所以，市场是上述三个因素的统一。

2．市场的一般特性和功能

（1）市场的一般特性

① 形成市场的基本条件。

存在买方与卖方，有可供交换的商品，有买卖双方都能接受的交易价格及其他条件。这三者具备了，才能实现商品的交换，形成现实的而不是概念上的市场。

② 形成买卖行为的三要素。

市场活动的中心内容是商品买卖，因而必须具备消费者、购买力和购买欲望三个要素。没有消费者就谈不上购买力和购买欲望，或是消费者没有购买力和购买欲望，也谈不上形成现实的市场。只有这三个要素结合起来，才能促成买卖行为。

（2）市场的功能

市场产生的基础是存在社会分工，同时又存在不同的所有者之间导致的商品生产，市场活动的基本内容有其共同点。市场的主要功能是：

① 实现功能。

市场是商品交换的场所。通过市场交易，商品与货币易位，商品生产者售出商品，实现了商品的价值，进而可实现价值补偿和实物替换。消费者取得产品，产品进入消费领域，成为现实的商品。

② 调节功能。

市场是经济竞争的场所，通过供求与价格的相互作用，供求形势的变化和竞争的开展，对生产者、经营者和消费者的买卖行为起调节作用，使生产、经营规模和结构与消费需求相适应，能促进社会资源合理配置。

③ 反馈功能。

市场是信息汇集的场所，也是反映商品供求变换的窗口。买卖双方的接触影响供求诸因素的信息传递，不仅为企业的微观决策提供依据，有利于更好地组织生产经营活动，也为政府宏观决策提供依据，有利于经济计划管理和加强宏观调控。

3．市场的作用

市场的历史和商品经济的历史同样悠久。伴随着商品生产和商品交换的发展，特别是伴随着商业的发展，市场的作用也日益显著。

市场是社会经济发展到一定阶段的产物。商品经济的内在矛盾，即使用价值与价值的矛盾；商品流通领域的主要矛盾，即供给与需求的矛盾，都通过市场反映出来，并借助市场求得解决。商品经济的基本规律——价值规律要通过市场发挥作用。市场对社会经济的发展具有十分重要的作用。充分发挥市场机制的作用，是客观经济规律的要求。市场的主要作用是：

（1）市场是实现社会再生产的桥梁，是连接生产与消费的纽带

在商品经济条件下，社会再生产各个环节的活动都离不开市场。生产者要通过市场出售产品，生产目的才得以实现；消费者要通过市场购买货物，需要才得以满足；国民收入的分配和再分配，也要通过市场才得以完成。市场是满足人们多种多样需要的手段，是社会再生产顺利进行的基本条件。

（2）市场是国民经济的晴雨表

市场能反映社会需要的变化，提供信息，把生产和消费、供给和需求更好地结合起来。自觉地利用市场机制的调节作用，通过市场供求和市场价格的变化，能调节人们的生产和消费、调节交换双方的经济效益，对企业的生产经营计划起着检验和校正作用，从而有助于促进国民经济持续、快速、健康发展。

（3）市场是经济竞争的场所

只要存在商品经济，就必然有竞争，只不过在不同的社会制度下，竞争的目的、性质、范围和手段不同。社会主义企业之间的竞争，是在公有制基础上，在国家宏观调控下，在为社会主义现代化服务的前提下，让企业在市场上直接接受广大消费者的评判与检验，优胜劣

汰。竞争有利于鼓励先进，鞭策落后，改进技术，提高经营管理水平，促进经济发展和人民生活水平提高。因此，必须充分发挥市场机制的作用，鼓励竞争和保护竞争。

1.1.2 市场营销

1．市场营销的基本概念

我们可以将市场营销理解为是与市场有关的人类活动，即以满足人类各种需要和欲望为目的，通过市场变潜在交换为现实交换的活动。

市场营销是市场营销学的研究对象。国外的市场营销学关于市场营销的概念，狭义的解释是引导商品与劳务从生产者到达消费者或使用者所实施的一切企业活动；广义的解释是为社会创造与传递生活标准。前者将市场营销仅视作一种传递功能，反映了学科发展幼年期对市场营销认识上的局限性；后者虽给人以广阔的视野，但不明确具体。尽管“市场营销”这个词早在20世纪初期已经出现，但至今仍无统一解释。有人认为，市场营销是销售和促销；也有人认为，市场营销就是把货物推销出去。实际上，企业的市场营销活动应当包括企业的全部业务活动，即市场与消费者研究、选定目标市场、产品开发、定价、分销、促销和售后服务，等等。销售与促销仅仅是企业整个市场营销活动的一部分，而且不是市场营销的最重要部分。

营销与一般的销售不同，区别在于：销售重视的是卖方的需要，营销重视的则是买方的需要。销售以卖方为主，卖方的需要是如何将他的产品卖出去从中牟取利润。营销则是考虑如何更好地满足消费者需要，根据消费者的需要设计产品，改进产品质量，增加花色品种；根据消费者的需求定价，使消费者愿意接受；根据消费者的需要确定销售渠道，处处方便消费者购买；根据消费者的需要进行促销，及时传播消费者欢迎的市场信息。

由于市场营销学是比较年轻的学科，还在发展之中，因而，对市场营销的定义存在各种各样的表述。基恩·凯洛西尔将其所收集的市场营销定义50余则分为3类，一是把市场营销看成一种为消费者服务的理论，二是强调市场营销是对社会现象的一种认识，三是认为市场营销是通过一定的销售渠道把生产企业同市场联系起来的过程。在对市场营销的定义众说纷纭中，西方市场营销学者之间广泛流传着一句话，“市场营销是一门科学，一种行为，一项艺术”。

关于市场营销的较为完整的定义是：市场营销是通过市场交换满足现实或潜在需要的综合性经营销售活动过程。依据这一定义，市场营销的目的是满足消费者的现实或潜在的需要，市场营销的核心是达成交易，而达成交易的手段则是开展综合性的营销活动。市场营销这个概念是从企业营销的实践中概括出来的，因此，市场营销的含义不是固定不变的，它将随着工商企业市场营销活动实践的发展而发展。

（1）市场营销与销售或促销

市场营销不同于销售或促销。现代企业市场营销活动包括市场营销研究、市场需求预测、新产品开发、定价、分销、物流、广告、人员推销、销售促进、售后服务等，而销售仅仅是现代企业市场营销活动的一部分，而且不是最重要的部分。

（2）市场营销的核心是交换

市场营销的含义不是固定不变的，它随着企业市场营销实践的发展而发展。美国市场营销协会（AMA）1985 年将其定义为，市场营销是关于构思、货物服务的设计、定价、促销和分销的规划与实施过程，目的是创造能实现个人和多组织目标的交换。在交换双方中，如果一方比另一方更主动、更积极地寻求交换，则前者称为市场营销者，后者称为潜在顾客。

（3）市场营销者

所谓市场营销者是指希望从别人那里取得资源并愿意以某种有价之物作为交换的人。市场营销者可以是卖主，也可以是买主。假如有几个人同时想买正在市场上出售的某种奇缺产品，每个准备购买的人都尽力使自己被卖主选中，这些购买者就都在进行市场营销活动。在另一种场合，买卖双方都在积极寻求交换，那么，我们就把双方都称为市场营销者。

2．市场营销在企业中的地位

从世界范围的企业管理实践来看，市场营销在不同的时期内，引起了不同行业的重视。一些国际著名公司，如通用电气公司、通用汽车公司等就较早地认识到了市场营销的重要性。在美国，最先认识到市场营销重要性的是包装消费品公司，其次是耐用消费品公司，之后是工业设备公司。世界各国的钢铁业、化工业、造纸业等都对市场营销认识得较晚，至今仍存在差距。进入 20 世纪 80 年代以来，服务行业尤其是航空业、银行业等逐渐接受了市场营销思想。航空公司开始研究顾客对他们所提供的各项服务的态度，包括时刻表的安排、行李的处理、飞行过程中的服务态度是否友好、坐席是否舒适等，他们很快就抛弃了自己隶属于航空业的观念，而代之以隶属于整个旅游业的经营思想。近 20 年来，市场营销已渗入到世界各国的非营利机构，如学校、医院、博物馆、交响乐团等。市场营销在这些行业中已引起了不同程度的兴趣，得到了不同程度的采纳。促使国内外企业意识到市场营销重要性的主要因素有：

（1）销售额下降

例如，当更多的人将注意力转向电视新闻时，报社便马上觉察到报纸发行量的减少。一些发行人员开始意识到，过去他们对读者为什么读报以及他们想从报纸上得到什么，简直了解得太少了。于是，这些发行人员开始进行市场调查，并基于调查研究的结果，重新设计了一份时效性强、言语中肯、能引起读者兴趣的报纸。

（2）增长缓慢

许多公司达到了其所在行业的增长极限，因此，必须开始转向新市场。他们感受到，要想成功地识别、评价和选择新机会，就必须具备更多的市场营销知识。

（3）购买行为的改变

许多公司意识到，消费者欲望的急速改变引起了市场的不稳定。为了保证从购买者身上取得利润，这些公司就不得不采取市场营销导向措施。

（4）竞争的加剧

一个自鸣得意的公司可能会突然遭到市场营销能力强的竞争对手的打击。因此，各个公司不得不认真学习市场营销以迎接挑战。例如，20 世纪 50 年代末，当宝洁公司打入纸制品市场时，斯格特纸业公司并没有太留意它。开始，宝洁公司为了生产卫生纸、面纸和尿布等产品，花费了 13 亿美元用于市场建设。与此同时，斯格特纸业公司虽然也在经营，但在营销上没有什么动作，这使其利润率只有 4.3%，而宝洁公司则高达 10.3%。

（5）销售成本的提高

一个公司的广告、销售促进、市场营销研究、顾客服务等各项成本费用可能会无限制地增加，一旦管理部门觉察到这种现象，就会立即改进企业组织管理，严格控制各种市场营销职能。

3．市场营销的功能与效用

（1）市场营销的功能

① 交换功能，包括购买与销售。

购买是指在市场集中或控制商品与劳务，并实现所有权的转移。购买的职能不仅包括购买哪一些类型的产品和向谁购买产品的决策，也包括进货数量和进货时间的决策。销售是协助或动员顾客购买商品与劳务，并实现所有权的转移。销售的职能不仅包括为产品找到市场，而且包括通过推销宣传策略唤起消费者的需求，并安排好售后服务工作。

② 物流功能，包括运输与储存。

运输是指货物实体借助于动力在空间上的转移，使产品从制造场所转移到销售场所。储存是指商品离开生产领域但还没有进入消费领域，而在流通领域内的停留。储存的设施可使产品保留到需要时供应，使企业可以制订长期的生产计划，从而更有效地工作。储存将产品从生产期保存到销售期，可以调节商品的销售，以适应需求。运输和储存都属于供给功能，是实现交换功能的必要条件。

③ 便利功能，包括资金融通、风险负担、市场情报与商品标准化和分级等。

借助资金融通，可以控制或改变商品与服务的流转方向，实行信用交易，能给市场销售过程中各个环节的买卖双方带来方便。风险负担是商品或服务交易中必然包含的一部分因素，在供求关系的变动中，在运输和储存的过程中，企业均可能因商品损坏、腐烂、缺失、浪费等，以及货物在一定时期内卖不出去，要承担财务损失的风险。市场情报的收集、分析与传送，是一种通信职能，对消费者、生产者和营销机构都是重要的。商品的标准化和分级，是指决定制成品必须符合的条件，作为基本尺度或标准，使产品必须符合其要求，保证产品质量，便于比较和交易。

④ 示向功能，包括对市场的调查、研究和分析。

描绘出消费需求对产品的预期，以及市场供求态势、竞争状况等，从而对企业因时、因地制宜地推出适销对路的产品发挥示向作用。相对市场营销的前述几种功能来说，示向功能对企业往往更具有战略意义。

（2）市场营销的效用

① 形式效用。

例如，纺织企业通过市场调研，分析市场需求，再通过加工、制造程序，将棉纱、布匹制成服装，即生产出能满足人们某种需要的使用价值的具体形式，属于市场营销的形式效用。

② 地点效用。

农产品采购企业在农村向生产者收购蔬菜、水果等农产品，加以挑选整理并初步加工、包装后，运往城市或出口，满足城市与国外消费者的需要。此种运输等功能的发挥，使消费者在适当的地点能买到农产品，属于市场营销的地点效用。

③ 时间效用。

如将夏天制成的棉鞋保存到冬天，将冬天生产的凉鞋保存到夏天，维护两者的效用。此种储存功能的发挥，使消费者在适当的时间能买到这些物品，属于市场营销的时间效用。

④ 持有效用。

通过买卖行为，将商品从卖方转移到买方，从而使购买者获得持有效用。如纺织品批发企业向纺织厂采购纺织品，批销给零售商再转卖给消费者，从而把纺织品的所有权由纺织厂转移到消费者手中，此种交换功能的发挥，属于市场营销的持有效用。

1.1.3 市场营销的核心概念

为了加深对市场营销的理解，我们先定义下面几个核心概念。

1．需要、欲望和需求

人类的某种需要和欲望是市场营销思想的出发点。人们需要食品、空气、水、衣服和住所以维持生存。此外，人们对娱乐、教育和其他种种事物有着强烈的欲望。他们对于基本产品和服务的某种特定形式也表现出强烈的爱好。

① 需要是指人没有得到某些满足的感受状态。人们为了生存，需要食物、服装、交通、住所、安全、归属和受人尊重。这些需要都不是社会和营销者所能创造的。

② 欲望是指人获得那些可能帮助自己实现需要的具体满足物的愿望。

③ 需求是指人对有能力购买并且愿意购买的某个具体产品的欲望。

当人具有购买能力时，欲望便转化成需求。营销者，连同社会上的其他因素，只是影响了人们的欲望，他们向消费者提供产品和服务的建议。营销者并不创造人们的需要。营销者可以通过适当的产品，使其富有吸引力，使目标消费者有支付能力和容易得到，从而影响需求。

2．产品

人们靠产品来满足自己的需要和欲望。产品是指能满足人类某种需要或欲望的任何东西，可以是有形物品也可以是非物质形态的无形物品。

实体产品（即有形产品），其重要性不仅在于人类拥有它们，更在于它们为人类提供的满足功能和服务，所以实体产品实际上是向人们传送服务的工具。服务的传送还可以通过其他途径，如人、地点、活动、组织和创意等。制造商钟爱自己的产品，往往忘了顾客购买产品是为了满足自身的某种需要，不是为了产品的实体而买产品。营销者的任务是推销产品实体中所包含的利益或服务，而不能仅限于描述产品的特征。

3．效用、费用和满足

效用是指消费者对产品满足其需要的整体能力的评价。消费者通常根据这种对产品价值的主观评价和要支付的费用来做出购买决定。如某人为解决每天上班的交通需要，对可能满足这种需要的产品选择组合（如自行车、摩托车、汽车、出租车等）和他的需要组合（如速度、安全、方便、舒适和节约等）作出评估，并把产品按最需要满足和最不需要满足的排列顺序，再进行综合评价，以决定哪一种产品能提供最大的满足。

假如他主要对速度和舒适感兴趣，也许会考虑购买汽车。但是，购买与使用汽车的费用支出要比自行车、摩托车高出许多。出租车的总费用并不低，而且无法拥有它。若购买汽车，他必须放弃使用其有限收入可购置的许多其他产品（服务）。因此，在做出选择之前，他将全面衡量产品的费用和效用，选择购买能使每一元花费带来最大效用的产品。

4．交换、交易

（1）交换

所谓交换是指通过提供某种东西作为回报，从别人那里取得所需物品的行为。一个人可以通过以下 4 种方式获得自己所需要的产品。

① 自行生产。

一个饿汉可以通过打猎、捕鱼或采集野果来充饥。这个人不必与其他任何人发生联系。在这种情况下，既没有市场，更无所谓市场营销。

② 强制取得。

一个饿汉可以从另一个人那里夺取或偷得食物。对另一个人而言，除了身体尚未被伤害之外，对自身毫无益处。

③ 乞讨。

一个饿汉可以向别人乞讨食物，除了一声谢谢之外，乞讨者没有拿出任何有形的东西作为回报。

④ 交换。

一个饿汉可以用自己的钱、其他物品或服务与拥有食物的人进行交换。

市场营销活动产生于第四种获得产品的方式。

交换的发生，必须具备 5 个条件：

① 至少有买卖双方；

② 每一方都有被对方认为有价值的东西；

③ 每一方都能沟通信息和传送物品；

④ 每一方都可以自由接受或拒绝对方的产品；

⑤ 每一方都认为与另一方进行交换是适当的或称心如意的。

具备了上述条件，就有可能发生交换行为。但交换能否真正发生，取决于双方能否找到交换条件，即交换以后双方都感觉比交换以前好（至少不比以前差）。

（2）交易

交换应看作是一个过程而不是一个事件。如果双方正在进行谈判，并趋于达成协议，这就意味着他们正在进行交换。一旦达成协议，我们就说发生了交易行为。交易是交换活动的基本单元，是由双方之间的价值交换所构成的行为。一次交易包括 3 个可以量度的实质内容：

① 至少有两个有价值的事物；

② 买卖双方存在所同意的条件；

③ 有协议的时间和地点。

（3）转让

转让与交易不同。在转让过程中，甲将某物给乙，甲并不接受任何实物作为回报。市场营销管理不仅要考察交易行为，也要研究转让行为。

1.2 市场营销学的研究对象和内容

任何一门学科，之所以能够单独存在，必定有它特定的研究对象和研究内容，那么，市场营销学到底研究什么，作为学生，要从中学到什么？这是每一位有思想的学生都会提出的问题。另外，市场营销学的学习内容与营销工作实际又有怎样的对应关系？学过之后能做好营销工作吗？这又是大多数学生头脑中的疑问。这些正是本课题要回答的问题。

1.2.1 市场营销学研究对象与特点

关于市场营销学的研究对象，有人从“市场学”这一名称出发，认为它应是研究市场和与市场有关的流通规律、价值规律和供求规律等问题的学科。对于这种观点我们认为是错误的。如果这样，市场学的研究对象就与商业经济学、政治经济学没有什么区别，就缺乏自己特殊的研究领域，它也就不能作为一门独立的学科而存在。其实，市场营销学的权威学者菲利普·科特勒认为，“市场营销学是建立在经济学、行为科学、现代管理理论基础上的一门应用学科”。它和政治经济学、商业经济学等学科有一定的联系，但存在着实质性的区别，应该具有其特定的研究对象。

我们认为，市场营销学是一门建立在经济科学、行为科学、现代管理理论基础之上的应用科学。市场营销学的研究对象是指研究满足消费者需求为中心的企业营销活动过程及其规律性，即在特定的市场环境中，企业在市场营销研究的基础上，为满足消费者和用户现实与潜在需要，所实施的以产品、分销、定价、促销为主要内容的营销活动过程及其客观规律。市场营销学的特点是：

1．全程性

市场营销学的研究范围，在实践中不断扩大，已突破了商品流通领域。上延到生产领域的产前活动，包括市场调研、产品设计等；下伸到消费领域的售后服务，包括产品的售后维修、咨询服务和消费者研究等。因此，既要研究、加强内部营销管理，又要分析、适应外部市场环境，其研究领域已扩大到社会再生产的全过程。如把市场营销学的研究对象局限于流通领域，或是局限于广告、推销等方面，那就把市场营销学混同于商业经济学或销售学、推销学了。

2．综合性

市场营销学在发展中兼容并蓄，日益成为综合性的边缘学科。它以经济学为理论基础，吸收并借鉴了哲学、行为科学、社会学、政治学、心理学、管理学、经济计量学、信息学、数学等学科的理论和研究方法，自成一体。菲利普·科特勒指出：“营销学的父亲是经济学，其母亲是行为科学，数学乃营销学的祖父，哲学乃营销学的祖母。”市场营销学事实上已构成管理学的重要内容，它要充分运用多种学科的研究成果来分析市场营销环境、消费者心理和消费者行为。例如，为了探讨消费者个人心理、倾向、冲动、愿望及需要等对购买行为的影响，市场营销学要借助心理学的知识，诸如动机、认识、学习等理论，以便深入分析购买者的行为。消费者在购买过程中可能受到社会环境的影响，为了分析社会群体、社会阶层、文化、家庭等，对购买决策的影响，必须借助心理学、人类学等学科的理论，分析个人消费行为受群体或其他成员影响的程度。市场营销学既要作定性分析，还要作定量分析，因此，统计学、会计学、运筹学、数学等都是不可缺少的工具。

3．实践性

同经济学、统计学、经济计量学及其他社会科学相比，市场营销学具有很强的社会实践性。一方面，市场营销的基本原理、方法与策略来源于广大企业营销实践经验的总结；另一方面，市场营销的基本原理、方法与策略对企业的营销活动具有指导意义和实用价值。市场营销学是有效指导企业适应情况多变的目标市场的实践指南，它着重研究买方市场条件下企业（卖主）的市场营销管理问题，即着重研究企业（卖主）在激烈竞争和不断变化的市场营销环境中，如何识别、分析、评价、选择和利用市场机会，如何满足其目标顾客的需要，提高企业经营效益，求得长期生存和发展。探索企业营销活动过程的规律性，正是为了指导企业营销实践，使企业满足消费需求，实现企业目标。市场营销理论也只有应用于实践，才能显示其强大的生命力。

1.2.2 市场营销学的研究内容

市场营销学的研究内容是由其研究对象所决定的。主要研究内容如下。

1．研究市场

市场营销学要研究市场、市场营销观念，分析我国市场的类型、特点、作用和社会主义企业的市场营销思想，研究我国消费品市场和生产资料市场的特征及影响消费品和生产资料销售的因素，通过分析和研究这些因素，制订出相应的营销对策。

2．研究消费者

市场营销的核心是看产品的功能是否符合消费者的需要。因此，市场营销学要认真研究消费者，树立以消费者需要为中心的市场观念；要调查、了解、预测、判断消费者的需要及其变化；要研究消费者的类型、购买动机和购买行为，从而按照消费者的需要来组织企业的生产经营活动。

3．研究营销组织

市场营销活动是由一定的组织进行的，通过对相应组织的调查、研究和预测，做出企业的经营决策。因此，市场营销学就必须研究市场营销组织的构成、任务、特点和形式，以确保企业的市场营销活动正常而又有效地进行。

4．研究营销策略

市场营销策略是实现产品适销对路的保证。产品适销对路涉及产品设计、产品由生产领域经过流通领域进入消费领域的全过程。所谓适销是指适合消费者的某种需要；所谓对路是指在适当的时候、便利的地点、合理的价格情况下，使产品能满足消费者的某种需要。因此，企业研究产品适销对路，就必须研究以下主要营销策略：

（1）产品策略

研究企业应向消费者提供什么样的产品或劳务，以满足消费者的需要。企业如何开发新产品，开发什么样的新产品，在产品不同生命周期阶段采用何种策略。

（2）价格策略

研究企业应根据什么原则对产品定价，怎样才能使制订的价格既符合国家政策、保证企业取得较好的效益，又能使消费者接受。

（3）分销策略

研究分销渠道的结构、类型。分析影响分销渠道的因素，创建现代营销渠道模式，使产品能通过多渠道顺利地销售给目标顾客。

（4）促销策略

研究消费者和生产者的信息沟通方式，研究促进销售的方法，促进消费者的购买行为。帮助企业按顾客的需求组织生产。

5．研究市场营销决策

企业市场营销活动不是孤立的，各种策略是互相联系、互相制约的。要使企业营销活动与市场环境相适应，使各项策略得到合理的组合，必须研究市场营销决策，用整体观念组织市场营销活动，同时还要研究决策的程序和方法。

1.2.3　研究市场营销学的方法

研究市场营销学的具体方法很多，主要有以下 4 种。

1．产品研究法

以商品为主体，分别研究各有关产品的产品设计、价格、品牌、商标、包装、广告与分销渠道等。国外市场营销学一般将产品分为工业品与消费品两大类。其中工业品又可区分为原料、半成品、零件、成品和设备等，消费品又可区分为便利品、选购品与特殊品等。产品研究法是以某种或某类产品为主体，着重分析这种或这类产品的市场营销问题。

2．机构研究法

它集中对整个市场营销系统中各特定机构的性质和功能进行研究，如对制造商、批发商、零售商和各种代理商等机构及其业态在市场营销中的功能和作用分别进行研究。

3．功能研究法

市场营销的基本功能一般可分为交换功能、物流功能、便利功能和示向功能四大类，包括购、销、运、存及金融、信息等方面的内容。功能研究法主要是研究各种营销功能的特性及动态，研究市场营销机构在营销过程中所具有的功能。

4．管理研究法

市场营销学发展的初始阶段，通常采用前述 3 种研究方法。第二次世界大战后，随着现代科学的发展，市场营销学在吸取现代科学研究成果的基础上，兴起了一种新的研究方法，即管理研究法（或称决策研究法）。管理研究法以企业为主体，从营销管理决策的角度，综合产品研究法、机构研究法和功能研究法的基本要求，从管理决策的角度研究市场营销活动。管理研究法特别强调对市场营销分析、计划、组织、执行和控制的研究。目前多数国家的市场营销学者主要采用这种研究方法。

5．社会研究法

它着重研究社会产品和资源的配置，各种市场营销活动和市场营销机构所产生的成果及其社会效应。这种研究方法注重研究市场的功能、产品的更新、广告的真实性和营销活动对社会、生态环境的影响等问题。

【小　　结】

（1）市场营销学主要研究作为销售者的企业市场营销活动，即研究企业如何通过整体市场营销活动，适应并满足买方的需求，以实现企业经营目标。我们可以将市场营销理解为与市场有关的人类活动，即以满足人类多种需要和欲望为目的，通过市场潜在交换为现实交换的活动。

（2）市场是指某种产品的现实购买者与潜在购买者相加的总和。市场包含着人口、购买力和购买欲望 3 个因素，这几个因素是相互制约，缺一不可的，只有三者结合起来才能构成现实的市场，才能决定市场的规模和容量。

（3）市场营销不同于销售或促销。市场营销的基本功能为交换功能、物流功能、便利功能和示向功能。市场营销还可以创造形式、地点、时间等效应。

（4）市场营销是一门科学，也是一种行为，更是一门艺术。市场营销学是一门实践性很强的应用科学，其研究对象是研究企业市场营销策略及其营销活动的规律性。其研究内容包括市场研究、消费者研究、营销组织研究、营销策略研究和市场营销决策研究。其研究方法包括产品研究法、机构研究法、功能研究法、管理研究法、社会研究法。

（5）市场营销在国外的发展主要包括 6 个阶段，即萌芽时期（1900—1920 年）、职能研究时期（1921—1945 年）、形成和巩固时期（1946—1955 年）、市场营销管理导向时期（1956—1965 年）、协同和发展时期（1966—1980 年）、分化和扩展时期（1981—1993 年）。市场营销在中国的传播与发展分为引进时期（1978—1982 年）、传播时期（1983—1985 年）、应用时期（1986—1988 年）、扩展时期（1988—1994）、国际化时期（1995 年之后）五个时期。

第三部分　课题实践页

一、选择题

（1）市场营销理论的中心问题是（　　）。

A. 消费　　B. 交换　　C. 需求　　D. 欲望

（2）销售活动属于市场营销四项基本任务中的（　　）。

A. 了解市场需求　　B. 指导企业生产　　C. 开拓市场销售　　D. 满足市场需求

（3）买方市场是指（　　）市场态势。

A. 供不应求　　B. 供求平衡　　C. 供求均衡　　D. 供过于求

（4）当前我国引进的市场营销理论主要以（　　）的理论为主流。

A. 美国波特教授　　B. 美国菲利普・科特勒教授

C. 美国萨缪尔森教授　　D. 美国麦克锡教授

（5）企业开展市场营销活动的对象，下列备选答案中，最佳选项是（　　）。

A．企业　　B．组织　　C．个人　　D．市场

二、判断题

（1）在组成市场的双方中，买方的需求是决定性的。（　　）

（2）市场营销就是推销和广告。（　　）

（3）消费者尚未得到满足的感受状态，我们称为消费欲望。（　　）

（4）消费者之所以购买商品，根本目的在于获得并拥有产品本身。（　　）

（5）交换是一个过程。在这个过程中，如果双方达成了一项协议，我们就称之为发生了交易。（　　）

三、简答题

（1）简述市场的功能、特性和作用。

（2）举例说明市场营销的功能和效用。

（3）何谓市场营销学？其研究的对象是什么？

（4）市场营销学的研究内容是什么？它的研究方法有哪些？

四、课堂讨论

（1）简述市场的功能、特性和作用。

（2）如何理解市场营销？它与销售有什么联系和区别？

（3）举例说明市场营销的功能和效用。

（4）何谓市场营销学？其研究的对象是什么？

（5）简述市场营销学的产生与发展过程。

（6）市场营销学的研究内容是什么？它的研究方法有哪些？

五、实训操作

学生走访调查几个企业，了解企业的经营之道、营销模式和营销策略。

实训目标：锻炼学生学会调查能力，培养学生整体营销思想。

实训组织：学生分组，对企业进行调查并写出报告。

实训成果：学生展示调查报告，老师点评。

课题二　树立现代市场营销观念

技能目标	知识目标	建议学时
➢ 树立营销观念	（1）理解什么是营销观念 （2）了解营销观念的演变过程	2
➢ 把握现代营销观念发展	（1）掌握现代市场营销观念的发展趋势 （2）了解新旧市场营销观念的区别	4

第一部分　案例与讨论

案例 1：海尔的营销观念

一、产品观念

典型事件：大铁锤砸电冰箱到产品零缺陷。

时间：1985 年。

意义：意识的觉醒和产品观念的确立，为创立名牌打下基础。

1985 年，一位用户来信后映，电冰箱厂生产的“瑞雪”牌电冰箱有质量问题，张瑞敏突击检查了仓库，发现库存中不合格的电冰箱有 76 台。张瑞敏召开全厂人员的现场会，确认了每台不合格电冰箱的生产人员后，

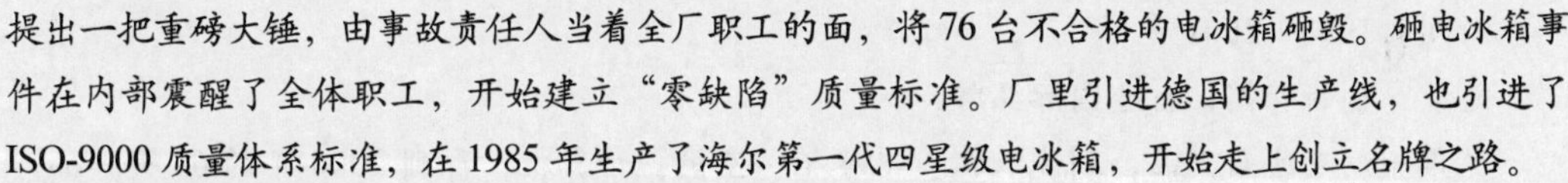

提出一把重磅大锤，由事故责任人当着全厂职工的面，将 76 台不合格的电冰箱砸毁。砸电冰箱事件在内部震醒了全体职工，开始建立“零缺陷”质量标准。厂里引进德国的生产线，也引进了 ISO-9000 质量体系标准，在 1985 年生产了海尔第一代四星级电冰箱，开始走上创立名牌之路。

二、推销观念

典型事件：“琴岛-利勃海尔”北京打擂。

时间：1988 年。

意义：塑造独特差异，占有顾客品牌认知。

1988 年“琴岛-利勃海尔”电冰箱第一次送到北京展销。在现场，消费者要求把“琴岛-利勃海尔”电冰箱、日本冰箱和其他几个牌子的国产冰箱都通上电，当场打擂台赛。结果，“琴岛-利勃海尔”各项指标遥遥领先，把其他产品都比了下去。

同是在 1988 年，全国电冰箱国优评比中“琴岛-利勃海尔”在全国 100 多家电冰箱厂中以总分第一的成绩取得金牌。

此后几年，海尔年年评奖，年年参加国际招标，到 1990 年获得中国家电唯一驰名商标，一个名牌诞生了。

三、市场营销观念

典型事件："小小神童"洗衣机、"大地瓜"洗衣机的推出。

理念：市场设计产品、创造市场、星级服务。

时间：1996—1998年。

意义：细分目标市场，整合营销能力，塑造竞争能力，牢牢抓住消费者。

1996年海尔推出"即时洗"洗衣机，命名为"小小神童"。标志着海尔营销观念的成熟，也标志着营销技术的科学化。这种洗衣机的问世，是海尔科研人员在市场调研中发现的。为了将概念变为成熟的产品，海尔又专门向用户发出"咨询问卷"，收到5万份回信。在此基础上，海尔推出"小小神童"，获得成功。

1996年，海尔在四川的一个农民用户投诉说洗衣机水管老是被堵，服务人员上门维修时发现，这位农民用洗衣机洗地瓜。海尔人进一步调查发现，在四川农村，很多农民冬天用洗衣机洗红薯，夏天用洗衣机洗地瓜。张瑞敏的灵感又来了，发明一种利于洗红薯的洗衣机。1998年代号为XPD40-DS的洗衣机问世，投放的1万台很快就销售完。

从"小小神童"洗衣机到"大地瓜"洗衣机，是海尔人的又一次革命。营销观念的核心原则对市场营销提出了许多精辟的论述："满足所有利益的需要"、"发现欲望并满足它们"、"热爱顾客而并非产品"、"顾客第一"。在这一阶段、海尔的营销战略的制订和在运用营销组合方面已相当成熟。

在整合营销的观念指导下，海尔遵循"消费—开发—制造—售前—售中—售后"的市场链，引入了"SST"机制，创造了市场在企业内部的运作机制，实现了全员营销，塑造了竞争力。到1998年，海尔实现了质变。

四、大营销观念

典型事件：企业扩张——"海尔文化激活休克鱼"。

理念：海尔中国造。

时间：1998—2001年。

意义：创新营销，打造国际品牌。

从单一的电冰箱产品，到洗衣机、电冰柜、空调、计算机，再到2000年的69大产品门类的产品群；从青岛电冰箱总厂到海尔集团今天的7个工业园、46家工厂、15个设计中心；海尔集团突破了单一产品营销，在不同的层面、不同的时机和场合，进行着多元化的市场营销活动。在海尔集团发展壮大的过程中，渗透着一种大营销的观念，处处体现着大格局。海尔集团的决策层，就是凭着这种大营销的思想观念，在策划、组织着庞大企业的营销活动。不论是4PS还是6PS，还是4C，还是海尔创造的3C，所有系列的营销组合措施都在这大格局中闪烁着智慧之光。

（资料来源：郭朝阳. 中国著名企业营销案例评析. 广东：广东经济出版社，2002年4月第1版. 经本书作者重新整理）

案例讨论

（1）海尔营销观念的演变与西方国家企业营销观念的演变有什么异同?

（2）海尔营销观念的发展给我们什么启示?

第二部分　课题学习引导

2.1　市场营销观念

思路决定出路，观念决定成败。无论是老企业还是新企业，都必须根据企业内外主客观条件树立正确的营销理念，以指导企业的营销活动。理念先行，没有理念作指导的企业就像人没有灵魂，即使有生命也不会长久。来吧，为了企业的今天和明天，赶快给自己的企业树立一座营销理念的灯塔吧！

营销观念是指导企业领导人在组织和谋划企业的营销管理实践活动的根本思想和行为准则。一种市场营销观念的形成不是凭人们主观臆造出来的，而是一个复杂的社会发展过程。一定的市场营销观念是一定社会经济发展的产物。以美国为代表的西方国家，工商企业市场营销管理指导思想的演变过程经历了生产观念、产品观念、推销观念、市场营销观念几个阶段。

2.1.1　生产观念

生产观念又称生产者导向，是以生产者为中心的指导观念。这是 20 世纪 20 年代以前各资本主义发达国家企业的主导观念，认为获得产品的基本效用是消费者的主要目的，企业的任务就是生产并向市场提供顾客所买得起的商品。企业主要以提高劳动生产率、扩大生产规模、降低生产成本，从而降低产品价格来吸引顾客，同时获取自己的市场地位。“我们生产什么，我们就卖什么”就是这种观念的写照。

生产观念是在卖方市场形势下形成的。当时，资本主义生产力相对落后，市场趋势是求大于供。与这种观念相适应的企业营销部门由销售经理直接管理，内容主要为销售人员的销售活动。当时还没有其他市场活动，如市场计划、营销研究及广告活动等。

在卖方市场的形势下，组织大规模生产确实给一些企业带来了经济效益。如 1908 年，美国福特公司采用流水线生产方式大量生产了 T 型车，每辆车价为 850 美元，面世后大受欢迎。第二年 T 型车的产销量比上年翻了一番，超过 12 万辆。到 1916 年 T 型车产量达到 152 万辆。第一次世界大战结束时，福特公司已控制了北美及至世界各地的汽车市场，全球的汽车有一半是福特车。清爽一色的黑色汽车畅销无阻，不必讲究市场要求、特点和推销方法。

然而，在科技发展和生产力提高而导致市场供求关系发生变化以后，如果继续奉行生产观念，将会给企业带来重大损失。20 世纪 20 年代以后，随着交通设施的改善，人民生活水平的提高，轿车市场的需求发生了变化。消费者要求企业生产性能更优、乘坐更舒服、款式更新颖的轿车。而福特公司仍坚持其生产观念，导致其汽车市场占有率从 1923 年的 57%迅速下降到 1925 年的 25%，1927 年又被迫重组生产线生产 A 型车。当该车上市时，福特公司在行业中的排位已经降到了第三位。

2.1.2 产品观念

产品观念又称产品导向，它是在生产观念的基础上发展而来的，仍属较陈旧的经营观念，认为消费者最喜欢高质量、多功能、有特色的产品，企业应生产高值产品，并不断改进，使产品日趋完美。

产品观念产生的市场环境条件与生产观念差不多，只是当时已经出现了一定范围的市场竞争，从而促使企业重视产品的改进和提高。但当时市场仍为求大于供，新的观念很难普遍被企业接受。

注重产品质量和功能本来无可非议，但如果认为只要质量好功能多，产品就不愁卖不出去，这也是不合时宜的。当市场发生变化后，再好的产品如果不能适应需求，照样没有销路。例如，在运动鞋领域，德国的彪马公司一直处于世界名牌地位。但到了 20 世纪 90 年代，美国的耐克公司异军突起，其产品不仅成为美国市场的抢手货，而且向世界名牌发起了挑战。1991 年在法国市场上耐克运动鞋销售增长了 70%，而彪马只增长了 8%。这是由于彪马公司将运动鞋定位在运动项目的专用鞋上，看不到消费者需求变化。而耐克公司发现运动鞋因有“时装化”倾向而可能成为一种“时髦”，因此在鞋的款式、色彩上不断翻新并注意穿着舒适、价格合理，配合广告宣传，因而受到许多年轻人的欢迎。

2.1.3 推销观念

推销观念属于销售导向，是许多企业所奉行的一种市场观念。这种观念认为，在一定的市场竞争条件下，企业必须积极推销自己的产品并进行大量促销活动。企业如果能够对消费者的心理采取一系列有效的推销战术，使消费者对企业的产品发生兴趣，就可以刺激消费者大量购买自己的商品。

推销观念是在由卖方市场转向买方市场过渡期间产生的。第一次世界大战结束后，随着社会生产力的提高，科学技术和先进设备的广泛应用，有效供给大大增加，市场竞争日趋激烈，市场销售矛盾十分尖锐。尤其是 1929 年世界性经济危机，使更多企业认识到产品销路成了企业生死攸关的问题。企业的经营重点不再是如何生产，而是如何把生产出来的产品销售出去。于是推销观念取代了生产观念，其口号为：“我卖什么，顾客就买什么”。例如，美国皮尔斯堡面粉公司从 1869 年成立到 20 世纪 20 年代以前，一直是运用典型的生产观念指导企业的经营管理活动，其代表性口号是：“本公司旨在制造面粉”。而在 1930 年左右，该公司发现有的经销商已开始从其他厂家进货。为扭转这一局面，公司成立了商情调研部门，并选派大量推销员上门推销，力挽全局。同时将公司口号更改为：“本公司旨在推销面粉”。

在推销观念阶段，一些企业使用各种推销技巧来寻找顾客，有的甚至还用“高压推销”、“强力推销”使消费者接受其产品。从生产观念到推销观念，使销售工作在企业经营管理工作中的地位大大提高。然而由于推销观念只是努力将自己产品推销出去，而不考虑这些产品是否满足消费者的需求以及销售后的感受，因此推销观念仍属“生产者为中心”的范畴。

2.1.4 市场营销观念

市场营销观念又称营销导向，它属于现代市场营销管理指导思想的范畴。市场营销观念认为，实现企业营销目的，在于正确确定目标市场的需要和欲望。因此，企业要集中一切资源和力量，安排市场营销组合，满足目标市场顾客的需求，从而扩大销售，增加盈利。“顾客需要什么，我就生产什么”，“顾客是上帝”等表现了市场营销观念的鲜明特点。市场营销观念的形成是市场观念的一次“革命”。

市场营销观念是在买方市场下产生的。这一观念的重大改变是有其社会发展的历史背景的。20 世纪 50 年代中期，随着科技革命和主要资本主义国家庞大的军事工业转产为民用产品，生产效率进一步提高，生产规模继续扩大，社会总的供应量剧增，花色品种繁多。另外，资本主义国家普遍实行了高工资、高福利、高消费政策，刺激消费者的购买力不断上升，购买选择性空前增强，各企业处于极度竞争中。整个资本主义市场迅速由原来的卖方市场转向消费者为主导的买方市场。面对复杂多变的市场，企业认识到，只有在满足消费者需要的基础上，企业才能得到生存和发展。许多大企业提出，哪里有消费者的需要，哪里就有我们的机会。例如，日本一家公司通过市场调查，发现日本每年出生的 250 万个婴儿会需要大量的尿布，于是就开始了尿布的开发和生产。几年后，该公司就成为日本在这一市场中的霸主。此后，该公司生产的尿布又打入国际市场，很快占据了世界尿布销量的 1/3，成为名副其实的“尿布大王”。其成功之处，就在于注意了对消费者的潜在需求的研究。

以消费者需求为中心是市场营销观念的本质特征。经营者在激烈的市场竞争中发现，真正成功的销售不主要取决于推销的力度，而主要取决于企业满足消费者需求的程度。奉行市场营销观念的企业，其市场营销活动有以下特点：

① 考虑企业的经营目标和战略时以用户为中心；

② 企业的一切活动都是为了满足用户的需要；

③ 企业的整个经营计划是建立在市场调查和预测基础上的；

④ 重视用户服务，争取取得用户的信赖和使用户满意；

⑤ 企业中的营销部门在企业生产经营活动中占有重要地位。

一个企业要真正确立起市场营销观念，首先，企业员工要树立“顾客至上”的经营观念，一切从顾客的需要出发，一切为了满足顾客的需要，彻底改变以前的以自我为中心的陈腐观念。其次，对企业组织机构进行相应改革，使之适应企业的市场营销管理工作以顾客需要为中心的要求。再次，改变企业的经营程序和经营方法，在生产经营活动中首先要开展调研工作，认真了解目标顾客的需要，并根据目标顾客的需要组织生产、定价、分销和促销活动，为目标顾客提供完善的售后服务，提高顾客的满意度。所以，奉行市场营销观念的关键是，以满足顾客需要为中心，实行整体营销。

2.2　市场营销观念的发展

世界上唯一不变的就是变化。随着时间的推移，沧海变桑田。无论过去的营销理念多么正确，随着时间的推移，企业内部条件和外部环境都在不同程度上发生了改变，因此，营销理念必须创新，正所谓此一时彼一时。如果今天的企业还固守昨天的营销理念，就不可能把企业引向光明而只会带入黑暗。为了企业的将来，营销理念的创新已是时不待我。

进入 20 世纪 80 年代后，又涌现出社会市场观念、客户观念和大市场营销观念。

2.2.1 社会营销观念

20 世纪 70 年代以后，西方发达国家不少有远见的企业家和管理学家更进一步提出了社会市场观念，并把它作为市场营销观念和生态学市场观念的补充和完善。社会市场观念认为，企业向市场提供任何产品或服务时，不仅要考虑消费者的需要和发挥企业的自身特长，还要考虑符合消费者和社会的最大发展利益。明确提出市场营销者在制订市场营销政策时，要统筹兼顾企业利益、消费者需要的满足和社会利益。这一概念的提出，得到了世界各国和有关组织的广泛重视，并承认这一理论的运用是推动社会目标实现的最佳途径。例如，在美国，因为人们日常生活和工作的节奏加快，产生了方便快餐食品的需要，麦当劳公司的汉堡包等快餐食品很快取得了成功。据美国《经济学家》周刊报道，1965 年麦克唐纳刚出售股票时，100 股股票的价值仅为 2 250 美元，而到了 1995 年，这 100 股股票已变为 18 590 股，价值达 100 万美元。但汉堡包含脂肪过多，热量过高，经常吃容易发胖，会引发一些疾病，不利于身体健康，而且大量使用的包装纸也造成了浪费。针对这样的情况，一些西方市场学者提出了理性消费观念，以修正和代替单纯的市场营销观念。目前这一观念已为多数人所接受，如图 2–1 所示。

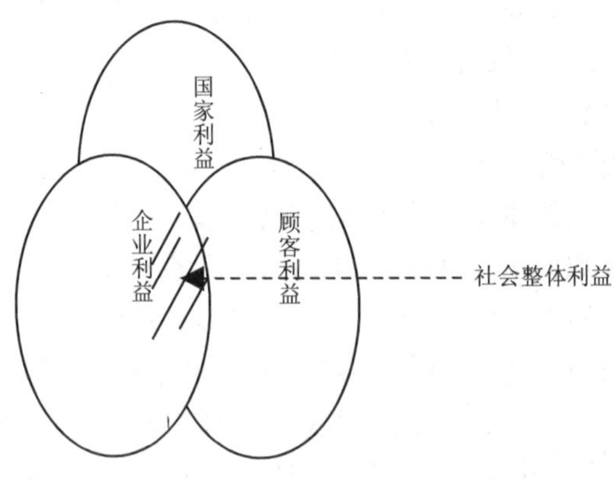

图 2-1 社会市场观念示意图

2.2.2 客户观念

随着现代营销战略由产品导向转变为客户导向，客户需求及其满意度逐渐成为营销战略成功的关键所在。各行业的企业都试图通过卓有成效的方式，及时准确地了解和满足客户需求，进而实现企业目标。实践证明，不同子市场的客户存在着不同的需求，甚至同属一个子市场的客户的个别需求也会经常变化。为了适应不断变化的市场需求，企业的营销战略必须及时调整，在此营销背景下，越来越多的企业开始由奉行市场营销观念转变为客户观念或顾客观念。

所谓客户观念是指企业注重收集每一个客户以往的交易信息、人口统计信息、心理活动信息、媒体习惯信息以及分销偏好信息等，根据由此确认的不同客户终生价值，分别为每一个客户提供各自不同的产品或服务，传播不同的信息，通过提高客户忠诚度，增加每一个客户的购买量，从而确保企业的利润增长。市场营销观念与客户观念不同，它强调的是满足每一个子市场的需求，而客户观念则强调满足每一个客户的特殊需求。

需要注意的是，客户观念并不适用于所有企业。一对一营销需要以工厂定制化、运营计算机化、沟通网络化为前提条件，因此，贯彻客户观念要求企业在信息收集、数据库建设、计算机软件和硬件购置等各方面进行大量投资，而这并不是每一个企业都能够做得到的。有些企业即使舍得花钱，也难免会出现投资大于收益的局面。客户观念最适用于那些善于收集单个客户信息的企业，这些企业所经营的产品能够借助客户数据库的运用实现交叉销售，或产品需要周期性地重购或升级，或产品价值很高。客户观念往往会给这类企业带来异乎寻常的效益。

2.2.3 大市场营销观念

20 世纪 70 年代末，企业的经营环境发生了急剧变化，跨国公司得到很快发展，企业竞争已跨越国界涉及全球。资本主义世界经济的不景气和持续“滞胀”，迫使各国采取关税和非关税贸易壁垒，贸易保护主义盛行，政府干预加强。在这种形势下，许多企业意识到，在这种封闭型或保护型的市场上，已存在的参与者和批准者往往会设置种种障碍，使那些能够提供类似产品和服务的企业难以进入市场。因此，要有效地拓展市场，必须调整自己的营销观念，大市场营销观念应运而生。

菲利普・科特勒在 1984 年提出的大市场营销观念认为，在市场壁垒、企业难以进入的情况下，以满足政府及其他利益集团的需求为中心，从而争取进入市场的指导思想，核心是综合协同运用政治的、经济的、心理上的、公共关系等技巧和策略，赢得政府等利益集团的合作和支持，从而进入市场，开展营销活动。例如，印度饮料市场过去一直被美国可口可乐公司所占领，由于可口可乐公司未协调好与印度政府等各方面的关系，被印度政府禁止进口国内市场。这时美国的百事可乐公司则乘虚而入。百事可乐公司通过向印度提供一项援助，出口一定数量的农产品，帮助其发展当地经济，转让食品加工、包装和水处理技术等。这些措施赢得了印度各利益集团的支持，排除了议员们对跨国公司的反对，终于使百事可乐公司进入印度市场。

大市场营销观念的核心是，一要十分重视调和企业和外部各方面的关系，以排除来自人为的障碍；二是提出了变被动为主动的营销思想，使企业营销有更多的主动性和灵活性。

与以前的营销观念相比，大市场营销观念具有如下特点：

① 大市场营销的目的是打开市场之门，进入市场；

② 大市场营销的涉及面比较广泛；

③ 大市场营销的手段较为复杂；

④ 大市场营销既采用积极的诱导方式，也采用消极的诱导方式；

⑤ 大市场营销投入的资本、人力、时间较多。

2.2.4 掌握市场营销观念的重要性

市场营销观念由生产者导向转变为消费者为中心导向，是资本主义发达国家现代企业经营管理思想的一个重要变革。他们认为企业市场营销活动的职能不是仅在于推销已经生产出来的产品或服务，而是在于必须首先调查、分析和预测消费者的需要，并将信息传递到生产部门，以提供适销对路的产品或服务来满足消费者的需要，促使潜在交换得以实现。即只有在企业经营者确立了市场观念以后，才能真正认识企业和消费者的关系，找到企业生存和发展的正确途径。

1983 年以来，我国改革开放步伐进一步加快，特别是大量外资企业进入中国。这些西方国家企业的市场营销观念和营销活动所产生的效应，不仅对国内企业形成压力，也引起国内企业对市场营销理论和实践的进一步重视。一些较早接受市场营销观念的国有企业，在企业内部的组织机构方面也发生了变化。不少经营自主权和灵活性较强的乡镇企业和民营企业也纷纷效仿。特别是 1987 年以后，我国消费者市场的供求关系发生了明显变化，产品供不应求的状况已基本得到缓解，部分商品出现了供过于求的现象，这使企业的营销活动与市场的关系更加密切。企业必须转变其经营观点，才能求得生存与发展。然而，虽然企业界已对市场营销理论引起高度重视，但是，市场营销理论的推广和应用仍然表现出一种明显的不成熟，具体表现为：

① 大多数企业仍停留在生产观念或推销观念阶段，企业仍以自我为中心，热衷于玩弄促销技巧，对市场营销观念缺乏正确的认识和理解；

② 市场营销观念还未真正成为经营者的营销理念，而只作为一种管理职能；

③ 大多数企业只注重短期利益，忽视市场调查、分析和预测，缺乏企业的长期营销战略；

④ 政府与上级主管部门的各种行政干预过多，体制改革配套不完善，公平竞争市场环境还未真正形成。

2.2.5 新旧营销观念的根本区别

营销观念归纳起来分为两类：一类是以企业内部生产为中心的旧观念，包括生产观念、产品观念和推销观念；另一类是以消费者需求为中心的新观念，包括市场营销观念、社会营销观念、客户观念和大市场营销观念。由于两类营销观念产生的历史背景不同，因而具有不同的特点，有着本质的不同。

1．程序不同

旧营销观念以产品生产为起点，将市场置于生产过程的终点，即产品生产出来之后才开始经营活动；而现代营销观念则将市场置于整个营销活动过程的起点来组织生产经营活动，市场成为营销活动的出发点和最终归宿点。

2．中心不同

旧的营销观念是以企业内部的生产和产品为中心。企业生产什么，商家就卖什么；商家卖什么，顾客就买什么。在商品投产前企业并不知晓市场需求状况，不重视对市场的调研、分析，而在产品生产出来之后才考虑其销售问题，所以无法保证商品的适销对路。而现代营销观念是以消费者需求为中心。消费者需求是企业生产经营活动的核心问题，了解和掌握目标顾客的需求是企业营销活动的基础和前提。

3．手段不同

旧的营销观念是以提高产品产量和销量、降低成本、强化推销为手段，把不合适的商品强卖给顾客。现代营销观念则从消费者需求出发，产品适销对路，并以整体营销为手段，最大限度地满足客户的需要。

4．目的不同

旧的营销观念以增加产量、扩大销售为获取利润的主要手段和目标，但由于企业不太注意改善生产基础设施和对企业长期立足有益的事，因此其追求的利润往往是短期的。现代营销观念则是通过满足消费者需求来获取利润。企业利润的多少取决于其产品满足消费者需求的程度。虽然最终目的也是获取利润，但这种利润是一种长期利润，见表 2-1。

表 2-1 新旧营销观念的比较

企业观念		营销程序	营销中心	营销手段	营销目的
旧观念	生产观念	产品→市场	产品	提高生产效率	增产获利
	产品观念	产品→市场	产品	提高产品质量	增产获利
	推销观念	产品→市场	产品	促 销	扩销获利
新观念	市场营销观念	市场→产品→市场	顾客需要	整体市场营销	满足顾客需要获利
	社会营销观念	市场→产品→市场	顾客需要、社会利益	整体市场营销	满足顾客需要、增进社会福祉获利
	客户观念	市场→产品→市场	客户利益	定制化营销	满足客户需要获利
	大市场营销观念	市场→产品→市场	公众、政府	关系营销	多赢获利

【小 结】

（1）市场营销观念是指导企业领导人在组织和谋划企业营销管理实践活动的根本思想和行为准则。营销观念的演变与经济社会发展密切相关。其演变历程经历了生产观念、产品观念、推销观念、市场营销观念、社会营销观念、客户观念和大市场营销观念的逐层变化。

（2）掌握市场营销有重要意义，它对企业开展营销活动所需要的环境因素以及现代企业应树立怎样的营销观念进行了理论指导。

（3）根据营销观念演变过程是否以消费者需求为中心，把营销观念分为旧营销观念和新营销观念。凡以企业内部的生产为中心的营销观念归为旧观念；凡以企业外部的消费者需求为中心的营销观念归为新观念。新旧市场营销观念有着本质区别，表现在营销的程序不同、营销中心不同、营销手段不同和营销目的不同。

第三部分 课题实践页

一、选择题

（1）最容易导致企业出现市场营销近视的营销观念是（ ）。

A．生产观念 B．产品观念 C．推销观念 D．市场营销观念

（2）“大市场营销”这一概念的最先提出者是（ ）。

A．科特勒 B．杰克逊 C．格罗鲁斯 D．莱维特

（3）科特勒认为除了市场营销组合的“4P”之外，还应再加上两个“P”，即（ ）。

A. 权力（Power）与公共关系（Public Relations）

B. 人（People）与服务过程（Process）

C. 诊断（Probe）与细分（Partition）

D. 择优化（Priority）与市场定位（Position）

（4）要求市场营销者在制订市场营销政策时，要统筹兼顾三方面的利益，即企业利润、消费者需要的满足和社会利益，其营销管理哲学是（　　）。

A. 推销观念　　B. 社会市场营销观念　　C. 生产观念　　D. 市场营销观念

（5）在美国，推销观念产生于（　　）。

A. 卖方市场　　B. 买方市场

C. 买方市场向卖方市场过渡阶段　　D. 卖方市场向买方市场过渡阶段

二、判断题

（1）推销导向强调的是销售，生产导向强调的是生产，两者有本质区别。（　　）

（2）产品观念被称为营销近视症。（　　）

（3）市场营销观念是最现代的、无懈可击的观念。（　　）

（4）产品观念强调产品质量与性能，属于现代营销观念。（　　）

（5）消费需求的变化是引起市场观念产生变化的根本原因。（　　）

三、简答题

（1）什么是营销观念？营销观念的演变和发展经历了哪几个阶段？为什么会产生这种演变？

（2）新旧市场营销观念有何区别？

四、课堂讨论

（1）什么是市场营销观念？它的特点和要求是什么？

（2）什么是大市场营销观念？它有何特点？

五、实训操作

如果学生自主创业，在校园附近开一家摄影店，要求学生对该摄影店树立一个合适的营销观念。

实训目标：培养学生树立正确的营销观念。

实训组织：学生分组，讨论如何树立营销观念并写出报告。

实训成果：对各组的营销观念进行解释说明，老师点评。

课题三 构建市场营销管理组织

技能目标	知识目标	建议学时
➢ 把握营销管理任务	（1）掌握营销管理的概念、实质和任务 （2）明确营销管理的过程和步骤	2
➢ 构建营销管理组织	（1）熟悉营销管理过程 （2）能够构建营销组织 （3）会实施营销控制	4

第一部分 案例与讨论

案例 1：麦当劳公司 1990 年的市场营销计划

一、当前营销状况

1．市场份额

麦当劳公司 1986—1989 年的产品销售额见表 3-1。

表 3-1 麦当劳公司产品销售额

年度（年） 销售额（万元）	1986	1987	1988	1989
市场销售总额	440	440	450	470
麦当劳的销售额	110	111	114	120

麦当劳公司 1986—1989 年的产品市场占有率见表 3-2。

表 3-2 麦当劳公司产品市场占有率情况表

年度（年） 市场占有率 企业名称	1986	1987	1988	1989
麦当劳	25.0%	25.2%	25.3%	25.5%
汉堡王	9.0%	9.5%	9.6%	9.5%
温狄斯	5.4%	5.7%	5.8%	5.8%
哈狄斯	5.4%	5.6%	5.7%	5.7%
肯德基销售网	18.4%	18.6%	18.7%	18.8%
塔可销售网	7.5%	7.5%	7.3%	7.4%

2．市场状况

快餐食品市场正在缓慢增长。传统的街区和郊区市场已经饱和，当前大多数的销售增长来自非传统销售网点，如机场、火车站、办公大楼所在地。

快餐食品自然集中于汉堡包、鸡和番茄酱的销售。某些新开业的专业化快餐食品店，如D' lites向成年人提供了更多的食谱选择。像Pasta bars这样的销售网点对麦当劳形成了潜在的威胁，它们正在集中于单一的快餐食品和成年人市场，恰恰成年人这一细分市场又是麦当劳的薄弱之处。

随着这些专业化快餐食品销售链和新鸡味食品销售网点的诞生和发展，像Popeye和对市场营销做出改进的肯德基都在不断地向汉堡包的销售进行挑战。从好的方面来看，温狄斯公司和汉堡王快餐店在促销宣传上都表现出经营不力，处于劣势。

目前，麦当劳面临两个主要问题。其一，在不改变麦当劳十分重视儿童市场这一传统的前提下，怎样提高成年人对麦当劳的忠诚度？其二，当开发新销售网点的地方变得越来越困难时，怎样继续保持市场的增长势头？

麦当劳成功地向海外进行了扩张发展。

3．竞争形势

汉堡王：近几年，汉堡王跌跤不轻，几乎一蹶不振。它的广告宣传很不得力而且又没有开发什么特别的新产品。唯一的有利因素是步麦当劳的后尘，推出幸福快餐增加了它的早餐食品品种。

温狄斯：这是一个发展中的快餐公司，当它中断了“牛肉到哪里去了”的广告之后，便失去了它的发展势头。它不仅没有增加什么新的品种，而且好像还没有找到怎样才能使其销售网点盈利的窍门。

肯德基：它正在努力扩大其销售网点，并把三明治加进了它的食谱中。其广告“只有我们对鸡的烹调才是正确的”十分有效。当肯德基一旦建立起了足够的销售网点，会采取更大的广告宣传活动。它绝不会满足于已经取得的成果。

帝·莱斯特：尽管它目前还远远不是一个主要的竞争对手，但它却代表着一种思想，这种思想对麦当劳是有害的。它用帕史塔棒加色拉食谱来吸引成年人，尤其午餐时备受欢迎。同时，它还向成年人提供了它认为更有营养价值的快餐食谱。尽管它的融资状况不佳，在流动资金方面也存在问题，但它的许多快餐店却经营得很好。

Tacco Bell：Tacco Bell以及其他一些番茄酱餐馆，为那些偶而想吃一些墨西哥饭的人开辟了一个独特的市场。它的规模尚小，还未成长到进行大规模做广告的程度。

4．价格对比

麦当劳公司产品与其他产品价格对比见表3-3。

表3-3　麦当劳公司产品与其他产品价格对比表　单位：美元

企业名称	低档餐	中档餐	高档餐
麦当劳	2.10	3.25	4.10
汉堡王	2.05	3.10	4.00
温狄斯	—	3.25	4.25
肯德基	—	3.50	4.65
Tacco Bell	1.70	2.90	4.50
帝•莱斯特	—	3.70	5.25

二、营业目标

① 销售额：131亿美元。

② 毛利：47亿美元。

③ 毛利率：36%。

④ 净利：17亿美元。

⑤ 市场份额：25.7%。

三、问题与机会分析

1．问题

① 通过现场试验发现，客户对麦当劳的新快餐食品评价不高；

② 适于麦当劳开设新销售网点的地方十分有限；

③ 帝·莱斯特在经营成年人快餐食品方面表现出了极大的潜力；

④ 各竞争对手都纷纷向市场投放各种各样的幸福快餐，温狄斯用“土豆王”玩具来配合，成功地对它的幸福快餐进行了促销；

⑤ 最近麦当劳组织了意在以成年人市场为目标的两次游戏性促销活动，经市场调查表明客户反映这些游戏太复杂；

⑥ 由于很难雇佣到合格的雇员以及食品品种的增加给保证质量带来困难，使得麦当劳的快餐食品技师水准和服务质量都开始下降。

2．机会

① 市场调查表明，客户会对麦当劳即将推出的自由挑选营养果子面包作出积极反应；

② 麦当劳在非传统开店的场所开设的销售网点相当成功；

③ 麦当劳的地区合作团体和当地特许经营组织的市场营销能力在同行业中都是最强的；

④ 麦当劳投放到市场的各种色拉已经取得一定的成功；

⑤ 所有快餐食品都正在受到营养学家的批评。

3．营销战略

麦当劳正准备检验一些新的市场观念。这些新的观念将是既能满足那些喜欢传统的麦当劳快餐食品的客户，又能使那些标新立异、期待快餐食品有所变化的客户心满意足。

麦当劳今年的目的除了全营养果子面包在所挑选的市场上推出之外，其他产品都应保持原有的市场份额。为了实现这一目标而采取的战略有：

① 不断加强对儿童市场的营销活动，以增强麦当劳对儿童的凝聚力。继续进行幸福快餐的销售促进活动，继续增加麦当劳的游乐场数目；

② 以成年人为目标市场进行促销活动，每六个月组织一次促销性游戏。在东北部和西海岸地区的大城市市场引入全营养果子面包，并组织一次广播电台广告宣传活动，对全营养果子面包进行大张旗鼓的宣传。在成年人中开发出较强的客户忠诚度的几种新概念、新思想进行市场试验，重新推出快餐食谱——双层干酪包，这种双层干酪包曾是20世纪60年代流行的食谱，广告宣传着重于“麦当劳伴随我成长”；

③ 继续增加在非传统设店场所开设销售网点的数目；

④ 增加麦当劳主办的体育运动活动和其他活动的次数；

⑤ 增加罗纳德·麦当劳的露面次数；

⑥ 发表有关麦当劳快餐食品营养成分及含量的新闻报道。

四、销售预测

麦当劳预测有5.3%的销售增长。由于快餐食品市场4.4%的增长和预计麦当劳增加3%的销售点，如果麦当劳能够保住目前客户对它的忠诚度，那么5.3%的销售增长目标是应该能够实现的。

麦当劳的两类关键客户，一是儿童，因为他们能把霸权夹带到麦当劳来；二是那些不带孩子或没有孩子而在外面吃饭的成年人。今年麦当劳对儿童的广告宣传活动和促销活动与去年基本保持一样的水平并获得相似的销售结果。

今年麦当劳为在成年人市场上有一定的份额，一改过去的惯常做法而进行食谱变革。而且游戏促销全营养果子面包和第四季的怀旧活动又需要这样做。在销售者试验期间，所有上述三项活动都表明它能使销售额增长5%～7%。

五、行动方案（第一季度）

麦当劳公司产品促销活动安排见表3-4。

表3-4　　麦当劳公司产品促销活动安排表

活动项目	关键日期	数　量	费用（万美元）
一月份			
儿童节目广告	全月	250分钟	1 500
游戏促销广告	全月	400分钟	2 500
增加罗纳德•麦当劳露面	1月15日		25
促销展览	1月2日	60 000人次	100
新幸福快餐论坛	1月25日		10
市场研究竞赛	1月20日		5
促销大奖赛	全月	50 000份	500
二月份			
儿童节目广告	全月	250分钟	1 500
游戏促销广告	全月	400分钟	2 500
麦当劳高校全美明星篮球赛	2月25日	1场	200
新幸福快餐论坛	2月25日		10
促销大奖赛	全月	50 000份	500
三月份			
儿童节目广告	全月	250分钟	500
游戏促销广告	全月	400分钟	2 500
麦当劳的网球比赛	3月15日	1场	50
新幸福快餐论坛	3月25日		10
促销大奖赛	全月	50 000份	500

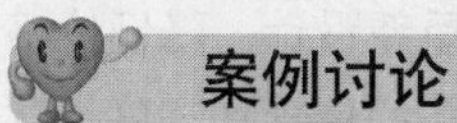

（1）营销计划中哪些内容是不可缺少的?

（2）营销计划书应该如何撰写?

第二部分 课题学习引导

3.1 把握市场营销管理的任务

营销管理是营销工作的核心任务之一。做营销，其实质是做市场、做需求，就是认清需求、管理需求，为满足各类需求制订有针对性的营销策略。营销是智者的活动，营销策略就是智慧和艺术的综合运用。您所在的企业面临的是哪一类需求呢？如何为满足顾客的有效需求开展营销工作，这就是本课题要研究的内容。

营销管理是指为实现各种组织目标，创造、建立并保持与目标市场之间的有益交换和联系而设计的方案的分析、计划、执行和控制的过程。

一般人认为营销管理仅适用于有处理顾客市场任务的人员。其实，企业组织任何部门都有市场营销和营销管理问题，如采购部门与原材料市场打交道、人事部门与人才市场打交道、财务部门与资金市场打交道等。既然有市场，便存在营销管理问题。

3.1.1 市场营销管理的实质

市场营销管理实质是需求管理，其目标就是使企业推销工作成为多余的工作。市场调查和研究是发现和创造市场需求，产品开发和设计是提供一种满足市场需求的手段和方法，而产品策略、价格策略、渠道策略及促销策略是一系列满足需求的活动。需求管理同其他任何管理一样，存在着计划、组织、领导、控制等基本职能，计划职能位于其他管理职能之前，同样，营销策划在全部营销工作中也排在前面，是最为重要的工作。

3.1.2 市场营销管理的任务

市场营销管理的任务就是为促进企业目标的实现而调节市场需求的水平、时机和性质。在不同需求情况下企业营销管理有不同的任务。按照企业预期需求水平和实际需求情况差异，一般可出现 8 种不同的需求情况，下面就依据市场的不同需求情况，阐述市场营销管理的任务。

1．负需求

负需求是指市场的主要服务对象不喜欢某种产品或服务。如有些人对乘火车旅行有负需求情况，就是因为火车缺乏灵活性、方便性的缺点越来越突出，而火车快捷、舒适、经济等优点相对缺失。在负需求情况下，市场营销管理的任务就是努力改变市场营销，即企业要调查研究为什么市场不喜欢某种产品或劳务，以及是否可以通过采取产品重新设计、降低价格和更积极促销的营销方案，千方百计改变市场服务对象对这种产品或劳务的信念和态度，从而把负需求变为正需求。如前一个时期，人们随着收入水平的提高，出现厌恶和忽视粗、杂粮的负消费，这主要是人们的饮食口味发生了变化。而近年来，经营者反复宣传粗、杂粮有营养价值的一面，并通过改变加工方法来改变粗粮的口味，使得粗、杂粮食品重新进入百姓家的餐桌。

2. 无需求

无需求是指目标市场对产品毫无兴趣或漠不关心的一种需求状况。通常市场对下列产品无需求，一是无价值的废旧物资；二是有价值，但在特定市场无价值的东西，如新产品或消费者平常不熟悉的物品等。在无需求情况下，市场营销的任务是通过刺激市场来创造需求，其主要途径一是改变价值标准，如中药，在国人眼中是有价值的，也有需求，而在西方人眼中没有价值，因此也就没有需求。我们可以通过文化传播，改变西方人的价值观，使之接受中药产品，产生中药需求；二是营造需求环境；三是大力宣传介绍新产品、新劳务或消费者不熟悉的物品，创造需求，引起消费者的注意和兴趣。

3. 潜在需求

潜在需求是指相当一部分消费者对某产品有强烈的需求，而现有产品或服务又无法使之满足的一种需求状况。在潜在需求情况下，市场营销管理的任务是开发市场需求，即开展市场营销研究和潜在市场的测量，进而开发有效的产品和服务来满足这些需求，将潜在需求变为有效需求。比如人们对于烟花爆竹，既希望燃放时增添节日的喜庆气氛，又不满意它们的不安全和对环境的污染。因此，人们有一种潜在的需求，希望有一种商品既能营造热烈气氛，又安全卫生。于是，开发和生产了一种长效烟花爆竹型饰品，通电后产生灯光闪烁的效果，将其悬挂在门边和需要布置的场所，效果极佳，这就满足了人们燃放爆竹既有音响效果又安全卫生的需求。潜在需求存在于一切社会生活领域，这是企业可以不断挖掘的市场。

4. 下降需求

下降需求是指市场对一个或几个产品的需求呈下降趋势的一种需求状况。在需求下降的情况下，市场营销的任务是分析需求下降原因，重新激活营销。产品需求下降可分为两大类，一类是趋势性下降，如煤球炉需求下降；另一类是暂时性需求下降。前者出路在于及时进行产品结构和行业结构调整，而后者则通过产品重新定位、改进产品特色与外观、采用更有效的沟通手段来重新刺激需求，使老产品开始新的生命周期，并通过创造性的产品再营销来扭转需求下降的趋势。

5. 不规则需求

不规则需求是指某些产品或服务的市场需求在一年不同季节或一周不同日子，甚至一天不同时间上下波动的一种需求状况。如电力供应就存在季节需求波动和每天电力需求量不平衡的状况，电力部门可采用以下营销措施，一是采用峰谷电价调节需求，二是建立蓄能电站调节需求，三是改变需求习惯调节需求。在不规则需求情况下，市场营销管理的任务是协调市场营销，使需求平衡化，同时保证产品和服务的质量。即通过灵活定价、大力促销及其他刺激手段来改变需求的时间模式，使物品或服务的市场供给与需求在时间上协调一致。

6．充分需求

充分需求是指某种产品或服务的目前需求水平和时间等于预期的需求水平和时间的一种需求状况，这是企业最理想的一种需求状况。在充分需求情况下，企业市场营销管理任务是维持市场营销，保证需求充足恒定。但是在动态市场上，消费者偏好会不断变化，竞争也会日益激烈，因此企业通过努力保持产品品质，经常测量消费者满意程度，通过降低成本来保持合理价格，并激励营销人员和经销商大力推销，以千方百计维持目前需求水平。

7．过度需求

过度需求是指某种产品或服务的市场需求超过了企业所能供给或所愿供给的水平的一种需求状况。在过度需求情况下，市场营销管理的任务是降低市场需求，实现供需平衡化。即通过提高价格，合理分销产品，减少服务和促销等措施，暂时或永久性地降低市场需求水平。需要指出的是降低市场需求并不是杜绝需求，而是抑制需求水平。特别是我国消费结构的趋同性，容易引发需求爆发性增长，面对这种情况，如果企业一味扩大供给来满足过度需求，不久就会面临生产能力过剩的被动局面。

8．有害需求

有害需求是指市场对某种有害产品或服务（如香烟、酒、毒品）的需求，在这种需求情况下，企业市场营销管理的任务是反市场需求或劝人放弃有害需求，即大力宣传有害产品和服务的严重危害性，大幅度提高价格以至停止生产供应等。降低市场需求与反市场需求的区别在于，前者是采取措施减少需求，后者是采取措施消灭需求。

3.2 划分市场营销管理工作过程

营销管理的本质是需求管理。做营销，其实质是做市场、保需求。要真正有效地管理好需求，就必须清楚整个营销管理工作的过程和流程，找到营销管理工作的切入点，这样，营销管理才会有序进行，效果明显。一个真正的营销高手，非常重视营销管理过程。同样，任何营销管理都离不开合适的组织。流程整合、岗位设计、组织构建、人员配备，这是开展营销活动的基础。建立一个效率型组织，让每个岗位配备合适的人，让每个人找到合适的岗位，这是营销管理工作的最终目标。

3.2.1 明确市场营销管理工作过程

所谓市场营销管理工作过程，就是指企业为实现其任务和目标而发现、分析、选择和利用市场机会的管理过程。更具体地说，市场营销管理工作过程包括如下步骤：分析市场机会、选择目标市场、设计市场营销组合、管理市场营销活动。

1．分析市场机会

寻找和分析、评价市场机会，是市场营销管理人员的主要工作任务，也是市场营销管理过程的首要步骤。在现代市场经济条件下，由于市场需要不断变化，任何产品都有其生命周期，所以每一个企业都必须经常寻找、发现新的市场机会。

（1）发现市场机会

企业可采取以下方法来寻找和发现市场机会。

① 收集市场信息

营销人员可通过经常阅读报纸、参加展销会、研究竞争者的产品、召开献计献策会、调查研究消费者的需要等方式寻找、发现或识别未满足的市场需要和新的市场机会。上海曹杨新村街道通过阅读报纸了解到不少在本市高校留学的外国学生对中国家庭文化颇感兴趣，又考虑到许多下岗职工也有强烈的再就业愿望，于是就推出了“家庭旅游”业务，收到了良好的效果。

② 分析产品与市场发展矩阵

营销人员也可利用产品与市场发展矩阵（如图 3–1 所示）来寻找和发现增长机会。例如，某化妆品公司的营销人员是否可以采取一些措施，在现有市场上通过市场渗透扩大香波产品的销售，或者在国外市场通过市场开发扩大香波的销售，还可以向现有市场提供发胶，或者改进香波的包装、成分等，扩大产品销售，甚至考虑是否投入服装、家用电器等行业，跨行业经营多种多样的业务（多元化经营）。经验证明，这是企业寻找和发现市场机会的一种有效方法。

	现有产品	新产品
现有市场	1 市场渗透	3 产品开发
新市场	2 市场开发	4 多元化经营

图 3-1　产品与市场发展矩阵

③ 进行市场细分

营销人员还可通过市场细分来寻找、发现最好的市场机会，拾遗补缺。近几年来，许多知名内衣厂家就是通过市场细分，发现最好机会，纷纷进入北京高档女性内衣市场，并取得成功的。

营销人员不仅要善于寻找、发现有吸引力的市场机会，而且要善于对所发现的各种市场机会加以评价，决定哪些市场机会能成为本企业有利可图的企业机会。

（2）评价市场机会

在现代市场经济条件下，某种市场机会能否成为某企业的企业机会，不仅要看利用这种市场机会是否与该企业的任务和目标相一致，而且取决于该企业是否具备利用这种市场机会、经营这种业务的条件，取决于该企业是否在利用这种市场机会、经营这种业务上比其潜在的竞争者有更大的优势，因而能享有更大的“差别优势”。

假设某大城市的市民和旅客需要快餐，饮食公司、百货公司和旅馆公司这三家公司都想利用这种市场机会生产经营快餐。究竟哪一家公司能享有最大的差别优势呢？这要看哪一家公司在生产经营快餐上具备最多的有利条件或有最大的优势。我们假设生产经营快餐必须具备 4 个条件：

① 有一定资金；

② 有生产经营快餐所必需的店铺、设备和原材料；

③ 有生产和经营管理快餐业务的技术；

④ 在广大消费者中有一定信誉。

饮食公司完全具备这 4 个条件，它在生产经营快餐上有最大的优势；百货公司有①、②、④三个条件；旅游公司有①、②两个条件。由此可见，饮食公司在生产经营快餐上享有最大的差别优势，因而生产经营快餐这种有吸引力的市场机会能成为饮食公司的企业机会。

总之，营销人员要善于对所发现的某种市场机会加以评价。在评价各种市场机会时，要看这些市场机会与本企业的任务、目标、资源条件等是否相一致，要选择那些比其潜在竞争者有更大的优势，将那种有更大的差别优势的市场机会作为本企业的企业机会。

此外，还要进一步对每种有吸引力的企业机会进行评价。这就是说，还要进一步调查研究，谁购买这些产品，他们愿意花多少钱，他们要买多少，这样的顾客在何处，谁是竞争对手，需要什么分销渠道。通过调查研究这些问题，营销人员要分析研究营销环境、消费者市场、生产者市场、中间商市场和政府市场。此外，企业的财务部门和生产制造部门还要估算成本，以确定这些市场机会能否转变成为给企业带来利润的企业机会。

2．选择目标市场

市场营销管理人员发现和选择了有吸引力的市场机会之后，还要进一步进行市场细分和目标市场选择。这是市场营销管理过程的第二个主要步骤。

企业需要根据一定的变量或依据对市场进行细分，之后，还要决定选择哪些子市场作为企业的目标。企业选择目标市场可以考虑下列策略。

（1）市场集中化

这是最简单的一种模式，企业只选择一个目标市场，只生产一类产品，供应单一的顾客群。企业可以更清楚地了解子市场的需求，从而树立良好的信誉，在该市场建立巩固的地位。同时，企业通过生产、销售和促销的专业化分工，可以实现规模经济效益。但是，单一市场的风险比较大，一旦所选择的市场需求发生变化，企业可能会面临倒闭的危险。如果企业具备在某一子市场从事专业化经营的优势地位与条件，或限于财力只能经营单一市场，或者是该子市场的竞争对手较少，那么，企业就可以选择市场集中化策略。

（2）选择专业化

企业有选择地进入几个不同的子市场。每个子市场都具有良好的盈利潜力，且与企业的目标和资源条件相符合。这些子市场之间很少或根本不发生联系。选择专业化能够很好地分散风险，但也分散了企业的力量，同此采用选择专业化策略的企业应具有较多的资源和较强的营销实力。

（3）产品专业化

产品专业化是指企业同时向几个子市场销售同一种产品。企业通过这种模式可在特定的产品领域树立良好的形象。但一旦新技术、新产品出现，企业会面临效益滑坡的危险。

（4）市场专业化

市场专业化是指企业集中力量满足某一特定顾客群的各种需要。这种模式能更好地满足顾客的需求，树立良好的信誉。企业还可以向这类顾客群推销新产品，成为新产品有效的销售渠道。但一旦顾客需求发生变化，企业会面临收益下降的风险。

（5）市场全面化

市场全面化是指企业为所有顾客群提供他们需要的所有产品。只有实力强大的大公司才能采取这种策略。

3．设计市场营销组合

市场营销组合是企业市场营销战略的一个重要组成部分。企业的市场营销战略包括两个不同而又相互关联的部分：一是目标市场，即一家公司准备投其所好的、颇为相似的顾客群；二是市场营销组合，即公司为了满足这个目标顾客群的需要而加以组合的可控制的变量。

所谓市场营销战略，就是指企业根据可能的机会，选择一个目标市场，并试图为目标市场提供一个有吸引力的市场营销组合。市场营销组合中所包含的可控制的变量很多，可以概括为 4 个基本变量，即产品（Product）、价格（Price）、地点（Place）和促销（Promotion），由于这 4 个名词的英文字头都是“P”，所以市场营销组合又简称为 4P 组合。

市场营销组合中的“产品”代表企业提供给目标市场的物品和服务的组合，包括产品质量、外观、式样、品牌名称，包装、尺码或型号、服务、保证、退货等。

市场营销组合中的“价格”代表顾客购买商品时的价格，包括价目表所列的价格、折扣、折让、支付期限、信用条件等。

市场营销组合中的“地点”代表企业使其产品可进入和到达目标市场（或目标顾客）所进行的各种活动，包括渠道选择、中间商管理、物流管理等。

市场营销组合中的“促销”代表企业宣传介绍其产品的优点和说服目标顾客来购买其产品所进行的种种活动，包括广告、销售促进、宣传、人员推销等。

4．管理市场营销活动

企业市场营销管理过程的第四个主要步骤是管理市场营销活动，即市场营销的计划、组织、执行和控制。这是整个市场营销管理过程的一个带有关键性的、极其重要的步骤，因为企业没有周密的市场营销计划，营销工作就失去了方向和目标。市场营销计划制订后还要靠有效的组织系统去执行和实施，否则就成了纸上谈兵。正如彼得·杜拉克所说的那样，计划等于零，除非它变成了工作。因此，制订市场营销计划仅仅是市场营销管理工作的开始。企业制订市场营销计划之后，还要花很大力气执行和控制市场营销计划。

3.2.2　制订市场营销计划

市场营销计划是指在研究目前市场营销状况（包括市场状况、产品状况、竞争状况、分销状况和宏观环境状况等），分析企业所面临的主要机会与威胁、优势与劣势以及存在问题的基础上，对财务目标与市场营销目标、市场营销战略、市场营销行动方案以及预计损益表的确定和控制。市场营销计划不仅是企业总体计划中最重要的计划之一，而且其他各种工作计划都要涉及市场营销计划的内容。

1．与市场营销有关的企业计划

在企业各种计划中，至少有 8 种计划与市场营销密切相关。

(1)企业计划

它是企业全部业务的整体计划，有年度计划、中期计划、长期计划等。企业计划的内容包括企业任务、增长战略、业务组合战略、投资战略和目标，但不包括各个业务单位的活动细节。

(2)业务部计划

它是一种类似于企业计划并主要描述业务增长及其利润增长的计划，包括市场营销战略、财务战略、生产战略和人事战略等，也有短期计划、中期计划和长期计划之分。

(3)产品线计划

它是一种描述特定产品线的目标、战略和战术的计划，由各个产品线经理负责制订。

(4)产品计划

它是一种描述特定产品的目标、战略和战术的计划，由各个产品经理负责制订。

(5)品牌计划

它是一种描述特定品牌的目标、战略和战术的计划，由各个品牌经理负责制订。

(6)市场计划

它是一种关于开发特定行业市场或地区市场并为之服务的计划，由各个市场经理负责制订。

(7)产品(市场)计划

它是一种关于企业在特定行业或地区市场，营销特定产品或产品线的计划。

(8)职能计划

它是一种关于企业某项主要职能的计划，如市场营销计划、生产计划、人力资源计划、财务计划、研究与开发计划等。它还描述在某一主要职能下的子职能计划，如在市场营销计划下的广告计划、销售促进计划、销售人员计划、市场营销研究计划等。

2．市场营销部门与企业计划

企业计划工作常常从“我们希望有多大的销售量才能获得利润”这个问题开始。这个问题只有通过市场营销分析和制订市场营销计划才能得以解决。一般来讲，在企业内部，只有当市场营销计划被批准以后，其他职能部门(如生产、财务、人事等)才开始制订本部门的计划，以保证市场营销计划的执行和实现。因此，市场营销计划是企业其他行动计划工作的起点。

市场营销部门在企业计划中起着重要的作用。企业计划人员至少在5个方面依赖企业市场营销部门。

① 依靠市场营销部门获得有关新产品和市场机会的启迪；

② 依靠市场营销部门来评估每个新机会，特别是有关市场是否足够大，企业是否有足够的市场营销力量来利用这一机会等；

③ 市场营销部门还要为每一个新机会制订详尽的市场营销计划，具体陈述有关产品、价格、分销和促销的战略和战术；

④ 市场营销部门对市场上实施的每项计划都负有一定的责任；

⑤ 市场营销部门必须对随时出现的情况作出评价，并在必要时采取改正措施。

总之，市场营销部门在企业计划的制订和实施过程中，担负着关键性的任务。

3．市场营销计划的内容

市场营销计划主要由以下8个部分组成。

（1）经理摘要

它可使最高管理层迅速抓住计划的要点。

（2）当前市场营销状况

它提供与市场、产品、竞争、分销和宏观环境有关的背景数据。

（3）机会和问题分析

它概述企业外部的主要机会与威胁、企业内部的优势与劣势以及在计划中必须注意的主要问题。

（4）目标

它确定计划中想要达到的关于销售量、投资报酬率、市场占有率、利润额等领域的目标。

（5）市场营销战略

它描述为实现计划目标而采用的主要市场营销方法。

（6）行动方案

它回答应该做什么、谁来做、何时做、需要多少成本等。

（7）预计损益表

它概述计划所预期的财务收益情况。

（8）控制

它说明将如何监控该计划的实施。

3.2.3 构建市场营销组织

市场营销的职能最初只是销售产品，如今已经逐步发展成为多种复杂职能的集合。执行和协调市场营销工作的企业组织也随之变化，市场营销部门的组织结构在公司中的地位也变得复杂和重要，下面分析公司营销机构是怎样组织的，以及公司各部门之间应怎样相互协调工作。

1. 营销部门的演变

公司营销部门从简单到复杂，从纯粹的销售职能发展到现代化营销职能，是经过长期演变而形成的。它经历了 5 个发展阶段。

（1）简单的营销部门

简单的营销部门其结构如图 3-2 所示。

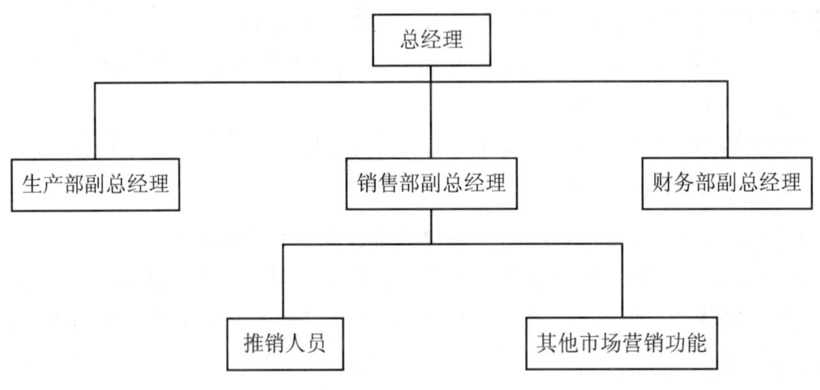

图 3-2 简单的营销部门图示

一家公司在它创办时就具有五个基本职能：财务、人事、经营、销售、会计。销售功能由销售副总经理领导，他管理一批销售人员，也做一些销售工作，当公司需要进行营销调研及广告时，销售副总经理也具有处理这些问题的职能。

（2）兼有营销职能的销售部门

这种营销部门的结构如图 3-3 所示。

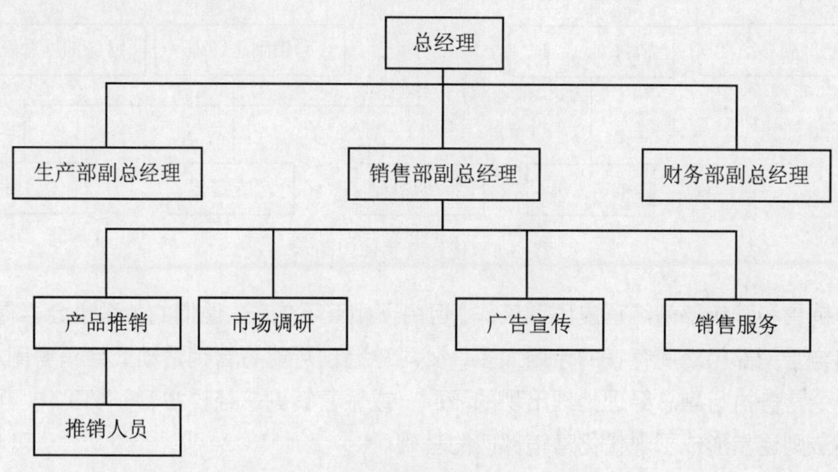

图 3-3 兼有营销职能的销售部门图示

当公司业务拓展至新的地区或增添了新的客户类型时，公司此时需要增加某些新的营销职能。销售经理此时请这些方面的专家处理这些营销活动，也可能设立一个营销部负责诸如市场调研、广告等营销活动。

（3）单独的营销部门

单独营销部的结构如图 3-4 所示。

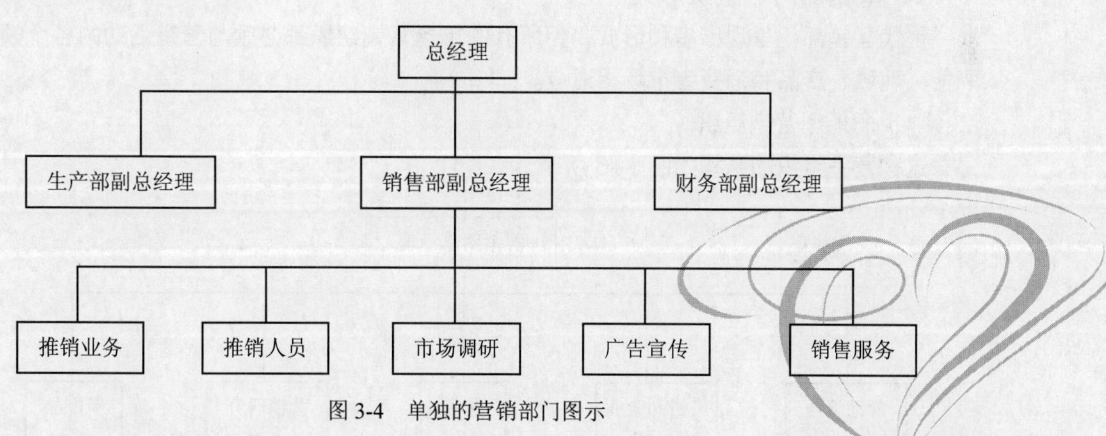

图 3-4 单独的营销部门图示

公司的持续发展增加了它在营销职能上的投入，如市场调研、新产品开发、广告和促销、售后服务，这些都和营销人员的活动有关。公司总经理发现了单独设立营销部的好处，营销经理直接向总经理或执行副总经理汇报工作。在这一阶段中，营销、销售两部门成为组织中两个独立的但工作又必须紧密联系的部门。

（4）现代营销部门

现代营销部门的结构如图 3-5 所示。

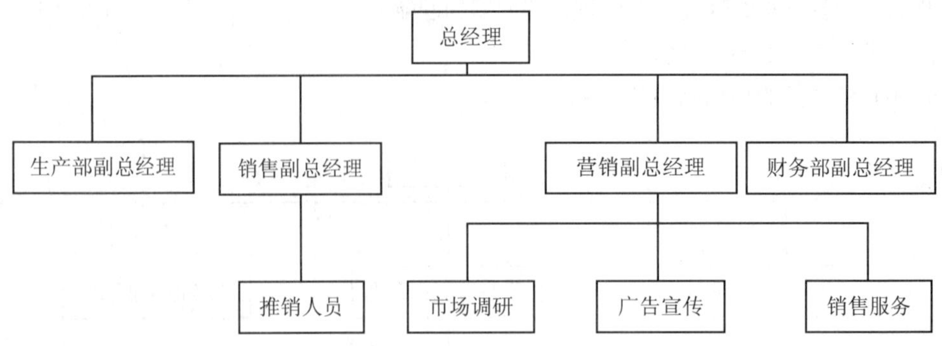

图 3-5 现代营销部门图示

尽管销售和营销部门经理应协调工作，但由于相互不信任，他们的关系也会弄得很紧张。销售部门与营销部门之间存在的矛盾太多，公司总经理可能将营销活动交给销售副总经理领导，或命令常务执行副总经理处理出现的矛盾，或派营销副总经理主管一切工作。而最后一种解决办法则逐步形成了现代化营销部门的基础。

（5）现代营销公司

一个公司可能设有现代化的营销部门，但还不能说它是完全意义上的现代营销公司，这取决于公司中的其他主管人员怎样看待营销功能，如果只把营销看成是销售功能或把营销部门认为是市场运作部门，那么他们都没有抓住要害，只有当他们懂得一切部门都是"为顾客而在工作"的，营销不只是一个部门的名称，而是始终贯穿于公司运营始终的公司哲学，这时公司才能称得上是完全意义上的现代营销公司。

2．营销部门的组织形式

现代营销部门呈现出多种形式，但所有的市场营销组织都必须与营销活动的各个领域、职能、地域、产品和消费者市场相适应。

（1）职能型营销组织

这种营销组织的结构如图 3-6 所示。

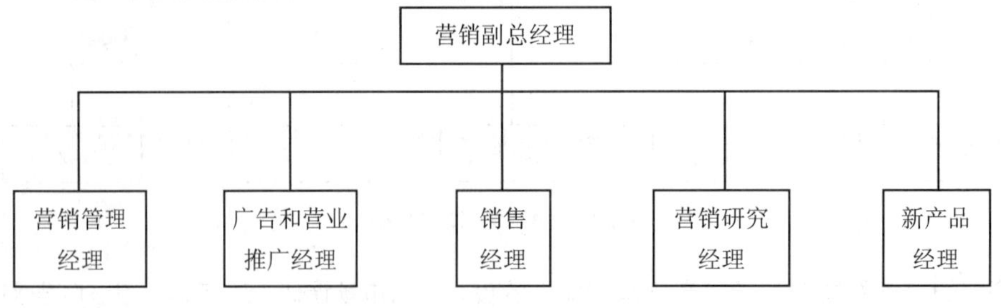

图 3-6 职能型营销组织结构图

职能型营销组织的优点是管理简单容易，但职能型营销组织很容易过分从部门职责角度看问题、做决策，在产品及其市场成熟后就可能显示出其缺陷。这是因为，首先，制订的规划与具体产品及市场不相适应，没有人对某种产品或某个市场负完全责任，职能性专业人员往往只从自己的立场而不是从市场感受的角度处理不受他们欢迎的产品，错失市场良机。其次，每个职能群体都争取获得更多的预算和更高的地位，由于各个方面的人员都以正当的理由提出某些部门性建议，这样，营销经理常常需要面对和审查职能性专业人员的主张，并解决难以协调的问题。

（2）地区型营销组织

地区型营销组织的结构如图 3–7 所示。

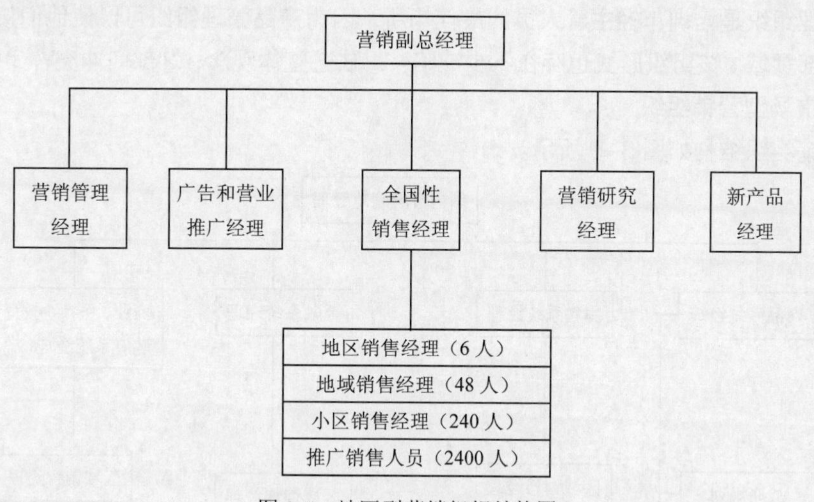

图 3-7　地区型营销组织结构图

销售业务涉及全国性市场的公司常常将其销售人员按销售地区划分，公司销售副总经理可以负责 6 个地区销售经理，每个地区经理又分别负责 8 个地域经理，每个地域销售经理又分别负责 5 个小区经理，后者每人又分别负责 10 个销售人员。有些公司现已增设地方市场专家来支持销量很大的市场中的销售工作，这有助于帮助公司总部营销经理调整他们的营销组合，以求得最大限度地利用市场机会，同时地方市场专家还将制订年度和长期发展计划，并在总公司营销人员和地区性销售人员之间起到联系沟通作用。

（3）产品和品牌营销管理组织

其营销管理组织结构如图 3–8 所示。

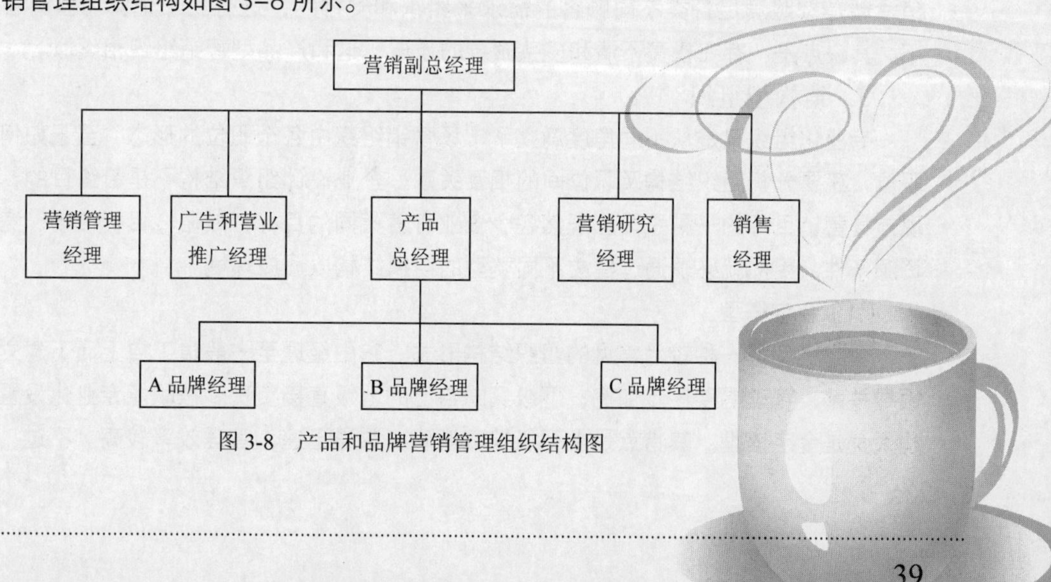

图 3-8　产品和品牌营销管理组织结构图

生产不同产品或品牌的公司往往要设立产品和品牌营销管理组织，产品和品牌营销管理组织并不能代替职能管理组织，而只是作为一个管理层次而存在。设置产品管理是第一种方法，即产品管理由产品经理领导，他主管若干个产品大类，产品大类经理主管几个产品经理，每个产品经理负责某个具体产品。产品经理组织有以下几个优点：①产品经理可以为某一产品设计具有成本效益的营销组合；②产品经理对于市场上出现的情况反应比专家委员会更快；③由于每种产品都有相对应的产品经理负责，所以即使是名气再小的品牌也不会被忽略；④产品管理组织是培训年轻主管人员的最佳场所，因为产品管理组织可以使他们接触到公司运作的全部领域。该组织形式也存在不少缺陷：①缺乏整体观念；②部门冲突；③多头领导。

（4）市场型营销组织

其营销组织结构如图 3-9 所示。

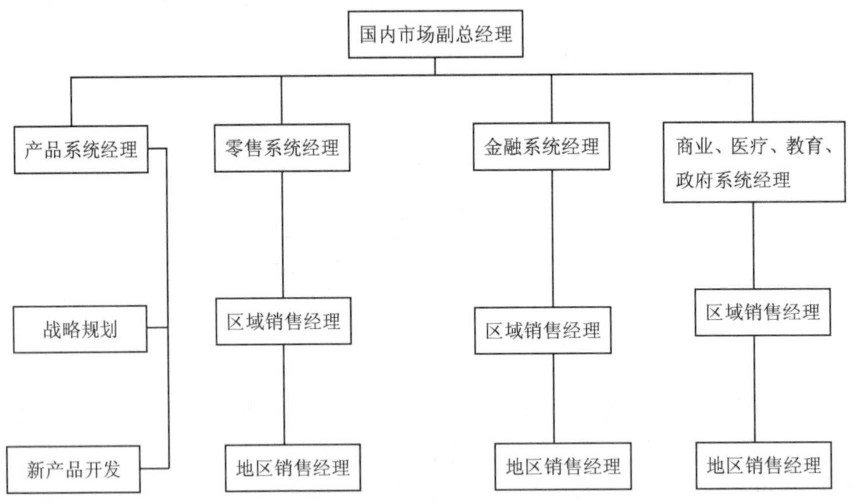

图 3-9　市场型营销管理组织结构图

当企业面临以下情况时，建立市场型营销组织是可行的。拥有单一的产品线，市场各种各样的不同偏好和消费群体，不同的分销渠道。许多企业都在按照市场系统安排其市场营销机构，使市场成为企业各部门为之服务的中心。市场型营销组织的优点在于：企业的市场营销活动是按照满足各类不同顾客的需求来组织和安排的，这有利于企业加强销售和市场开拓。其缺点是：存在权责不清和多头领导的矛盾，这和产品型营销组织相类似。

3．结构型组织

专业化组织只是从不同角度确立了市场营销组织中各个职位的形态，至于如何安排这些职位，还要分析组织结构及职位间的相互关系。企业设计组织结构不是最终目的，而只是实现市场营销目标的一种手段。既然各个企业有着不同的目标、战略、目标市场、竞争环境和资源条件，因而就必须通过建立不同类型的组织结构以适应环境。

（1）金字塔型

金字塔型是一种较为常见的组织结构形式。它由经理至一般员工自上而下建立起垂直的领导关系，管理幅度逐步加宽，下级只向自己的上级直接负责。按职能专业化设置的组织结构大都是金字塔型。其特点是上下级权责明确，沟通迅速，管理效率较高。不过，由于每个员工（尤其是下层员工）权责范围有限，往往缺乏对整个企业市场营销状况的了解，因而，不利于他们的晋升。

（2）矩阵型

矩阵型组织结构是职能型组织结构与产品型组织结构相结合的产物，它是在原有的按直线指挥系统为职能部门组成的垂直领导系统的基础上，又建立一种横向的领导系统，两者结合起来就组成一个矩阵，如图 3-10 所示。

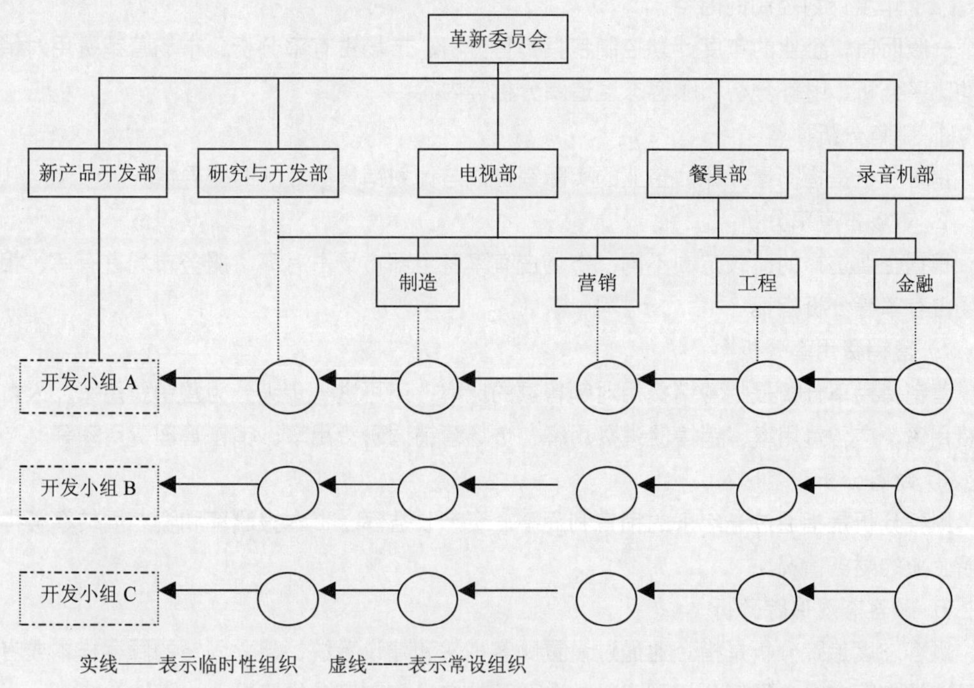

图 3-10 矩阵型组织结构图

矩阵型组织能加强企业内部间的协作，能集中各种专业人员的知识技能又不增加编制。组建方便，适应性强，有利于提高工作效率。但是双重领导过于分权化，稳定性差和管理成本较高的缺陷是显而易见的。

3.2.4 进行市场营销控制

所谓市场营销控制是指市场营销管理者经常检查市场营销计划的执行情况，通过采取适当措施和正确行动，以保证市场营销计划的完成。在执行市场营销计划的过程中可能会出现许多意外情况，企业必须行使控制职能以确保营销目标的实现。即使没有意外情况，为了防患于未然，或为了改进现有的营销计划，企业也要在计划执行过程中加强控制。控制市场营销计划包括年度计划控制、盈利能力控制、效率控制和战略控制 4 种类型。

1. 年度计划控制

年度计划控制是指由企业高层管理人员负责的，旨在发现计划执行中出现的偏差，并及时予以纠正，帮助年度计划顺利执行，检查计划实现情况的营销控制活动。

（1）年度计划控制的具体目标

年度计划控制活动的具体目标有：

① 促使年度计划产生连续不断的推动力；

② 使年度控制的结果成为年终绩效评估的依据；

③ 发现企业潜在的问题并及时予以解决；

④ 企业高层管理人员借助年度计划控制监督各部门的工作。

（2）年度计划控制的内容

一般而言，企业的年度计划控制包括销售分析、市场占有率分析、市场营销费用对销售额的比率分析、财务分析和顾客态度追踪分析等内容。

① 销售分析

销售分析是指衡量并评估企业的实际销售额与计划销售额之间的差异情况。

② 市场占有率分析

根据企业选择的比较范围不同，市场占有率有全部市场占有率、服务市场占有率、相对市场占有率等分析指标。

③ 营销费用率分析

营销费用率分析是指营销费用对销售额的比率，还可进一步细分为营销费用率、人力推销费用率、广告费用率、销售促进费用率、市场营销调研费用率、销售管理费用率等。

④ 财务分析

财务分析是指通过一年来的销售利润率、资产收益率、资本报酬率和资产周转率等指标了解企业的财务情况。

⑤ 顾客态度追踪分析

顾客态度追踪分析是指企业通过设置顾客抱怨和建议系统、建立固定的顾客样本或者通过顾客调查等方式，了解分析顾客对本企业及其产品的态度变化情况。

2．盈利能力控制

盈利能力控制一般由企业内部负责监控营销支出和活动的营销主管人员负责，旨在测定企业不同产品、不同销售地区、不同顾客群、不同销售渠道以及不同规模订单的盈利情况的控制活动。它包括各营销渠道的营销成本控制、各营销渠道的营销净损益和营销活动贡献毛收益（销售收入–变动性费用）的分析以及反映企业盈利水平的指标考察等内容。

营销渠道的贡献毛收益是收入与变动性费用相减的结果，净损益则是收入与总费用配比的结果。没有严格的市场营销成本和企业生产成本的控制，企业要取得较高的盈利水平和较好的经济效益是难以想象的。因此企业一定要对直接推销费用、促销费用、仓储费用、折旧费、运输费用、其他营销费用，以及生产产品的材料费、人工费和制造费用进行有效控制，全面降低支出水平。盈利能力的指标包括资产收益率、销售利润率和资产周转率、现金周转率、存货周转率和应收账款周转率、净资产报酬率等。此外费用支出必须要与相应的收入结合起来分析，才能了解企业的盈利能力。

3．效率控制

效率控制包括销售人员效率、广告效率、销售促销效率和分销效率控制 4 种。

（1）销售人员效率控制

企业的各地区销售经理为了掌控销售人员效率，要记录本辖区内销售人员的几项主要指标。

① 每个销售人员平均每天的销售访问次数；

② 每次会晤的平均访问时间；

③ 每次销售访问的平均成本；

④ 每次销售访问的平均收益；

⑤ 每次销售访问的执行成本；

⑥ 每百次销售访问的订购百分比；

⑦ 每期间的新增顾客数；

⑧ 每期间丧失的顾客数；

⑨ 每百元销售成本的销售额。

企业可以从以上分析中，发现一些非常重要的问题。例如，销售代表每天的访问次数，每次访问的时间安排得是否合理；销售费用的支出是否合理；每百次访问的订单数是否足够；每期间新老顾客的变动情况是否合理，等等。当企业开始正视销售人员效率的时候，通常会取得很多实质性的进步。

（2）广告效率

企业至少应该做好如下统计：

① 每一媒体的类型，每一媒体接触每千名顾客所花费的广告投入；

② 顾客对每一媒体注意、联想和阅读的百分比；

③ 顾客对广告内容和效果的意见；

④ 广告前后对产品态度的衡量；

⑤ 受广告刺激而引起的询问次数。

企业高层管理可以采取若干步骤来改进广告效率，包括进行更加有效的产品定位、确定广告目标、利用计算机来指导广告媒体的选择、寻找较佳的媒体和进行广告后效果测定等。

（3）促销效率

为了改善销售促销的效率，企业管理层应该对每一销售促销的成本和对销售的影响做记录，注意做好如下统计：

① 由于优惠引起的销售增长率；

② 每次销售促销的成本；

③ 赠券回收的比例；

④ 因示范而引起的询问次数。

企业还应观察不同销售促销手段的效果，并使用最有效果的促销手段。

（4）分销效率

分销效率主要是指对企业存货水准、仓库位置及运输方式进行分析和改进，以达到最佳配置并寻找最佳运输方式和途径。

效率控制的目的在于提高人员销售、广告、销售促销和分销等市场营销活动的效率，市场营销经理必须注意若干关键比例，这些比例表明上述市场营销组合因素功能执行的有效性以及应该如何引进某些资料以改进执行情况。

4．战略控制

战略控制是指由企业的高层管理人员专门负责的，营销管理者通过采取一系列行动推动，使市场营销的实际工作与原战略规划尽可能保持一致，在控制中通过不断评估和信息反馈，连续地对市场营销战略进行修正。与年度计划控制和盈利能力控制相比，市场营销战略控制显得更重要，因为企业战略是总体性的和全局性的。而且，战略控制更关注未来，战略控制要不断根据最新的情况重新估价计划和进展，因此，战略控制也更难把握。在企业战略控制过程中，主要采用营销审计这一重要手段。

营销审计是指对一个企业或一个业务单位的营销环境目标、营销战略和营销活动所作的全面、系统、独立和定期的检查，其目的在于决定问题的范围和机会，提出行动计划，以提高企业的营销业绩。完整的营销审计活动内容十分丰富，概括起来包括以下 6 个方面：

① 营销环境审计；

② 营销战略审计；

③ 营销组织审计；

④ 营销系统审计；

⑤ 营销生产率审计；

⑥ 营销功能审计。

【小　　结】

（1）市场营销管理是指为实现各种效益目标，创造、建立并保持与目标市场之间的有益交换和联系而设计的方案分析、计划、执行和控制过程。其实质是需求管理，其目标是使企业推销工作成为多余。需求管理的任务包括对负需求、无需求、潜在需求、下降需求、不规则需求、充分需求、过度需求和有害需求的管理。

（2）市场营销管理过程就是企业为实现其任务和目标而发现、分析、选择和利用市场机会的过程。包括分析市场机会、选择目标市场、设计市场营销组合及管理市场营销活动。

（3）市场营销部门从简单的销售职能发展到现代化营销职能，是经过长期演变而形成的。它经历了 5 个发展阶段。营销组织主要有两种形式，即专业化组织和结构型组织。专业化组织包括职能型、地区型、产品和品牌管理型、市场型 4 种组织形式；结构型组织包括金字塔型和矩阵型两种形式。它们各有优缺点。

（4）公司制订营销计划是根据自身所处的营销环境和整体实力资源而设计的，营销计划包括确立营销战略和制订营销策略。

（5）企业要有效地执行市场营销计划，必须对市场营销活动进行控制。控制市场营销计划包括年度计划控制、盈利能力控制、效率控制和战略控制。

第三部分 课题实践页

一、选择题

(1)企业的市场营销组织随着经营思想的发展和企业自身的成长，大体经历了(　　)典型形式。

A. 六种　　B. 四种　　C. 五种　　D. 七种

(2)制订实施市场营销计划，评估和控制市场营销活动，是(　　)的重要任务。

A. 市场主管部门　　B. 市场营销组织　　C. 广告部门　　D. 销售部门

(3)"组织"就人而言，是指按一定的宗旨和系统建立的(　　)。

A. 集体　　B. 计划　　C. 任务　　D. 部门

(4)设置(　　)，能够对企业与外部环境，尤其是与市场、顾客之间关系的协调，发挥积极作用。

A. 市场营销机构　　B. 市场营销职能　　C. 市场营销企业　　D. 市场营销控制

(5)(　　)是最常见的市场营销组织形式。

A. 职能型组织　　B. 产品型组织　　C. 地区型组织　　D. 管理型组织

二、判断题

(1)通常情况下如果管理层次过少，容易造成信息失真与传递速度过慢。(　　)

(2)最佳的机构是既能完成工作任务、组织形式又最为复杂的机构。(　　)

(3)生产多种产品或拥有多个品牌的企业，通常设置市场管理型组织。(　　)

(4)效率是衡量一个组织管理水平的重要标准。(　　)

(5)市场营销组织常常只是一个机构或科室。(　　)

(6)在正常情况下，市场占有率上升表示市场营销绩效提高，在市场竞争中处于优势。(　　)

三、简答题

(1)什么叫营销管理？营销管理的任务有哪些？举例说明。

(2)举例说明某公司的市场营销组织演变情况。

(3)用图表形式描述某大公司的营销组织结构。

(4)用某企业的实例，简述市场营销计划的内容。

(5)描述某企业的年度计划控制情况。

四、课堂讨论

(1)企业的市场营销组织随着经营思想的发展和企业自身的成长，大体经历了哪几种典型形式？

（2）职能型组织的主要特点是什么?

五、实训操作

以大学城市场为例，在大学校园周边开一家酒楼、超市，学生设计酒楼和超市的组织机构。

实训目标：如何建立营销组织、岗位流程。

实训组织：学生分组，讨论如何设计企业组织机构。

实训成果：组织机构图及岗位流程说明展示汇报，老师点评。

课题四　进行市场营销环境分析

技能目标	知识目标	建议学时
➢ 理解市场营销环境	（1）理解市场营销环境的概念及其特点 （2）了解市场营销环境的构成要素 （3）学会用 SWOT 分析方法进行环境分析	4
➢ 进行市场营销微观环境分析	（1）了解影响企业营销的微观环境因素 （2）根据内在条件分析企业营销的微观环境因素	4
➢ 进行市场营销宏观环境分析	（1）了解影响企业营销的宏观环境因素 （2）根据内在条件分析企业营销的宏观环境因素	4

第一部分　案例与讨论

案例 1：中国电信增值业务发展的 SWOT 分析

增值业务是指能带来现实收益的新业务，也是各大电信运营商既定的战略性业务，具有重要价值。现运用 SWOT 分析法对中国电信增值业务的内外部环境加以分析。

一、外部环境的机会分析（Opportunities）

我国已经形成了增值电信业务发展的良好环境，电信增值业务面向全社会各个行业，市场容量十分巨大。

① 从政策层面来看，国家关于加快国民经济和社会信息化建设的规划为电信部门开发更多的增值业务提供了良好的政策环境和发展机遇；

② 从用户需求的角度来看，单纯的语音服务已经不能满足用户对通信的需求。人们普遍希望能够得到多样化、综合化、智能化、个性化的服务，这种需求随着用户数的高速增长越来越大；

③ 从技术进步的角度来看，IP 技术在网络中的广泛应用为增值业务的发展提供了全新平台，电信业务正由以语音业务为主导向以数据业务为主导转移，出现了“电信网 IP 化”趋势和“IP 电信化”的趋势；

④ 从业务发展的角度来看，近年来中国电信在全国连续启动实施的政府、企业、家庭“三大上网工程”取得了良好的社会反响，有利于在基础上借助政府、行业力量，不断提高上网层次和应用水平，进一步挖掘市场潜力。

二、外部环境的威胁分析（Threats）

中国电信增值业务既面临着来自其他运营商和社会增值业务运营商的直接竞争与冲击，又面临着广电、外资等潜在对手的巨大威胁，发展形势严峻。

① 移动、联通公司高度重视增值业务发展工作，以手机短信为代表的增值业务已占其业务总收入的10%左右，且保持快速发展的态势，进一步加剧了电信部门的收入分流。相形之下，中国电信增值业务显得发展乏力，业务比重偏低，发展任重而道远。

② 增值业务的行业进入门槛低，市场开放程度高、开放时间早，导致竞争异常激烈，除基础电信运营企业外，专业性的增值服务企业也正以其灵活多样的经营机制等比较优势加速价值增值，撇脂效应明显。

③ 广电部门借多年来垄断经营资源的强大优势和丰富经验，近年来屡屡试图单向进入电信领域并在事实上不断加紧业务渗透。

④ 中国加入WTO后，由于基础电信业务的进入门槛高，利润空间小，以及国家对增值电信业务的政策导向等，外资将首先进入增值电信业务市场，这些都使增值电信业务成为电信市场未来发展的热点，竞争中的焦点。

三、内部条件的优势分析（Strengths）

为了促进不同业务的协调发展，中国电信根据电信技术的发展趋势，积极实施向信息服务商的转变，创造新的盈利模式，寻找能共同创造商业价值的整个产业链模式。以某省电信业务为例。

① 省市机构已初步建立，全省电信部门直接从事增值业务发展工作的人员达800多人，增值业务部门定位于产品开发、资源合作与行业应用的职能已进一步明确，专业化经营已确立；

② 在思想观念方面，增值业务的重要性和独特作用正不断被各级领导与员工所认识，从不了解到有所了解；

③ 在流程体系方面，正在进一步建立健全职责明确、流程顺畅、闭环管理的产品开发流程；

④ 业务发展具有一定的基础，在加强全省增值业务统一经营管理、应用内容建设、营销渠道建设、与基础业务结合发展、对外合作与行业应用等多个方面取得了一定的经验。

四、内部条件的劣势分析（Weaknesses）

当前，制约中国电信增值业务发展的主要因素有：

① 应用与内容缺乏，在发展业务时很难找到切入点；

② 渠道不畅，业务开发与渠道销售脱节。导致业务开发营销成本高，用户对业务的认知度低；

③ 对增值业务的重要性整体认识不到位，可量化的指标仍需加强；

④ 机构、人员尚未完全到位，考核机制上均有不尽合理之处。

综上所述，增值业务领域的竞争将不断加剧，中国电信必须将增值业务的发展提高到战略的高度加以重视，立足自身资源优势，转变经营观念，把增长模式的转变和引入新的商业模式作为业务创新的另一项重要内容。积极从体制、机制入手，以合作共赢为基点，探索中国电信增值业务发展的新思路。

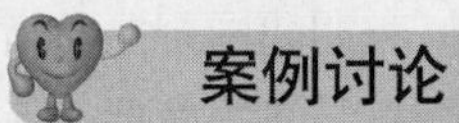

（1）你认为中国电信增值业务的SWOT分析是否合理、科学，为什么？

（2）中国电信增值业务发展的当务之急是要研究解决哪几个主要问题？

第二部分 课题学习引导

4.1 理解市场营销环境

一个公司不论大小，其生存、发展，始终离不开外界环境的影响和制约。如何了解外部环境的变化，掌握各种有利机会；如何运用SWOT分析方法，进行市场调查研究，制订出切实可行的、科学的决策方案？带着这些问题进行本教学课题的学习。

4.1.1 把握市场营销环境要领

20世纪初期，福特汽车公司的创始人亨利·福特创建了汽车生产流水线，大大提高了劳动生产率，使汽车的价格大幅度下降，以至福特厂的工人都买得起，推动了美国汽车制造业的发展，也为福特工厂带来了巨大财富和世界性的荣誉。但是到了20世纪20年代，美国市场发生了变化，人们变得挑剔起来，不再是企业生产什么，顾客就买什么。但是，福特仍然坚持只生产黑色T型车，从而失去了竞争优势，美国汽车市场的第一把交椅转到了通用汽车公司的手中。无数企业的类似经历说明，忽视环境变化的企业营销活动是注定要失败的。因为企业的任何一项营销工作都是在与外界各种环境因素的相互支持、相互作用和相互影响下进行的，而外部环境总是处于不断变化之中，这就要求企业必须注重对市场营销环境的研究，努力争取使外部环境与企业内部条件和营销策略之间互相适应，不断增强企业的应变能力，实现其组织目标。

所谓市场营销环境是指与工商企业营销活动相关的外部因素和条件。市场营销环境包括宏观环境和微观环境两大类，宏观环境是指在营销环境中，间接影响企业营销活动的不可控制但应尽量去适应的外部力量，主要包括政治法律、经济、人口、社会文化、地理、科技因素。微观环境是指在营销环境中，直接影响企业营销活动的各种因素，主要有市场营销渠道、竞争者、顾客、社会公众等。企业在制订和实施各种营销决策时，总会受到各种环境因素的影响和制约。例如，企业的产品策略会受到技术环境、原材料供应商、人口等因素的影响，企业的销售策略会受到人口、社会、经济等各种因素的综合影响，企业的所有营销活动又都会受到国家政治法律因素的制约，等等。通常我们说的企业的应变能力，实质上就是指企业根据外部环境的变化，随时调整各种经营策略，以适应外部环境的变化和发展的能力。

随着我国社会主义市场经济体制的逐步健全和完善，科学技术的进步和人民生活水平的

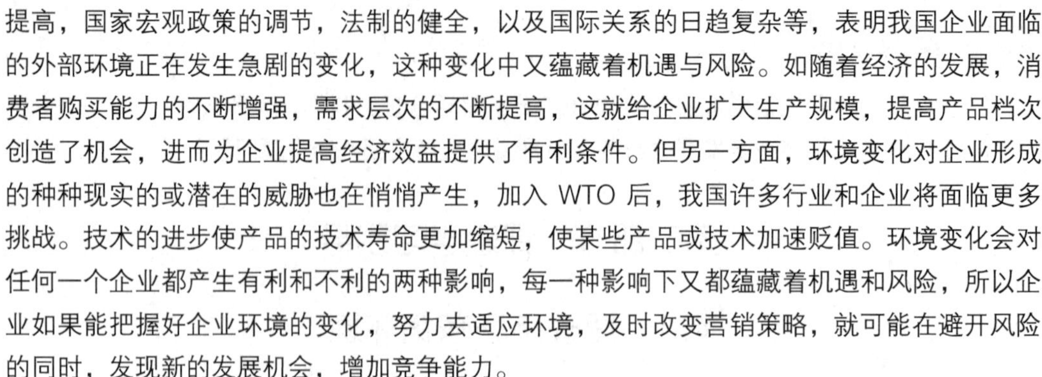

提高，国家宏观政策的调节，法制的健全，以及国际关系的日趋复杂等，表明我国企业面临的外部环境正在发生急剧的变化，这种变化中又蕴藏着机遇与风险。如随着经济的发展，消费者购买能力的不断增强，需求层次的不断提高，这就给企业扩大生产规模，提高产品档次创造了机会，进而为企业提高经济效益提供了有利条件。但另一方面，环境变化对企业形成的种种现实的或潜在的威胁也在悄悄产生，加入 WTO 后，我国许多行业和企业将面临更多挑战。技术的进步使产品的技术寿命更加缩短，使某些产品或技术加速贬值。环境变化会对任何一个企业都产生有利和不利的两种影响，每一种影响下又都蕴藏着机遇和风险，所以企业如果能把握好企业环境的变化，努力去适应环境，及时改变营销策略，就可能在避开风险的同时，发现新的发展机会，增加竞争能力。

4.1.2 分析营销环境的意义

1．通过分析市场营销环境，把握市场环境变化的发展趋势

企业的生存、发展，始终离不开外界环境的影响和制约，只有通过市场调查研究，充分了解外部环境的变化，掌握各种因素发展趋势，依此制订企业的战略，及时调整企业营销策略，这样才能制订出切实可行的、科学的决策方案。例如，杭州万向节总厂是浙江省萧山市的乡镇企业。建厂初期只生产镰刀、锄头、拖拉机零配件等产品，企业经营十分困难。改革开放以来，企业领导从思想上更新观念，重视市场环境的变化，以市场需求为导向进行生产经营活动。他们从市场信息中感悟到中国要发展经济，必须先解决交通运输问题，必然大力发展汽车工业，进口大量汽车。认识到万向节是汽车传动系统的易耗零配件，进口汽车万向节的质量要求高，型号复杂，批量又小，因此，国内生产进口汽车万向节的工厂寥寥无几，必须依靠进口，这样，这种零配件就存在着大量现实的和潜在的市场需求。于是，该厂果断决定专门生产万向节，并着重生产进口汽车万向节。经过艰苦努力，该厂的主导产品万向节占领了国内 50%的市场，并远销 18 个国家和地区，成为我国最大的万向节生产基地。

2．研究市场营销环境可以使企业更好地满足消费和指导消费

企业生产的最终目的是为社会提供所需要的产品，满足社会需求。企业只有不断推出适销对路的产品，才能达到这个目的，这就必须在产品生产前进行充分的市场调查和预测，全面了解市场营销环境因素的各种变化，结合企业内部条件，合理安排生产和经营。另一方面，生产又引导着消费。通过对市场需求因素的调查，可以了解到消费者需求的各种变动趋势，尤其是一些潜在的需求可以被企业挖掘出来。事实上，大部分产品都是企业开发人员在市场调查的基础上，利用它们掌握的知识和技术，在没被消费者作为现实需求之前首先研究出来，然后推向市场，从而引导市场的消费需求，这既满足了社会需要，又会给企业带来丰厚利润。例如，根据消费者反映看电视时间过长眼睛累甚至视力下降的信息，创维电视率先生产出无闪烁纯平彩电，获得消费者的认可，购买十分踊跃。

3．对市场营销环境的分析，可以提高企业竞争的能力和回避风险的能力

“知己知彼，百战不殆”，了解市场营销环境的变化，掌握竞争对手的变化状况，就可以更好地设计本企业的营销策略，有针对性地提高本企业的应变能力和适应能力，不断提高自身的素质，增强本企业活力，进而取得更大的经济效益，不断扩大企业规模，提高经营水平，走向良性循环的道路。同时，通过环境分析，及时发现现实的和潜在的对企业发展不利的一些特征和变化，通过企业预警系统，合理安排规避和降低风险的手段和措施。例如，公司总部位于世界闻名的加州硅谷的美国 CLI 公司，20 年来利用其核心的数字视频压缩技术 CTX+，制造世界先进的会议电视产品。公司拥有遍及全美的销售服务机构，并在世界上 70 多个国家设有分支机构。多年来，CLI 公司一直保持着全球会议电视系统技术的领导地位。但在近年来这种领导地位却发生了动摇。20 世纪 90 年代中期，计算机技术向网络化方向发展，以 TCD/IP 协议为核心的 Internet 技术在全世界范围内迅猛发展起来。宽带的局域网（LAN）技术也在各大单位、大公司内部广泛应用，计算机数据网对通信网络发起了强有力的挑战。在这场技术革命中，CLI 公司渐渐显得力不从心。近几年，公司的销售额一直停滞不前。在美国国内市场，CLI 公司遇到两个强有力的竞争对手，即 PictureTEL、Vtel。两家公司后来居上，在开发和销售会议电视设备方面，很快就赶上了 CLI 公司。在中国市场上，CLI 公司的竞争对手不仅有 PictureTEL 公司，还有英国的 GPT、法国的 SAT 以及中国的中兴公司、华为公司等，很明显，技术变革导致了 CLI 公司营销环境的变化，竞争者不断增加，公司只有想尽办法适应这种变化，才能在变革的狂潮中求得生存和发展。为此，公司作出决策，首先与 Vtel 公司合并，以加强其在基于计算机网络的会议电视方面的技术优势和市场地位。其次，公司利用自身已有的市场优势，开发多种产品，形成多样化的产品系列，以适应不同用户的需要。另外，公司加强了在中国的投资和宣传，巩固和扩大在中国市场中的优势地位，并努力改善公司在用户心目中的形象。

4.1.3 理解市场营销环境的特点

由于生产力水平的提高和科学技术的进步，使当代企业外部环境瞬息万变，而市场营销环境本身又极其复杂，企业要想在这种复杂多变的市场环境中向前发展，就必须认真研究市场营销环境的特点。概括地说，企业市场营销环境共有以下特点：

1．复杂性

营销环境是一个多因素、多层次而且不断变化的综合体，多种环境因素之间又相互关联形成复杂的特性。因此，企业在研究营销环境时，应从深度、广度两个方面去考察分析，综合判断，这样才能依此制订出符合实际情况的营销策略。

2．双重性

因为不同企业会受到不同环境的影响，尤其是微观环境对不同企业的直接影响，就更存在着差异。即便是同一种环境变化对不同企业的影响也不同，同一种环境变化会给某些企业带来机遇和利润，而给另一些企业带来威胁和竞争失利。因此，根据营销环境的目的性，要求企业要着重研究与其相关的环境变化，趋利避害，采取相应的营销策略。

3．动态性

社会、科技、经济的迅猛发展，使得企业营销环境处于经常变动之中，从而形成了营销环境的动态性特点，企业要根据环境变化，不断调整企业营销策略。

4.1.4 搭建市场营销环境的框架

一个企业的市场营销环境是由一整套相互影响、相互作用的重要参加者、市场和其他相关力量构成，如图 4–1 所示。

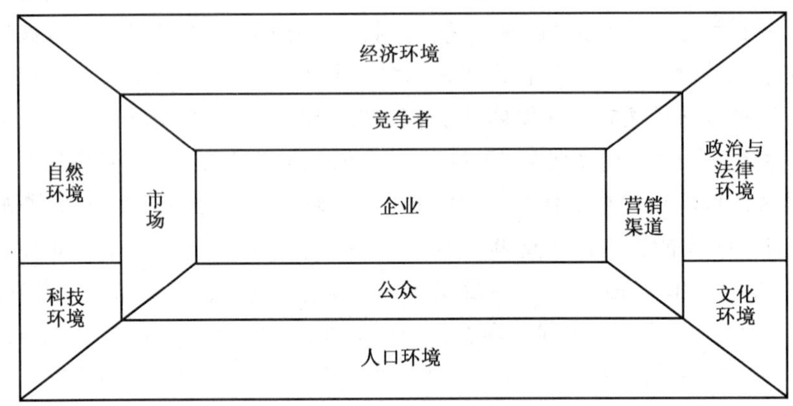

图 4-1 市场营销环境

一个企业的市场营销环境可以分成三个层次：第一个层次是企业本身，它处于企业的市场营销环境的中心；第二个层次是企业所处的微观环境，包括市场营销渠道企业（它们参与企业产品的生产和分销活动）、市场（企业的目标顾客）、竞争者（它们也向企业所服务的市场提供商品）和公众（企业及其竞争者都在公众监视下，并受公众影响）；第三个层次是宏观环境，所有企业和市场都要受宏观环境力量的影响和制约，并且，这些环境因素不是静态不变的，而是经常处于变动之中，对企业的经营管理活动造成一定的冲击。如 20 世纪 70 年代初期，由于石油价格暴涨引发了第二次世界大战后最严重的一次经济危机，许多企业因没有预料到这一形势环境变化而损失惨重，但日本制造商却把握时机，推出世界上最省油的汽车而一举打入世界汽车市场。

4.1.5 分析市场营销环境

企业对市场竞争状况的控制能力和为顾客提供服务的能力直接受企业营销环境状况的影响，企业只有不断监视和预测各种宏观和微观环境因素的变化，及时采取有效措施适应变化了的环境，才能自始至终把握住市场，保持市场营销持续健康发展，所以企业对营销环境的科学分析显得尤为重要。SWOT 分析方法是一种常用而有效的环境分析模型。

（1）优势（Strengths）分析

优势是指企业内部环境中能提高企业竞争和顾客服务能力的各种有利于企业营销活动开展的各种因素。企业核心能力、基础能力（指企业各部门能力及各部门综合协调能力）、独特产品、良好的品牌效应、有效的管理、优秀的员工、同等服务较低的价格以及渠道环节创造的有利于营销目标实现的各种因素都是企业具有的优势。优势是能随企业环境变化而不断得到加强和巩固的，与同类企业相比较，是企业独家拥有或者处于领先地位的因素。

（2）劣势（Weaknesses）分析

劣势是指企业内部环境中阻碍企业实现营销目标，导致营销目标不能实现或者难度增大的各种因素。如企业基础能力薄弱，核心能力缺乏，竞争对手实力增强，消费者需求变化，管理混乱，销售渠道阻塞，无效的激励制度等因素。劣势也不是永恒不变的，劣势分析的目的是使企业弄清造成营销困难的内部原因，以便制订出有效的营销计划，趋利避害，努力把自己的劣势转化为自己的优势。

（3）机会（Opportunities）分析

机会是指企业外部的产业环境中能给企业带来盈利的市场需求和对企业的发展有推动作用的各种因素。如随着政治、经济、科技、文化、竞争状态、消费行为等的发展变化而不断创造出新的需要，这些需要能给一些企业带来新的商业机会。机会存在于企业的外部环境中，经济、技术发展提供了未被满足的众多需求，也就是给企业创造了许多机会。然而，并不是所有的机会都会立即变成营销实践的，如“非典”困扰全球，对抗“非典”药物的需求极大，而真正治疗“非典”的药物研制成功还需较长时间。此时企业如果没有抗“非典”药物研制能力，就不能抓住抗非典药物这一巨大的市场机会。

（4）威胁（Threats）分析

威胁是指企业外部的产业环境中对企业不利的发展趋势和对企业营销活动形成挑战的各种因素。如果没有有效的应对措施，这种不利趋势将会侵蚀公司的销售和利润。一般说来外部环境因素的发展变化会引起两种趋势，一种可能是带来市场威胁，如原材料价格上涨，其他企业的进入，国家政策的限制，消费观念的改变，等等。另一种可能是创造市场机会，如经济的繁荣，带来人们对环境保护的重视。环保意识增强，给绿色食品、绿色居住环境带来新的机会，但同时对企业生产过程中的废水处理、废气处理提出了更高的要求，要求企业投入资金改善现有废物处理方式。一些严重违背环保要求的企业将面临被政府关闭的威胁。可见，大的环境威胁会置部分企业于死地。

4.2 进行市场营销的微观环境分析

在对整体市场营销环境有了大致了解，并掌握了市场营销环境分析的基本方法之后。还必须对市场营销的微观环境进行学习分析，只有充分了解和把握市场营销的微观环境，才能正确制订企业市场营销战略和策略。

影响企业市场营销的微观环境是指对企业市场营销直接产生影响的具体单位及其行为。按其与企业活动关系的密切程度，它依次包括市场营销部门所在的企业或公司、供应商、营销中介单位、顾客、竞争者、公众几个方面。

4.2.1 市场营销部门所在的企业或公司

研究市场营销，一般情况下是着重研究企业的市场营销部门活动。以此为立足点，一个企业内部的其他部门和最高领导层也可以被看做环境中的一股力量。

企业内部的其他部门，如研究开发部门、原材料采购部门、生产车间、劳资部门、财会部门的业务活动，与企业营销部门的业务活动是互相联系、互相制约的。所以，市场营销部门的负责人在决策时，必须兼顾到其他部门的业务活动。企业的各部门之间要密切协作，共同研究年度计划和中长期发展规划。

企业的最高领导层的重大决策也会直接影响营销活动。企业的最高领导层一般是指董事会及董事长、经理会议及总经理等。企业市场营销部门的负责人必须根据企业最高领导层制订的企业任务、目标、战略和政策来制订市场营销政策和计划，而且还需经过批准才可实施。

4.2.2 供应商

供应商是指向企业供应为生产特定的产品或劳务所需要的各种资源的工商企业和个人。

企业生产需要原材料、设备、辅料、燃料和动力等。企业的采购部门需对哪些材料可以自制，哪些材料需要外购作出决策。如果决定外购，就得制订外购材料的规格、标准，寻找供应商并对供应商的情况进行评审，选择那些能保证质量、准时交货、信贷条件好和价格低廉等最佳组合的供应商。生产资料供应者能否及时、适用、适量地为企业提供生产资料，关系到企业营销计划的成败。

供应商情况的变化会对企业的营销活动产生巨大影响。企业一方面需要密切注意企业所购主要原材料的价格变化趋势，另一方面还要关心原材料来源的变化。所以，许多企业愿意从多家供应商采购，避免对某一家供应商产生过分依赖，从而摆脱因该供应商任意提价或限制供应带来的影响。企业的采购人员应与一些主要供应商建立长期的供销关系，以便在供货时，特别是在资源短缺时得到优待。

4.2.3 营销中介单位

营销中介单位是指协助企业推广、销售和分配产品给最终买主的企业和个人。主要包括中间商、实体分配公司、营销服务机构及金融机构。

1．中间商

中间商是指协助企业寻找顾客或直接与顾客进行交易的商业企业。中间商可分为经销中间商和代理中间商。经销中间商主要是指批发商、零售商和其他再售商，他们购买商品，拥有商品所有权，然后再出售商品。代理中间商主要是指代理人、经纪人、制造商代表，其特点是专门介绍客户或与客户磋商交易合同，但并不拥有商品所有权。

中间商通过在消费者所在地储存制造商的产品而创造地点效用；通过在顾客购买商品的地方开店，并每天以较长时间的营销服务而创造时间效用；通过零售产品而创造数量效用；通过批发消费者可能选购的各种商品集中在同一个商店里，便于消费者在同一次购买中买到从而创造品种效用；通过方便的交易形式把产品转移给消费者，即使用最简单的现金支付方式而无须以转账的方式，从而创造特有效用。如果制造商自己提供全部这些效用，那么他就要筹措资金另外建立和经营一个通达各地的商店网络和自动售货机网。通过比较，制造商就会发现，通过中间商的销售渠道，工作效率要高得多。制造商必须努力工作，学会如何安排和满足他们的分销渠道，否则就会面临所得到的支持日趋减少或被排斥出市场的局面。

2．实体分配公司

实体分配公司是指协助制造商储存产品和把产品从原产地运往销售地的企业，主要包括仓储企业和运输企业。仓储企业是在货物运往下一个目的地前专门储存和保管产品的机构。每个制造商都必须确定应该有多少仓位由自己建造，多少仓位向仓储企业租用。运输企业包括从事铁路运输、汽车运输、航空运输、船舶运输以及其他搬运货物的企业，它们负责把货物从一地运往另一地。每个制造商都必须从成本、运送速度、安全性和交货方便性等因素出发，进行综合考虑，确定选用成本最低而效益更高的运输方式。

3．市场营销服务机构

市场营销服务机构是指市场调研企业、广告公司、各种广告媒介和市场营销咨询企业。它们协助企业选择最佳的市场，并帮助企业向选定的市场推销产品。在处理这方面服务业务时，总要面临是自己去做，还是委托专业机构去做的选择。有些企业有自己的广告代理人和市场调研部门，但大多数企业都与专业服务机构以合同方式委托办理这些事务。当一家企业决定委托专业机构办理这些事务时，它就需要慎重地选择，因为各个专业机构都各有自己的特色，所提供的服务内容不同，服务质量不同，要价也不同。企业还得定期检查他们的工作，倘若发现哪个专业机构不能胜任工作，则需另找其他专业机构来代替。

4．金融机构

金融机构是指对货物购销提供融资或保险的各种企业，主要包括银行、信贷公司、保险公司等。大多数企业都依赖各种金融机构为他们的交易融通资金。企业的营销活动会因贷款的成本上升或信贷来源的限制而受到严重影响，因此，企业必须与各种金融机构保持密切的关系。

4.2.4 顾客

企业与供应商和中间商保持密切关系的目的是为了有效地向目标市场提供商品和劳务。企业的目标市场可以是下列 5 种顾客市场中的一种或几种，消费者市场、生产者市场、转卖者市场、政府市场和国际市场。上述各类顾客的需求数量、品种、规格、花色以及价格等，都会对企业的市场营销产生有利或不利影响。

4.2.5 竞争者

在市场营销中，企业的营销系统总会受到一群竞争对手的包围和影响，因此，企业必须识别这些竞争对手，时刻注视他们，设法胜过他们，保持顾客对本企业的信赖关系。

一个企业掌握竞争的最好办法是树立顾客观点。顾客在决定购买某件东西的过程中，需要考虑什么？假如一个人劳累之后需要休息，这个人会考虑“我现在应该做些什么。”他的脑海里可能会闪现社交活动、体育运动或吃东西的念头，这可称之为欲望竞争因素。如果这个人很想解决饥饿问题，那么就要考虑“我需要吃些什么。”各种食品就会出现在脑海里，如糕点、糖果、面包、饮料、水果等。这些能满足同一需要的不同类别的东西，可称之为类别竞争因素。这时，如果他决定吃糖果，那么又会考虑“我需要什么样的糖果。”于是，就会想起各种糖果，如巧克力、水果糖等，这些糖果都是满足食糖欲望的不同形式，可称之为产品形式竞争因素。最后，这个人决定吃巧克力，这时又面对几种品牌的选择，如"雀巢"、"金帝"等品牌，这可称之为品牌竞争因素。因此，企业的营销经理需要时刻注视这4类竞争因素。

制造商如果只把注意力集中在品牌因素上，那就是显得目光短浅了。他们应该着眼于扩大基本市场，即为使产品在市场上争取到更大的市场份额而拼搏。成功的营销必须安排好企业与顾客、销售渠道及竞争对手间的关系，即市场宣传的"4C"——客户（Customers）、销售渠道（Channels）、竞争（Competition）和公司（Company）。

4.2.6 公众

公众是指对企业的目标和发展具有实际的或潜在的利害关系或影响力的个人、群体和组织。每个企业周围都有7类公众——金融界公众、媒介公众、政府机构、公民行动团体、地方公众、一般公众和内部公众。公众可以有助于增强一个企业实现自己目标的能力，也可以妨碍这种能力。鉴于公众对企业的命运产生巨大影响，精明的企业就会采取具体措施，注视公众的态度，预测他们的动向、成功地处理与主要公众的关系，而不是漠然置之。

现代企业大都建立了公共关系部门，专门筹划、发展与各类公众的建设性关系。公共关系部门负责收集与企业有关的公众意见和态度，发布消息，沟通信息，以建立企业信誉。如果出现不利于企业的反面宣传，公共关系部门就会成为排解纠纷者。那些工作出色的公共关系部，一般都很重视向最高管理层提供采取积极措施的建议，取消那些可能带来麻烦的活动，从而使反面宣传不致出现。对于一个企业来说，如果把公共关系事务完全交给公共关系部门处理，那将是一个错误。一个企业各部门的雇员，都应该参与公共关系的事务。

4.3 进行市场营销的宏观环境分析

在对市场营销微观环境了解和学习的基础上，还应当学习和掌握市场营销的宏观环境，学会利用宏观环境中的机遇和规避宏观环境中的风险，这样，可以用最小的代价获取最大的效益。

从市场观念的演变过程中可以看出，随着商品经济的发展，营销观念的变化经历了一个由不完善到逐渐完善的过程，企业在现代营销观念的支配下进行市场营销活动，采取的是从外向内的做法，即从不断变化的外部环境中发现机遇和威胁，在此基础上运用各种手段把握机遇和降低风险，由于宏观环境引导着企业营销活动的方向，所以对这部分企业不可控制的因素，除了要在分析研究的基础上尽快适应其变化之外，还要应用经济的、心理的、政治的等手段，对外界环境施加影响，使某些因素向有利于企业发展的方面转化。宏观环境因素主要包括政治法律环境、经济环境、人口因素、社会文化环境、地理环境、科技环境。

4.3.1 政治法律环境

政治法律环境是国家的方针、政策、法律、法规对企业营销活动的影响。政治与经济是密切相连的，政治变动必然会引起经济形势的变化。政府又通过法律手段不断增加对企业经营活动的干预，以此制约企业的各种经济行为。

1．国家方针、政策对企业营销活动的影响

党和国家通过正确的路线、方针、政策来指引企业的经营方向，企业经营活动要受到国家各项方针政策的制约。企业有义务贯彻落实国家的方针、政策，认真研究各项规定、条文、决议等，深入领会其实质，自觉服从国家的宏观调控管理。更重要的是要随时注意各种政策，尤其是经济政策的变动，使企业的各项决策与国家政策保持方向上的一致，如国家产业政策的调整；投资政策的改变；财政政策、货币政策、价格政策的变动等。企业所订立的各项制度，管理的方式、方法等，都应是对宏观经济政策的具体化和补充，这样可以更有效地执行国家的宏观政策，同时，通过对政策的掌握，也可以利用国家政策中一些对企业发展有利的规定（如大力发展第三产业的产业政策等），抓紧时机，扩大企业规模，提高企业的生产服务和管理水平。例如，胰岛素是一种治疗糖尿病的特效药，20 世纪 80 年代末期，由于宏观管理失控，大批进口胰岛素，使国内生产受阻，积压大量库存，1989 年一季度几乎全面停产。根据这一情况，国家下文规定 1990 年不准进口胰岛素。政策颁布之后，杭州肉联厂生化制药分厂对胰岛素市场进行了全面分析，认为本厂与其他生产厂家一样面临着严峻的威胁，但同时也潜在着良好的市场机会，其依据是，首先，胰岛素的有效期为两年，1987 年和 1988 年进口的产品最迟用到 1990 年 4 月，过期失效。其次，据了解，国内各厂家 1989 年起均不打算生产胰岛素。最后，胰岛素的生产需要有一定周期。根据以上的分析，该厂预测 1990 年 4 月起市场上将出现胰岛素的脱销。据此，该厂在 1989 年 10 月毅然决定投产胰岛素，12 月开始出成品。果然，1989 年底在武汉召开的全国医药订货会上，胰岛素价格回升。1990 年 2 月在广州召开的医药订货会上，胰岛素出现了紧缺形势，与会者纷纷向该厂订货，仅此一项产品在这几个月中就为该厂创净利 20 万元以上。

2．企业活动要受到国家法律的制约

国家的法令法规，尤其是有关经济法规，规范着企业的行为，制约和影响着企业的营销活动。随着我国社会主义市场经济体制的逐渐完善，国家会强化通过法律手段规范企业的营销活动，给所有企业创造了一个平等竞争的社会环境，并保护企业的利益，如《反不正当竞争法》、《合同法》、《商标法》的建立健全等；其次，通过法律手段，更有利于保护消费者的利益，如《消费者权益保护法》、《食品卫生法》、《广告法》等；再次是利用法律手段维护了社会长远利益，如《环境保护法》、《森林法》等。例如，某市的甲乙两个汽水厂生产的汽水都比较受欢迎，但是，乙厂为了提高本厂的销量，故意悄悄购进甲厂的汽水，并将其搞变质，再偷偷地投放市场，使消费者误认为是甲厂的汽水质量不行，败坏了甲厂的名誉，给甲厂造成了较大的损失，构成了侵权事实。根据我国《反不正当竞争法》的规定，乙厂的行为已构成了不正当竞争，必须承担相应的法律责任。

政治法律环境中另一个要重视的因素是公众利益组织，主要是指为维护公众利益而形成的一些群众性组织，如消费者协会、绿色环保组织等。这些组织的主要职能是根据国家政策和社会公众的利益，监督企业的经济行为，接受消费者提出的对企业产品各方面的投诉，维护消费者的利益和社会利益。公众利益组织对企业市场营销活动的影响是直接的，他们的工作常与媒体相结合，会对企业营销活动乃至企业整体形象产生巨大影响，所以企业营销人员在从事经济活动过程中，要处理好企业与这些组织之间的关系，应自觉接受来自公众利益组织的信息反馈，重视消费者意见，在公众中树立良好的企业形象。

对外开放是我国进行社会主义现代化建设的一项基本国策，要搞好社会主义现代化建设，就要充分利用国内和国际两种资源，打开国内和国际两个市场。从国际范围来看，经济生活国际化的趋势日益加深，国际商品交换的范围和规模迅速扩大，等等，都说明我国的对外经济贸易活动必然是扩大的趋势。因此，各企业尤其是有进出口贸易或有其他外经贸活动的企业，在研究外界政治法律环境时，要特别注意研究相关国家的政治、经济、法律等条件，要研究国际惯例和一些组织的规定，通过正确处理政治与经济关系，保护国家利益，使得我们在自力更生基础上，充分利用他国资源，加快我们的经济发展速度。

4.3.2 经济环境

企业还必须密切注意其经济环境方面的动向。进行经济环境分析时，要着重分析以下主要经济因素。

1．消费者收入的变化

消费者收入包括消费者个人工资、红利、租金、退休金、馈赠等收入。消费者的购买力来自消费者收入，所以消费者收入是影响社会购买力、市场规模大小以及消费者支出规模和支出模式的一个重要因素。

消费者并不是将其全部收入都用来购买商品或服务，消费者的购买力只是其收入的一部分。因此，要区别可支配个人收入和可任意支配个人收入。可支配个人收入是指扣除消费者个人缴纳的各种税款和交给政府的非商业性开支后，可用于个人消费和储蓄的那部分个人收入。可支配个人收入是影响消费者购买力和消费者支出的决定性因素。可任意支配个人收入是指可支配的个人收入减去消费者用于购买生活必需品的固定支出（如房租、保险费、分期付款、抵押借款）所剩下的那部分个人收入。可任意支配个人收入一般都用来购买奢侈品、汽车、大型器具及度假等，所以这种消费者个人收入是影响奢侈品、汽车、旅游等商品销售的主要因素。

在进行经济环境分析时，还要区别货币收入和实际收入，因为实际收入会影响实际购买力。

企业不仅要分析研究消费者的平均收入，而且要分析研究各个阶层的消费者收入。此外，由于各地区的工资水平、就业情况不同，不同地区消费者的收入水平和增长率也有所不同。

2．消费者支出模式的变化

消费者支出模式主要受消费者收入的影响。随着消费者收入的变化，消费者支出模式就会发生相应变化，这个问题涉及恩格尔定律。

德国统计学家恩斯特·恩格尔（Ernest Engel，1821—1896）1857 年根据他对英国、法国、德国、比利时许多工人家庭收支预算的调查研究，发现了关于工人家庭收入变化与各方面支出变化之间比例关系的规律性，称为恩格尔定律。后来，恩格尔的追随者们对恩格尔定律的表述加以修改。目前，经济学对恩格尔定律的表述一般如下：

① 随着家庭收入增加，用于购买食品的支出占家庭收入的比重（即恩格尔系数）将会下降。

② 随着家庭收入增加，用于住宅建筑和家务经营的支出占家庭收入的比重大体不变（燃料、照明、冷藏等支出占家庭收入的比重会下降）。

③ 随着家庭收入增加，用于其他方面的支出（如服装、交通、娱乐、卫生保健、教育

的支出）和储蓄占家庭收入的比重将会上升。

消费者支出模式除了主要受消费者收入影响外，还受以下因素影响：

① 家庭生命周期的阶段。有孩子与没有孩子的年轻人家庭的支出情况有所不同。没有孩子的年轻人家庭负担较轻，往往把更多的收入用于娱乐、旅游等消费，用于购买家具、陈设品等耐用消费品。而有孩子的家庭收支预算会发生变化。十几岁的孩子不仅吃得多，而且爱漂亮，用于娱乐、运动、教育方面的支出也较多，所以在家庭生命周期的这个阶段，家庭用于购买耐用消费品的支出会减少，而用于食品、服装、文娱、教育等方面的支出会增加。等到孩子独立生活以后，父母就有大量可随意支配的收入，有可能把更多的收入用于医疗保健、旅游、购置奢侈品或储蓄，因此这个阶段的家庭收支预算又会发生变化。

② 消费者家庭所在地点。所在地点不同的家庭用于住房、交通、食品等方面的支出情况也有所不同。例如，住在中心城市的消费者和住在农村的消费者相比，前者用于交通方面的支出较少，用于住房方面的支出较多；后者用于食品方面的支出较多。

3．消费者储蓄和信贷情况的变化

进行经济环境分析时还应看到，社会购买力、消费者支出不仅直接受消费者收入的影响，而且直接受消费者储蓄和信贷情况的影响。

大多数家庭都有一些流动资产，即货币及其他能迅速变现的资产，包括银行储蓄存款、债券、股票等。储蓄来源于消费者的货币收入，其最终目的还是为了消费。但是在一定时期内，储蓄多少不能不影响消费者的购买力和消费支出。在一定时期内货币收入不变的情况下，如果储蓄增加，购买力和消费支出便减少；反之，如果储蓄减少，购买力和消费支出便增加。

消费者不仅以其货币收入购买他们需要的商品，而且可以用贷款来购买商品。所谓消费者信贷，就是指消费者凭借信用先取得商品使用权，然后按期归还贷款。消费者信贷由来已久，以前有些商店平时赊销，逢年过节时收账。消费者信贷主要有 4 种。

（1）短期赊销

例如，消费者在某家零售商店购买商品，这家商店规定无须立即付清货款，有一定的赊销期限，如果顾客在期限内付清货款，可不付利息；如果超过期限，就要计算利息。又如，消费者在某家医院看病，可以先治疗，后付医疗费。

（2）分期付款购买住宅

消费者购买住宅时，仅需支付一部分房款，但必须以所购买的住宅作为抵押，向银行借款购买，以后按照借款合同的规定在若干年内分期偿还银行贷款和利息。买主用这种方式购买房屋，有装修、改造和出售权，而且房屋的价值不受货币贬值的影响。分期付款购买住宅，实质上是一种长期储蓄。

（3）分期付款购买昂贵的消费品

消费者在购买汽车、昂贵家具等耐用消费品时，通常签订一个分期付款合同，先支付一部分货款，其余货款连同利息按计划逐月分期偿还。如果顾客连续几个月不按合同付款，商店有权将原售物品收回。

（4）信用卡信贷

信用卡有两大类，一类是由大百货公司、超级市场发给顾客的，顾客可凭卡在该公司所属商店赊购商品；另一类是由金融机构发行的信用卡，在全世界都可以使用。最常见的是运通卡、大来卡、维萨卡和万事达卡。顾客可凭卡到与发卡银行（公司）签订合同的任何商店、饭店、医院、航空公司等企业、单位去购买商品（包括物品和服务），货款由发卡银行（公司）先垫付给这些企业、单位，然后再向赊款人收回。发卡银行（公司）在这些企业、单位与顾客之间起中间担保人的作用，所以这些企业、单位并不承担任何风险，反而能比那些只收现金的企业、单位做更多的生意。发卡银行（公司）不仅要向客户收取一定的费用，而且要向这些企业、单位收取一定的佣金。发行信用卡的银行（公司）一般是到一定时期（比如一个月）和客户结账一次，过期付款或透支现金都要收取利息。

4.3.3 人口因素

人口是构成市场的基本因素，也是营销人员在研究市场环境时最重视的因素之一，但是，任何企业的产品都不可能面向所有人群，因此，还必须研究目标市场中人口的分布、结构、家庭状况等因素。

1．人口总量

在收入水平一定的条件下，一个国家总人口数量的多少，决定了市场容量的大小。我国是一个人口大国，根据国家统计局发布的《中华人民共和国 2004 年国民经济和社会发展统计公报》，2004 年末我国总人口为 12.9 亿人，约占世界人口总量的 21%，这一数字表明，我国国内市场是一个极为广阔的市场，市场消费量极大，而且消费潜力巨大。另外，在一定的生产力发展水平下，人口总量越大，人均消费额越少，从而会使消费水平降低，进而必然对消费结构的变动产生重要影响。

2．人口的增长率

在一时期内，一个国家的生育政策和国民生育观念会给未来市场带来很大的影响。例如，中国当前采取的是低人口自然增长率政策，2004 年全国出生人口 1 593 万人，出生率为 12.29‰，全年净增人口 761 万人，自然增长率为 5.87‰，比上年下降 0.14 个千分点。但随着我国 65 岁及以上老年人口的迅速增加，我国将进入老龄化社会，必将会使消费结构发生一些变化。而当前加拿大等发达国家的鼓励生育政策又有可能使婴幼儿增加，就像第二次世界大战后的日本一样，迎来一个生育高峰期，给婴幼儿产品市场带来新的希望和机会。在消费总额既定的前提下，人口规模和增长速度直接影响消费水平，在人口总数一定时，如果人口自然增长率慢于消费总额的增长速度，消费水平必将较快地提高。否则，消费水平就难以提高，这必然会对产品结构产生影响。当前世界范围内出生率呈平稳下降趋势，这一趋势使婴幼儿商品的需求量下降，导致生产儿童商品的厂家向两个方向发展。一是尽早决断，采取多元化经营，降低风险，在原领域里独占鳌头；二是另辟蹊径，开发新产品，寻找新的机遇。

3．年龄结构

据全国国民经济和社会发展统计公报，2004 年，0～14 岁的人口总数为 27 947 万人，占总人口总数的 21.5%，15～64 岁的人口总数为 92 184 万人，占总人口总数的 70.9%，65 岁及以上老年人口总数为 9 857 万人，占总人口的比例达到 7.53%。到 2005 年，老年人口总数将会突破 1 亿大关，2020 年左右，老年人口占总人口的比例将超过 10%；2040 年，中国将步入严重老龄化时期，平均每 5 个人中就会有一个 65 岁以上的老年人口。虽然中国人口的老龄化程度并不是最严重的，但其老龄化速度在发展中国家中却是最快的。而且由于中国人口基数大，老年人口的总量在全世界是最多的。考虑到中国目前和未来几十年的经济发展水平，老龄化所提出的挑战十分严峻，主要表现为对养老保障需求的迅速增加。不同年龄结构的人群对商品需求存在着生理上和心理上的差异，所需的产品和服务也各有特点。例如，儿童喜欢色泽艳丽的玩具和服装；青少年需要智力型学习用品及流行性商品；中青年的服饰或其他商品讲求实用、大方；而老年人则需要更多的营养保健食品和方便、舒适、保健的生活用品等。分析人口年龄结构，可以发现潜在的市场机会。例如，日本尼西奇公司，是专业生产塑料橡胶家庭用品的小公司，第二次世界大战结束后，公司根据国内人口结构状况的调查报告，预测未来几年里新生婴儿数量会大幅度上升，决定集中财力、物力生产婴儿纸尿裤，满足国内需求。几年后，尼西奇公司由一个 200 多人的小厂，发展为世界上生产数量最多的婴儿纸尿裤专业公司，并出口到世界各国。当前，世界上许多发达国家已进入老龄化社会，我国老年人比例也在逐年上升，上海、北京等城市老年人比例已超过 10%，成为老龄人城市。这一变化特征表明我国老年人消费市场在逐步扩大，预示许多相关物品需求在逐步上升。如老年健身运动器材、疗养院、老年人服装、医疗保健用品等。因此，各企业应充分认识这一趋势，抓住机会，开发经营老年人商品，占领老年人消费品市场。

4．人口的地理分布情况

2004 年，我国城镇人口 54 283 万人，占 41.8%；乡村人口 75705 万人，占 59.2%。不同地区的消费者，由于受地区人口密度、地理环境、气候条件、自然资源状况、风俗习惯、宗教信仰等的影响，各自的消费习惯不同，消费情况各异，在需求数量、需求商品种类、购买行为等方面都存在着相当大的差异。20 世纪 80 年代在城市以家电产品普及为特征的消费热点，目前正在农村形成。因此，把握农村消费滞后于城市的特点，为轻工业企业充分利用生产潜力，调整产品结构，拓展农村市场提供了机遇。

5．人口的文化结构和家庭结构

随着我国九年制义务教育法的普及和实施，国家对教育的投资不断增加，全民素质不断提高，将使我国人民文化水平得到提高。人们受教育程度不同，审美观、价值观会有差别。从而对商品款式、功能和对商品的评价选择会产生较大的差异。因此，总体上说我国消费者对商品的要求会是越来越高。但由于存在着地区差异，收入差别等，因此，消费者群体仍可划分为不同文化层次的人群，他们不同的审美观、生活水准和爱好，势必造成对同一事物的不同评价和选择。例如，受过良好教育的人在买首饰时，偏重于饰物的款式、精致及与服装、身份的协调等；受教育程度较低的人买首饰更注重它的价格、规格、贵重。再如，文化水平较高的人买家具必然要购置书柜、写字台等。因此，在文化层次较高地区销售家具必须考虑这种特定需求，并且要注意家具的式样符合这些消费者的审美观。对受教育程度较低的消费者来说，企业营销人员要更加详尽的解释或示范商品的功能及使用说明，推销方式则尽量提供实物样品和利用广播、电视等，在这样的目标市场中销售商品，要突出商品的实用性，价格可以较低廉，附加功能较少，且包装可相对简易。也可研制一些简单易学、价格低廉的学习用具，引导消费，使他们尽快提高文化水平，这样既会产生良好的社会效益，也可使企业开拓新的市场。例如，日本的佐佐木明等人见到日本许多家庭为使子女受到良好教育，不惜节衣缩食投资智力，这项开支使许多一般收入家庭负担沉重。于是，他们开发研制出专门供中小学生使用的“学习机”，配上各年级教育软件，至少可用上几年，远比请家教或上补习学校方便、实惠。“学习机”的问世，使佐佐木明名声大振，收益可观。

家庭规模的大小将影响家庭购物的模式。家庭规模小型化已经成为世界各国普遍的发展趋势，我国家庭小型化趋势已经十分明显，据统计，2003 我国每个家庭人数为 3.38 人，比 1982 年同期的 4.41 人减少 1.03 人，而家庭户数却增加了 5 000 多万户，这对市场营销产生了很大影响，如家庭人数的减少，使得一次性购买食品的数量减少，要求各种小包装食品多供应市场，同时，由于户数增加，使得大件耐用消费品和饮具厨具等商品的需要量大幅增加，这给许多企业带来有利的机会。

4.3.4 社会文化环境

每一个人都生活在不同的社会文化环境背景中，形成了不同的信仰、风俗习惯、价值观念及审美观念，这些因素使不同消费者对产品的需要产生很大差异，是企业营销活动必须考虑的一个重要因素。社会文化环境具体包括：

1．宗教信仰

在人类几千年的文化长河中，不同种族、不同地区的人，为了追求更好的幸福生活，或其他的种种原因，形成了不同的宗教信仰，并被一代代人沿袭继承下来，成为清规戒律，制约着教徒们的消费行为和消费内容。宗教信徒的居住生活往往带有明显的地区分布，如中东地区国家的大部分居民信奉伊斯兰教，欧美国家的居民大部分信奉天主教和基督教，东方许多国家的居民信仰佛教等。

企业营销人员要了解目标市场消费者的宗教信仰状况，要重视不同的宗教信仰与禁忌，从而有针对性地开展营销活动。例如，在阿拉伯国家，虔诚的穆斯林教徒每日祈祷，无论居家或旅行，祈祷者在固定的时间都要跪拜于地毯上，且要面向圣城麦加。根据这一特点，比利时地毯厂厂商范得维格，巧妙地将扁平的“指南针”嵌入祈祷用的小地毯上，该“指南针”指的不是正南正北，而是始终指向麦加城。这样，伊斯兰教徒们只要有了他的地毯，无论走到哪里，只要把地毯往地上一铺，便可准确找到麦加城的所在方向。这种地毯一上市，立即成了抢手货。

2．风俗习惯

风俗是指世代相袭固化而成的一种风尚。习惯是由于重复某种行为而形成了一种固定的行动方式。不同地区、不同社会阶层的消费者的风俗习惯，体现在消费行为方面就会产生巨大差异。市场营销人员要深入了解目标市场消费者的消费习俗，充分利用他们的民俗文化，才会使自己的商品打开销路。例如，中国人过春节时，姑娘、媳妇、老太太都会戴头花，喜气洋洋，家家户户要贴对联，贴窗花，预示来年吉祥。再如，中国海南岛西南沿海地区的农民，在农闲时，尤其是在元宵节之夜，习惯开展一种群众性活动——放风灯，为庆祝丰年，并希望来年风调雨顺。大千世界，风俗各异，消费者对商品多样化、差异化的要求，使企业的决策必须考虑民族、民俗、民情的差别，否则，会导致营销失败。例如，中国一家外贸加工企业，多年来生产挂毯出口其他国家，其中最受外国消费者欢迎的是中国龙、万里长城和徐悲鸿的马等图案。某年该厂照旧生产一批质量上乘的龙图挂毯，出口中东一个国家，不想没多久，代理商要求退货，究其原因，原来是因为该国有一风俗，认为龙有凶、吉之分，区别就在龙的爪子上，五爪为凶、四爪为吉，而这批龙图挂毯恰恰是五爪龙，结果当然是一条也卖不出去。

研究消费习俗，不仅可以顺乎民情，生产适销对路的商品，而且还有利于正确引导健康消费，破除迷信封建的一些旧风俗，使企业的营销活动在取得经济效益的同时，取得良好的社会效益。

3．价值观念

生活在不同社会文化背景下，人的价值观念会有很大差异。不同国家、不同地区和不同阶层的消费者对事物的评价标准、偏好会有明显不同。例如，一位生活在法国的中产阶级的消费者，当他需要购买服装时，他会买“皮尔卡丹”等名牌服装，会佩带“劳力士”金表，他认为这些与他的身份很相符。但当他生活在非洲时，他会买一块布围在腰间，穿一串象骨制作的珠子戴在颈上，他会觉得这样的装扮很气派。再如，中国消费者一贯是崇尚节俭，在购买商品时，慎重选择，喜欢储蓄，绝大部分消费者不习惯超前消费。而西方国家的人更习惯于“超前享受”，并热衷旅游等，所以各种商品的消费贷款非常普遍。因此，对不同价值观念的消费者，就要提供不同的商品。在定价、计算市场容量、确定产品策略等方面，要与目标市场消费者的价值观念等相符，这才能稳操胜券。

在研究社会文化环境时，要特别重视亚文化群的存在。亚文化群就是指在大的社会集团当中较小的团体。这些亚文化群在大的社会文化环境背景下，又存在着自己的信仰、观念和习惯等。亚文化群可分为种族亚文化群、宗教亚文化群、其他方式组合的亚文化群等。他们的需要内容及购买习惯都会不同。如中国有 56 个民族，各民族在婚丧、节日、社交、建筑等方面各具特色，由此产生的对商品和服务的需求有不同要求。企业营销人员必须掌握这些亚文化群的情况，有针对性地开展营销活动。

4.3.5　地理环境

地理环境会对企业营销工作产生很大影响。由于各地区气候条件、资源状况、地势特点以及各地区的经济发展状况和社会文化背景等不同，使得他们在经营方式和经营需求方面存在很大差别。例如，中国国土幅员辽阔，东西南北各省份、地区地理环境差异很大，西北地区人员稀少，而东北地区则是土地肥沃，但气候寒冷。沿海地区、内地经济发达地区经济条件较好，消费层次较高，对商品的要求也较高，是高档商品的主要销售地区。再如，一些地区由于山路险恶、信息闭塞、交通不便，因此大量野生植物和种植产品不能运出山来。企业可研究方案，与这些偏僻山区的农民合作，经过加工，实现当地产品的价值和使用价值。

4.3.6　科技环境

当前，“科技是第一生产力”的作用越来越明显，对各行各业产生着巨大影响，而且科学技术的发展更是日新月异，各种新技术、新工艺的出现给企业的生存和发展带来了机会，同时也可能带来了威胁。如 VCD、DVD 机的出现，使一些企业获得了新的生机，赢得了丰厚的回报，但同时对生产家庭录像机的企业却带来了严重威胁，抢占了他们绝大部分市场。而中国万燕、爱多等企业凭借对市场敏锐的洞察力和对科技发展动向的及时掌握，研究利用美国最新解码技术，使他们在 VCD、DVD 行业获得了令人瞩目的成绩。企业营销人员对科技环境的研究主要体现在以下几个方面。

① 密切注视科技发展的动态。尤其对与企业营销活动相关的新技术、新材料、新工艺等科技成果的出现或即将出现，都要及时、准确地有所掌握，着重分析这些相关技术变化会给企业带来的发展机会或将对企业发展构成的威胁。

② 尽快掌握或利用新技术开发研制新产品，抢占市场的制高点。如果对科技环境的分析结果是本企业的发展已受到破坏性的影响，则要尽快考虑替代材料的使用或转产。也可考虑与科研院所合作，弥补企业本身技术力量不足的弱点，有助于使科学技术尽快转化为生产力。

③ 要研究某些技术的出现，虽未对企业造成直接影响，但它们可能对人们的生活方式或企业的营销活动造成很大改变。例如，家用计算机的出现，网络技术的发展，改变了人们的一些消费习惯。如购书，原来一直到书店购书，而现在可以在网上浏览、下载或网上订购。计算机技术的发展，更是促进了电子商务的发展，现代物流行业的兴起，使得企业可通过互联网即时了解分销商、供应商及客户的情况，更打破了传统物流的模式，使物流过程现代化、智能化、信息化，可以快速低成本度的完成物品的配送、采购等环节。

【小　　结】

本章在说明市场营销环境的含义、特征和意义的基础上，指出影响市场营销的外部环境，即市场营销的微观环境、市场营销的宏观环境。同时，本章还分析了 SWOT 环境分析模型。

市场营销环境是作用于企业市场营销活动的一切外界因素和力量的总和。它具有客观性和变动性。这种客观性和变动性必然对企业的市场营销活动产生有利或不利的影响。一方面，它为企业提供了市场营销机会。另一方面，它也为市场营销活动造成了威胁，市场的微观环境是指对企业市场营销活动直接产生影响的具体单位和他们的行为。这包括市场营销部门所在的企业或公司、供应商、营销中介单位、顾客、竞争者和公众。

市场营销的宏观环境是指影响企业营销活动的不可控制但应尽量去适应的外部力量，所含因素非常广泛，它包括影响企业营销的宏观环境，包括政治法律、经济、人口、社会文化、地理、科技因素。

第三部分　课题实践页

一、选择题

（1）下列因素中，对企业营销活动影响较为密切且作用比较直接，属于微观营销环境因素的是（　　）。

A. 社会文化　　B. 政治法律　　C. 竞争者　　D. 自然地理

（2）西方人普遍认为“13”这个数字是不吉利的，常以 14（A）或 12（B）代替，这属于（　　）环境因素。

A. 经济　　B. 科学技术　　C. 社会文化　　D. 政治法律

（3）保健品市场的兴起是由于人们观念变化引起的，这一因素属于（　　）因素。

A. 经济　　B. 科学技术　　C. 社会文化　　D. 政治法律

（4）某地区由于蚕丝市场不景气，很多农户砍掉了桑树。可以断言，明年该地区蚕农的收入将（　　）。

A. 减少　　B. 增加　　C. 持平　　D. 无法判断

（5）S 公司仅派两名管理人员到某亏损洗衣机厂，帮助加强管理，真正把好产品质量关，并允许该厂使用 s 公司的商标生产和销售洗衣机，一年下来后该企业转亏为盈。这表明（　　）。

A. 品牌对于现代企业的经营非常重要，创出了品牌就有了一切。

B. 先进企业帮助落后企业，只要协助加强质量管理就能取得成功。

C. 质量越高，企业产品的竞争力就越强，企业的经营效益就越好。

D. 该亏损洗衣机厂的基础还是不错的，否则就将很难在一年内扭亏为盈。

（6）某公司以前主要生产塑料制品，经营状况不理想。后来注意到，影视作品及电视广告中出现的家庭居室多使用各色塑料百叶窗，这种现象渐成时尚。于是公司推出了各种款式、尺寸、颜色的百叶窗，取得了不错的经营业绩。该公司的这一调整是对下列哪种环境要素所作的反应？（　　）

A. 技术环境　　B. 经济环境　　C. 社会文化环境　　D. 政治环境

（7）某企业在进行生产什么产品的经营决策时，预测到国民经济及本地区经济将会出现新一轮的高速增长。这样的话，你认为该企业应该经营哪类商品。（　　）

A. 收入弹性大的商品　　B. 收入弹性小的商品

C. 价格弹性大的商品　　D. 价格弹性小的商品

（8）在宏观物价水平基本稳定的情况下，如果银行利率连续下调，预期最有可能出现以下哪种情况？（　　）

A. 群众购买欲望增强，市场需求增加　　B. 群众购买热情下降，物价更趋稳定

C. 企业投资减少，银行经营更加困难　　D. 企业投资大幅减少，物价逐渐下降

（9）处于威胁水平高、机会水平低营销环境下的企业，属于（　　）企业。

A. 冒险型　　B. 理想型　　C. 困难型　　D. 成熟型

（10）根据恩格尔定律，一个国家恩格尔系数越大，说明该国国民总体消费水平越（　　）。

A. 高　　B. 低　　C. 无法确定　　D. 富裕

二、判断题

（1）营销环境是客观存在的，它是可以通过企业的努力去了解和认识的。（　　）

（2）供应商与竞争者状况属于营销的宏观环境因素。（　　）

（3）企业的营销环境处于经常变动之中，所以企业要增强应变能力。（　　）

（4）影响消费者购买力水平和消费结构的重要因素是个人可自由支配收入。（　　）

（5）我们可以通过一个国家人均国民收入状况推测其消费水平和消费规模。（　　）

（6）在一定时期内和收入总额一定的条件下，居民储蓄数额越高，说明现实购买力越低，这说明是需求饱和了。（　　）

（7）恩格尔系数越高，说明社会消费水平越高。（　　）

（8）在收入水平一定的条件下，一个国家总人口数量的多少，决定了市场容量的大小。（　　）

（9）同一种环境变化对不同企业的影响是相同的。（　　）

（10）并非任何一个企业在市场上都会有竞争者。（　　）

三、简答题

（1）什么是企业的营销环境？企业的营销环境分析应考虑哪些方面的内容，你是怎样认为的？

（2）恩格尔定律的主要内容是什么？市场营销为什么要研究恩格尔系数？

（3）市场营销中，考虑社会文化因素有何重要性？你是怎样认为的？

（4）查阅我国目前最新的人口统计资料，了解我国企业开展市场营销的人口环境现状。

（5）企业营销环境分析的目的是什么？企业营销环境分析方法有哪些，在工作实践中应该如何应用？

四、课堂讨论

（1）什么是市场营销环境？

（2）市场营销环境的特点，分析市场营销环境的意义？

（3）企业面临的公众包括哪些类型？

五、实训操作

选定某项环境变化因素（可以选定任何一种环境因素如下雨、奥运会、全球气温变暖等），全班同学按照坐次循环发言，轮到的同学必须快速说出这一因素变化会给社会带来的一项威胁及一项机会，由专人记录各位同学发言。

实训目标：环境分析能力与发散性思维训练等。

实训组织：学生分组，对不同环境进行分析。

实训成果：老师选定某项威胁（或机会）。按照同样规则，轮到的同学必须快速说出针对这一威胁（或机会）的对策。根据发言的独特性与合理性加分，根据每位同学出现冷场的次数减分。

课题五　进行购买行为分析

技能目标	知识目标	建议学时
➢ 进行消费者市场购买行为分析	（1）理解消费者市场的概念和特征 （2）明确影响消费者购买行为的诸因素 （3）把握消费者购买决策过程	6
➢ 进行生产者市场购买行为分析	（1）理解生产者市场的概念和特征 （2）明确影响生产者购买行为的诸因素 （3）把握生产者购买决策过程	4

第一部分　案例与讨论

案例 1：佩氏农庄的失策

美国西部的佩珀乐基农庄是个在历史上享有盛名的农庄。20 世纪 70 年代末，这个农庄几乎成了传统和优质农副产品的代名词。无论是新鲜蔬菜还是速冻食品，只要是冠以佩珀乐基的品牌，在市场上就很抢手。

1979 年，佩氏农庄准备扩大战果，农庄的董事们聚集在一起，进行了长时间的酝酿，他们认为，人们的饮食模式正在改变，传统的家庭用餐方式已经衰退，人们需要在无规则的时间里食用味道鲜美、数量不多却饶有趣味的“非正餐”食品。1980 年初，佩氏农庄推出了夹心膨化型面制糕饼类食品。1980 年 3 月，这条食品线在加州的贝克斯菲尔德经过了小范围试验，试验结果表明，这种食品与三明治相比更能引起人们的食欲，且烹调方便，价格便宜。于是，他们将其命名为“得利”食品。董事们预测，这种食品上市后的一年中，销售额不会低于 4000 万美元这一保本数量。

一年之后，“得利”食品的销售额只有 3 500 万美元，大大低于佩氏农庄的预测。这是该农庄有史以来的第一次严重失利。农庄的老板德鲁奇先生承认，“得利”食品的牛肉馅肉质太老，令消费者极不满意，消费者并没有真正接受“得利”的新口味。更重要的是，“得利”食品在早期决策中不明确是为谁而生产，准备卖给谁，而且至今仍不清晰。

案例讨论

（1）分别从“得利”食品、星球大战饼干和苹果汁的开发及营销策略找出佩氏失败的原因。

（2）讨论佩氏农庄行动失利的对策，并结合消费者行为模式阐述理由。

第二部分　课题学习引导

5.1　进行消费者市场购买行为分析

每一位同学都有过各种各样的消费经历，作为消费者的购买行为，实际上就是一些错综复杂的内外部因素相互制约和相互作用的结果。消费者在购买过程中买什么（需求对象）？为什么买（购买目的）？谁来买（购买组织）？如何买（购买方式与购买要求）？何时买（购买时机）？何处买（购买地点）？这样一些基本问题（即“5W1H”问题）同学们有没有从理性的角度进行过分析？本项教学课题正是帮助同学们解决这些困惑。

5.1.1　消费者市场与购买行为的概念和特点

1．消费者市场与购买行为的概念

消费者市场是由那些为满足生活消费需要而购买商品的所有个人和家庭所组成的。消费者的购买行为，指的是消费者在整个购买过程中所进行的一系列有意识的活动。这一购买过程从引起购买欲望开始，经过形成购买动机、进行评价选择、到决定购买后的评价行为为止的全过程。

2．消费者市场与购买行为的特点

同其他种类的市场及购买行为相比较，消费者市场与购买行为具有以下几个主要特点：

（1）消费者市场不是中间市场而是终端市场

消费者购买的商品通常直接进入消费过程，一般不会再回流到流通领域，这些商品会对消费者个人及其家庭的基本生活、身心健康等方面产生直接影响，因而各国政府一般都制订较为严格的法律对消费者权益进行保护。

（2）消费者的购买多属于少量多次购买

消费者市场是以个人或家庭为购买和消费的基本单位，由于受到每个单位人数、需要量、购买能力、存储条件、商品有效期等因素的制约和影响，消费者一般购买的批量较小、批次较多，特别是对日常生活消费品的购买比较频繁，随机性较大。

（3）消费需求与购买行为具有多样性和多变性

消费者的人数众多，由于受消费者特性等因素的影响，不同的消费者往往有着不同的需要、欲望、兴趣、爱好和习惯，因而会对不同的商品或同种商品产生多种多样的要求，购买的行为方式也有所不同。此外，随着社会经济的发展、消费水平的提高、消费观念的更新以及消费生活的交互影响，消费需求不仅在总量上不断扩大，结构上也在不断地发生着变化。

（4）消费需求与购买行为具有较大程度的可诱导性

消费者在购买什么商品以及何时、何地、如何购买等方面具有较大的选择性和灵活性，容易受企业营销活动及其他外部环境因素的影响。造成这种状况的原因是：

① 消费品花色、品种、品牌繁多，质量、性能各异，消费者一般很难掌握各种商品知识和充分的市场信息，属于非专家购买，因而他们在购买商品时常常需要卖方的宣传、介绍和帮助；

② 不少消费品替代性强、需求强性大，消费者对商品的规格、品质等方面的要求也不如其他种类市场的购买者那样严格。

③ 消费者一般是自发、分散地作出购买决策的，因而不像其他种类市场的购买者那样，购买决策与购买行为受组织等方面因素的制约影响较大，刚性较强。

5.1.2 消费者的购买行为模式

市场营销学研究消费者市场，核心内容是研究消费者的购买行为。消费者的购买行为，是在消费者特性因素（包括心理特性、个人特性、社会文化特性因素等）的直接作用下发展的，同时也受到一系列外部环境因素，特别是企业市场营销活动的很大影响。消费者的购买行为，实际上就是这些错综复杂的内外部因素相互制约和相互作用的结果。因此，研究消费者的购买行为，就要注意了解支配和影响消费者购买行为的各种因素，并将这些因素与消费者在购买过程中的各种活动结合起来进行分析，以便弄清买什么（需求对象）、为什么买（购买目的）、谁来买（购买组织）、如何买（购买方式与购买要求）、何时买（购买时机）、何处买（购买地点）这样一些基本问题（即“5W1H”问题），这是企业有的放矢地开展营销活动，在满足市场需要的竞争中取得优势的基础。

消费者购买行为的模式，实际上就是用来描述消费者的外界刺激与消费者反应之间关系的模型，如图 5-1 所示。

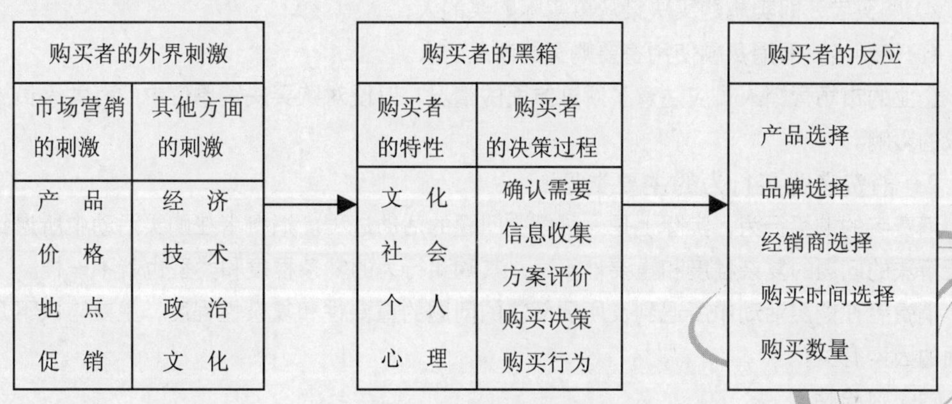

图 5-1 购买者行为模式

从图 5-1 中可以看到，所有外界刺激经过购买者的黑箱便产生了一系列可以观察到的购买者反应。购买者的外界刺激可以看作是一种输入，它涉及两个基本方面，一类是工商企业所安排的市场营销刺激，另一类是其他环境因素的刺激。购买者反应可以看作是一种输出。购买者黑箱是连接输入与输出的中间环节，为一信息处理中心，它包括两个部分，一是购买者特性，它决定着购买者如何理解它所面对的需求问题、购买问题以及外界刺激，影响着购买者如何对外界刺激作出反应；二是购买者的购买决策过程，它直接导致购买者的最终选择。这一模式进一步表明，对企业来说着重要研究的是消费者特性因素和消费者的购买决策过程。

需要指出的是，支配和影响消费者购买行为的消费者特性因素中有些是企业难以控制和施加影响的，如消费者的年龄、性别、职业、个性、经济状况、生活方式、民族等，但了解这些因素可以为企业进行市场细分、选择目标市场提供必要的线索，有助于企业采取适应性的营销措施；有些消费者特性因素易于受到企业营销活动的影响，如消费者的购买动机、认识、学习信念等，在了解这些因素的基础上企业可以制订相应的营销对策，以便在一定程度上诱导消费者的购买行为。

5.1.3　消费者的购买决策过程

1．购买决策单位

购买决策单位是指由参与和影响购买决策的有关人员构成的群体。有些消费品的购买决策单位很小，通常只有一个人，如购买简单、价格较低的日常生活用品往往就是如此；而有些消费品，特别是价格昂贵的耐用消费品的购买决策单位就比较大，往往包括一个家庭的所有成员，甚至还有家庭以外的人员参与进来。

在购买决策过程中，购买决策单位中的各个成员可能充当着以下某个或某些不同的角色，发挥着特定性的作用。

① 发起者，即首先提出购买某种商品的人；

② 影响者，即对最后购买决定具有某种影响力的人；

③ 决定者，即最后做出部分或全部购买决策（包括买什么、是否买、如何买、何时买、何处买等）的人；

④ 购买者，即实施购买决策从事实际购买的人；

⑤ 使用者，即消费或使用将要购买的商品的人。

企业的市场营销人员应注意了解这方面的情况，以便对购买决策单位中的有关人员施加有效的影响。

2．消费者购买行为的主要类型

消费者的购买行为，实际上是一种解决问题的活动过程。消费者在购买活动中所遇到及所要解决的问题的复杂程度和重要性不同，其购买行为的复杂程度和类型也就不一样。

消费者在购买活动中所遇到及所要解决的问题的重要性和复杂性程度，主要与以下几个方面的因素有关：

（1）风险性

这取决于所购商品技术上复杂性、价值高低及其对个人或家庭生活的影响范围和程度。风险性越大，消费者就越会加以慎重对待。

（2）选择性

这主要取决于相同性替代产品和相关性替代产品的多少和差别程度。相同性替代产品有两种情况，品牌差别小的同种产品为同质产品，即产品并不因生产经营者不同而在质量、花色、式样、价格、服务等方面存在较大的差别；品牌差别大的同种产品为异质产品，即产品因生产经营者不同而在质量、花色、式样、价格、服务等方面存在较大的差别。在相同性替代产品和相关性替代产品较多且判别较大时，就会增加消费者选择的难度和工作量。

（3）信息或知识的充实性

消费者在做购买决策时通常都需要一定的与欲购商品有关的信息或知识，当需要的信息或知识比较多而消费者又知之甚少时，就会迫使消费者在这方面投入较多的精力来加以掌握。

消费者购买行为的复杂性程度，可以用消费者卷入购买的程度来表示。消费者卷入购买的程度，是由消费者在购买过程中谨慎的程度、花费的时间和精力的多少以及参与购买决策单位的人数多少等方面的情况综合决定的。消费者卷入购买的情况，大致可以分为高卷入型、中卷入型和低卷入型三种类型。

（1）广泛解决问题的高卷入型购买行为

当消费者面对风险性大、选择性强而且完全不熟悉的商品时，购买行业最为复杂。在这种情况下，消费者首先要广泛地收集与欲购商品有关的各种信息以致学习一些必要的知识，然后对可供选择的各种品牌商品的重要特性等方面进行评价，最后再慎重作出购买决策。

针对上述情况，生产经营这类产品的企业营销部门，应通过调查研究了解那些可能成为自己顾客的消费者的有关情况及其信息收集和评价活动，然后再酌情采取适当的措施，以使他们逐渐熟悉和相信本企业的产品并决定购买。

（2）有限期解决问题的中卷入型购买行为

当消费者面对的问题与上一类型购买行为中消费者面对的问题在风险性和选择性方面大体相同或略为简单，但已经掌握了一些与欲购商品有关的知识和经验，然而由于市场的变化、商品的更新换代、新品牌的出现、企业服务工作的改变等原因，原有的知识和经验已不足以支持其作出购买决定时，就需要进一步收集和学习一些与欲购商品有关的信息和知识，然后再慎重地作出分析评价和购买决策。总的来说，这种购买行为较上一种类型的购买行为要简单，卷入购买的程度要低一些。

针对上述情况，企业的市场营销部门应注意了解市场需求的发展变化，不断改进营销工作，改善企业及产品在市场上的形象，同时要制订适当的信息沟通方案，以增加消费者对新产品、新品牌的了解和信任。

（3）惯例化反应的低卷入型购买行为

当消费者面对的是一些风险性低、频繁购买的日常生活用品，而且对其种类、质量、特性、品牌等方面已经很了解并有所偏好时，再次购买已呈现为一种常规性的惯例化反应行为，通常不花较多的时间与精力去评价和选择，卷入购买的程度很低。

惯例化反应的低卷入型购买行为有两种基本情况：

① 对品牌差别小的相同商品和相关替代性差的商品，人们通常根据经验、偏好和习惯重复购买某一品牌的商品，对脱销或其他品牌的商品不愿加以比较；但当这一品牌的商品脱销或其他品牌的商品特价时，他们又往往转而购买其他品牌的商品。

② 对品牌差别大的相同商品和相关替代性强的商品，出于想使消费种类多样化等原因，人们往往变换所购商品的品牌或转向相关性替代商品。

针对前一种情况，企业应注意保持一定的产品、服务质量和库存水平，并经常做一些提醒性广告以鼓励消费者重复购买，也可以采用种种诱因吸引新的顾客。针对后一种情况，企业可以通过增加花色品种、改善购买现场陈列、适当降价、利用效果好的广告等营销措施，引导顾客使用新的品种或品牌的产品，促使消费者为寻求消费种类的多样化而购买。

综上所述，主要是根据消费者所遇到和所要解决问题的性质以及消费者卷入购买的程度等情况，从总体上对消费者购买行为的类型进行划分和考察的。由于影响消费者购买行为的消费者特性因素是多方面的，而且其中许多因素的影响都会使消费者的购买行为在总体上呈现出一定的、不同的特征，因而也可以某个或某些消费者特性因素为基础划分消费者购买行为的类型并进行深入考察，这种研究方法对企业的营销工作来说也具有重要的实际价值。

5.1.4 消费者购买决策过程的主要阶段

消费者的购买行为是一个过程，这个过程在实际购买之前就已经开始，并且一直延续到实际购买之后。对企业来说，在这一过程中始终伴随着愿望竞争、一般竞争、产品形式竞争和品牌竞争问题。企业的市场营销人员分阶段地研究和了解消费者的整个购买过程，为的是针对消费者这一过程中各个阶段上的思想和行为酌情采取适当的营销措施，以便系统地加以实施影响，使消费者的购买决策和购买行为朝着有利于扩大本企业产品销售的方向发展。

西方学者曾经提出过不少消费者购买决策的模式，但现代市场营销学中一般采用的是“五阶段”模式：

① 引起需要和动机；

② 收集信息；

③ 评价选择；

④ 决定购买；

⑤ 购买后的感觉与行为。

这是一个“提出问题—解决问题”的模式，主要是针对较为复杂的购买行为而言的。在实际购买活动过程中，人们并不是严格按照上述模式进行的，有时会省略其中的某些阶段或颠倒它们的次序，在各个阶段上花费的时间和精力也有所不同。

1．引起需要和动机

消费者的购买过程是从引起需要开始的。需要的产生有时很简单，有时却较为复杂。一般地说，人的需要是由两种刺激引起，一是来自身心的内在刺激，这是引起需要的驱策力；二是来自外部环境的刺激，这是引起需要的触发诱因。在这两种刺激的影响下，当消费者意识到一种需要并准备通过购买某种商品去满足它时就形成了购买动机。因此，企业要注意通过对上述两个方面的分析，了解那些在消费者中已经存在或可能产生的与本企业产品实际或潜在有关联的驱策力及其强度，分析与这些驱策力有关的各种触发诱因的状况，进而适当地安排市场营销对策，以便引起对本企业产品的现实需要，诱发购买动机。

2．收集信息

消费者形成了购买某种商品的动机后，就要从事与购买商品有关的活动。在多数情况下，尤其是不熟悉这种商品的种类、特性、品牌、价格、出售地点等情况时，消费者总是在收集一定的信息并对其进行分析判断后才做出购买决定，然后实施购买行动的。这时，消费者增强了对有关信息的注意。消费者收集信息的积极性，主要与需要的强度有关；收集信息的数量和内容，主要与所遇到或所要解决的问题的类型和性质有关，并因购买行为类型的不同而有很大的差别。

为了有效地向目标市场传递信息，影响消费者的购买行为，企业要了解消费者获得信息的主要来源以及不同来源的信息对消费者的影响程度。

（1）消费者的信息来源

① 商业来源

即消费者从广告、销售人员的介绍、商品陈列或展示会、商品包装、产品说明书等方面获得的商品信息。

② 个人来源

即消费者从家庭成员、朋友、邻居、同事及其他熟人等方面获得的商品信息。

③ 公众来源

即消费者从大众传播媒介的客观报道、消费者组织的评论等方面获得的商品信息。

④ 经验来源

即消费者通过接触、试验或使用商品获得的商品信息。

从消费者的角度看，从企业控制的商业性来源获得的商品信息主要起着通知性的作用，从其他非商业性来源获得的商品信息主要起着建议、评价和验证的作用。

（2）商品在消费者头脑中形成的“三个集合”

对打算购买某种商品的消费者来说，当时市场上出售的各种品牌、各种形式的这种商品就构成了一个“全部信息的集合”。消费者通过收集信息，逐渐了解了这种商品的有关情况并进行了初步评价和筛选后，这种商品就在消费者的头脑中依次形成了三个集合：

① 知道的集合

即市场上出售的各种品牌、各种形式的这种商品中消费者知道的部分。

② 考虑的集合

即知道的集合中消费者考虑购买的部分。

③ 选择的集合

即考虑的集合中消费者要进一步评价选择以便作出最后购买决定的部分。

从知道的集合到选择的集合，范围越来越小。针对这种情况，企业市场营销部门的工作任务是根据实际需要设计和安排市场营销组合，开展有效的营销活动，千方百计使自己的产品依次进入消费者知道的集合、考虑的集合以至选择的集合，否则企业将失去向顾客提供自己产品的机会。

3．评价选择

在这一阶段中，消费者将根据所掌握的信息对选择集合中的几种品牌的商品进行评价和比较，从中选择和确定他所偏好品牌的商品形成购买意向。对企业来说，这里的主要问题是消费者如何评价选择集合中的各个品牌的商品，以及如何使消费者最终选择本企业生产经营的商品。

消费者评价和选择商品的方法很多，其中主要有理想品牌法、最高期望值法等。所谓理想品牌法，就是消费者首先根据自己的购买目的等构想出一种“理想产品”，并大致确定出该产品几种主要特性的理想水平或可以接受水平值；然后将选择集合中的几种品牌的实际产品作为购买对象。在实际运用理想品牌法时，消费者有时会根据情况调整要考察的产品主要特性的种数及其水平值的标准。理想品牌法是消费者评价和选择商品的方法中最基本最常用的一种方法。所谓最高期望值法，就是消费者首先对选择集合中各品牌产品的若干主要特性分别进行评分，得出各自的特性值；然后分别确定每一特性的权数，再用权数与对应的特性值相乘后加总分分别求出每一品牌产品的期望值；最后将期望值最高的某一品牌的产品作为购买对象。实际上，消费者在评价和选择商品时很少进行这样复杂的数量分析。

在消费者对进入选择集合的各品牌的产品进行评价比较后，每个品牌产品的生产经营者大体会遇到下述两种情况，一是所有的产品都与消费者的理想产品相同或相接近，这时每个企业都面临着如何开展工作来影响消费者以使其选择自己的产品；二是部分产品与消费者的理想产品相同或相近，这时与消费者的理想产品不同或不相接近的产品的生产经营者就面临着如何开展工作来影响消费者以使其选择自己的产品。对此，企业可以采取以下策略来影响消费者的购买选择。

第一，现实重新定位策略，即企业通过改变现有产品的某些属性特征，以使其符合消费者理想产品的标准或要求。

第二，心理换位策略，即在消费者低估了本企业产品的特性水平或产品某些较优的特性尚未被注意到的情况下，企业通过实事求是的宣传和积极的引导，以改变他们对本企业现有产品的信念。

第三，竞争换位策略，即在消费者高估本企业竞争者产品特性水平的情况下，企业通过比较广告等形式，设法改变他们对竞争者产品的信念。

第四，心理重新定位策略，即企业设法改变消费者对理想产品的构想，或使其调整对现实产品的评价角度以及对产品某些特性的水平标准要求，从而接受本企业的现有产品。

4．决定购买

消费者经过对选择集合中各品牌产品的评价比较后就会形成购买意向，在正常情况下便会购买他最喜欢的某个品牌的产品。但是，在购买意向与决定购买这两者之间往往会介入某些因素的影响和干扰，从而使消费者不一定实现或不马上实现其购买意向。这些影响因素有：

第一，其他人的态度，如与消费者关系密切的人坚决反对购买这种产品、在购买现场听到对这种产品的不利议论等，这些都可能使消费者重新考虑、放弃或改变原先的购买意向。

第二，意外事件，包括消费者个人、家庭、企业、市场及其他外部环境等方面突然出现的一些有关的新情况，如家庭中出现了其他方面的紧迫开支、产品生产企业出现了重大质量问题、市场上出现了新产品、经济形势出现了较大的变化等，这些都可能造成上述后果。

第三，预期风险大小，在对欲购商品预期风险较大的情况下，消费者可能采取一些防范或减少风险的习惯性做法，如暂不实现购买意向、改变购买意向等。

因此，企业完全依据消费者对品牌的偏好和购买意向来判断其购买决定与实际购买是不十分可靠的。

对于决定实际购买意向的消费者来说，在实施购买某一品牌产品的行动之前，一般还要作出一系列相关的购买决策，包括何时买、在何处买、如何买等。需要注意的是，企业对于决定实施购买自己品牌产品的消费者，应尽可能提供良好的销售服务，以避免顾客在这一阶段流失。

5．购买后的感觉与行为

消费者购买和使用了某种产品后，必然会产生某种程度的满意或不满意感。消费者购买后的满意程度，是消费者预期与产品的实际觉察性能的函数。产品的实际觉察性能若符合预期消费者就会满意，若超过预期就会感到很满意，若达不到预期就会感到失望和不满。

消费者是否满意会直接影响其购买后的行为。如果感到满意，以后就可能重复购买，并向他人称赞和推荐这种产品，而这种称赞和建议往往比企业为促进产品销售而进行的广告宣传更有效；如果感到不满意，以后就不会再购买这种产品，而且会采取公开或私下的行动来发泄不满，这势必会抵消企业为赢得顾客而开展的许多工作。

消费者购买后的感觉和行为与企业关系极大。企业的营销部门必须注意采取各种有效措施千方百计增加顾客购买后的满意感，如切实保证产品质量、同购买者保持各种可能的联系、经常征求顾客的意见、加强售后服务工作等。此外，企业在产品宣传中如实地反映产品的性能或适当留有余地，也有助于增加顾客购买后的满足感。

5.2 进行生产者市场购买行为分析

同学们作为一个消费者有过相应的购买行为，但绝大多数的同学并未作为一个生产者进行过购买，而生产者的购买行为与前述的消费者的购买行为有很大的区别。两种购买行为到底有哪些区别？影响购买行为的因素有哪些？这些问题正是本教学课题所要阐述的。

5.2.1 生产者市场与购买行为的概念和特点

1．生产者市场的概念

所谓生产者市场，就是指在这个市场上，无论是组织或个人，购买商品和服务的目的不是为了最终消费，而是为了用来生产其他的产品和服务。每一个企业在组织其生产经营活动时，都需要通过市场获得各种生产要素，购买大量的原材料、零配件、劳动力和服务。参与生产资料市场购买活动的企业非常广泛，包括农业、加工业、交通运输业、电力、建筑业、通讯业、金融业、服务业等。生产者市场主要以实物形态出现，它在交易过程中的特征、经济运行规律等方面与其他市场都有明显的区别。它与消费品市场的根本区别在于，这个市场中购买者的购买目的是为了生产其他产品，而不是为了最终个人消费。

2．生产者市场与购买行为的特点

生产者市场由所有以获利为目的而购买产品和劳务，并将其进一步用于生产其他产品和劳务，以供销售、出租或供应给他人的企业构成。其主要行业有：农业市场、林业及渔业市场、制造业市场、建筑业市场、交通运输业市场、邮电通讯业市场、金融和保险业市场、公共服务业市场以及以盈利为目的的小商贩和中间商市场。与消费品市场相比较，生产者市场具有如下特征：

（1）购买者数量较少，购买量较大

在消费者市场上，购买者是消费者个人或家庭，且使用者少、消费单位小，因此消费者市场是购买者数量大，每次购买商品量少；在生产者市场上，购买者绝大多数都是企业，购买者数量相对于消费者市场少得多，但由于其购买是为了生产任务的需要，而且其规模较大，甚至由少数几家企业垄断市场，因此其购买量很大。

（2）需求无弹性

总的说来，生产者市场的总需求受价格变动的影响较小，也就是说价格下降不会引起大量采购，价格上升也不会减少采购量。如电视机制造企业因生产能力有限，生产任务若计划生产 100 万台彩电，不会因为显像管价格下跌而采购大于 100 万个显像管，也不会因为显像管价格上涨而使显像管的采购量少于 100 万个，也就是说企业对显像管的需要弹性非常小或是没有弹性。

（3）需求波动性大

生产者对于产业用品和劳务的购买需求比消费者的购买需求更为多变，对于新厂房和新设备的购买更是如此。在现代市场经济条件下，工厂设备等资本货物的行情波动会加速原材料的行情波动，消费品需求增加一定百分比，往往能够导致工厂、设备成倍追加需求的增长，这就是经济学家所说的加速原理。有时消费品需求仅增长 10%，就可导致下个时期生产需求 200%的增长。正是由于生产者市场需求的波动性，生产产业用品的企业常通过实行多元化经营来减少其风险。

（4）购买者区域较为集中

由于产业发展的分区实施，形成不同地区有明显不同的产业。长江三角洲向来有我国的天然粮仓之称，新疆则是我国主要的棉花生产基地，而从四川省内农业来看，龙泉驿区已成为四川的水果之区，而彭州市则是中国三大蔬菜基地之一。由此可以看出，生产者市场的购买者在地域上具有一定集中性，这种集中性有助于降低产品的销售成本，也有利于降低采购者的信息收集和购买成本。

（5）专业化采购

因为产业用品特别是主要设备的技术性强，产品的采购都是由那些经过专业训练的采购代理商来执行购买任务，因其产品对性能、规模、型号、质量要求都十分严格，采购人员必须具备专业知识，其购买行为是理性的。在采购过程中还时常借助现代科学手段和仪器来测量产品的品质，因此其购买是专业化购买。

（6）影响采购决策的人比较多

生产者市场购买中影响决策的人比消费者市场购买中影响决策的人复杂得多，采购委员会都由专家技术人员组成，有时还有高层管理者，对成本控制极其严格，严格管理的企业都有严密的采购程序和采购制度。因此，导致了企业在生产者市场上营销的更大困难。

（7）直接购买和互购

购买者因购买数量大、技术性强，常常采用直接购买，甚至采用订制购买。购买者往往也选择那些从己方购买产品的人作为供应商，这种互购行为使购买相对稳定，并使其贸易关系出现双边和多边关系。

(8)租赁或分期付款

一些价格较高的产品，用户通常需要融资才能购买到，采购者不采取直接购买而采用租赁方式或是采用分期付款的方式获得所需设备。如飞机、重型建筑设备等，承租人可以在获取最新设备和更好服务的同时，获得节约成本和税务优惠等好处，出租人则可以获得更多的利润。分期付款对销售者来说，资金压力比较大，如果控制不力，易产生不良债务。

5.2.2 影响生产者购买行为的主要因素

生产者在制订购买决策时，会受到许多因素的影响，其中，最重要的因素就是经济因素。因为生产者购买生产资料的目的是为了生产，因此，必须从各方面降低成本，以获得更多的利润。所以，企业采购人员总是尽可能地选择那些质优价廉的产品，这就意味着生产者应重点考虑为顾客提供更多的经济利益。当然，事实上，生产资料的采购者也并非只考虑经济因素，他们会在价格差异不是很大的情况下，顾及到厂家的信誉、常年业务关系、售后服务等因素，这些与采购者的个人因素密不可分。

1．环境因素

环境因素是企业不可控制的外界因素。生产者的购买行为深受各种环境因素的影响。如在经济状况不景气的时候，一般情况下，企业的生产量和销售量会有所下降，那么，企业购买生产资料的采购量和储存量都会减少，并且企业会减少对设备、厂房等固定资产的投资，在这种经济环境下，生产者就会遇到很大的困难。再如，当市场上生产资料供不应求时，大部分客户希望购买较多的生产资料，并愿意与供应商签署购销合同，以保证他们的使用。生产者的购买行为，还会受到政治、法律、技术、市场需求量、竞争状态等众多因素的影响。生产资料经营者要密切注视外界环境，积极适应环境的变化，并努力去影响某些环境，使之向有利于卖方企业的方向发展。

2．组织因素

每个企业都有区别于其他企业的组织目标、组织机构形式、内部管理体制、企业特点，生产者必须尽可能了解这些情况，特别是要清楚买方企业的采购权利分配情况，购买决策的决策者成员，他们的评价标准等，生产者只有弄清楚这些问题，才能采取适当的措施，影响采购人员的购买决策。

组织因素的变化近年来有以下趋势：

① 企业采购部门的地位逐渐提高，权利有所增多，不少企业采购时提出折扣条件；

② 企业采取集中采购的方式，以降低成本；

③ 企业愿意与供应者签订较长期的合同，以保证生产资料的供应；

④ 企业重视对采购工作实绩的考评。

3．人事因素

企业中的人事关系往往会影响到企业工作的各个方面，采购工作也不例外。每个企业中都会有一些人以各种身份参与购买决策，他们不同的权利、地位和关系势必会影响购买决策。因此，生产者应努力了解采购企业的人事因素。

4．个人因素

购买者的个人因素直接影响购买者的行为，个人因素包括购买动机、个性、感觉、偏好等，这些因素在采购者的购买过程中始终起着作用，这些特征的形成是由一个人的年龄、受教育水平、职务、习惯等所决定的。生产者要提高自己的业务水平、知识水平及综合能力，处理好与客户之间的关系，以便有利于开展经营活动。

5.2.3 生产者购买决策过程

1．生产者市场购买行为

根据美国的罗宾逊（RobinSon）等人对生产者市场购买行为复杂性的分析，生产者市场的购买行为可分为 3 类：直接重购、修正重购和新购。

（1）直接重购

直接重购是指企业采购部门根据过去和供应商打交道的经验，按惯例重复采购原商品的情况。这种购买是由购买者从过去的采购经验和满意度来确定的，长期、连续地订购过去采购的同类产品。它具有习惯性和稳定性的特点。被选中的供应商获得了一个稳定的销售量，但必须以高水平的质量和服务、信誉来保持与消费者的稳定关系。未被选中的供应商应力求通过推出新产品或改进服务等方式，争取购买者一定数量的购买。

（2）修正重购

修正重购是指购买者希望修正产品规格、价格、发货条件及其他方面的情况。修正重购是购买者的需求发生变化或有新的供应商参与竞争所致，它具有不稳定性的特点。在进行修正重购时，买卖双方会有更多的人参与购买决策，购买过程也较为复杂，这既给其他供应商提供了进入新企业采购圈的机会，也给原有的供应商带来威胁，使得供货商不得不想法留住原来顾客，保护其既得市场。

（3）新购

新购是指购买者第一次购买某种产品或劳务的情况。这种购买复杂性大，成本和风险大，参与决策的人多，收集信息量大，实现购买决策的时间也很长。这种采购对供应商来说是一个良好机会，企业应派出高水平的专业技术人员和营销人员组成的推销队伍，通过对企业和产品的全面介绍，针对采购决策的关键人物，开展一定的广告宣传等，向购买者提供企业实力和产品特征及其服务信息，以引导采购者作出有利于自己的购买决策。

2．生产者购买过程参与者

生产者市场的购买决策者与消费者市场相比更为复杂，参与决策过程的人更多，韦伯斯特称之为采购中心或决策中心。企业的购买决策中心包括 6 种参与角色：

（1）倡议者

指提出和要求购买的人，他们可能是企业内部的使用者或其他人。

（2）使用者

指那些将要使用产品或服务的人员。使用者往往是最早提出购买意见的人，并对购买的产品品种、规格和品牌选择起着重要作用。

（3）影响者

指那些影响购买决策的人员。他们常常协助决策者决定购买产品的品种、规格、品牌等，并提供所需的评价信息。技术人员是最主要的影响者。

（4）决策者

那些有权决定购买与否，有权选择供应商的人。他们可能是采购者，也可能是企业负责人。

（5）采购者

在企业中有负责组织采购工作的正式职权的人。他们的主要职能是选择供应商和进行谈判。

（6）信息控制者

在企业外部和内部能控制市场信息流通到决策者、使用者的人。他们可能是采购代理商，可能是技术人员，可能是电话接线员……

在任何一个企业里，采购任何一种产品都有6种人员参加购买决策，但是，购买决策中心人员数量的多少和规模的大小会因产品不同而不同。生产者市场营销人员应能准确判断出购买决策中心的人员构成及其影响力大小，然后有针对性地提供产品的信息。

3．生产者的购买决策过程

生产者市场购买产品不是为了消费，而是为了获得经济利益，为了降低成本或实现其社会责任和法律义务。为购买所需要的产品，生产者购买行为贯穿于整个企业采购活动过程，罗宾逊等人把这种采购过程分成了8个阶段：

（1）认识需要

当公司内某些人员认识到某个问题或某种需要可能通过得到某一产品或服务就能得到满足时，便开始了采购过程。认识需要来源于企业内部刺激（如企业开发新产品需采购新设备和原料，机器损坏需购新零件或新机器等）和外部刺激（广告或展销会或其他企业等提供的质量更好、价格更便宜的产品信息）。

（2）说明需要

一旦认识到了某种需要之后，采购者便着手确定所需要产品的数量及性能特征，包括产品的可靠性、耐用性、价格和其他重要属性，并指定专家组，对所需品种进行价值分析，同时作详细的技术说明，以作为采购人员选购产品的标准。

（3）物色供应商

一旦产品要求被具体化之后，采购者将设法物色到最合适的供应商，他们可以检索《工商企业名录》，也可以上网搜索或是找其他公司推荐。供货企业则应该为自己制订强有力的广告和促销方案，加强企业公关宣传，提高企业的知名度和美誉度。

（4）征求意见

企业采购人员邀请供应商提供详细的产品目录，或是派采购代表进行交流或谈判，对于一些特别重要的产品，如采购复杂、价格高的品种，要求供应商写出详细的书面建议书，为挑选满意的供应商打下基础。

（5）选择供应商

购买决策中心通过供应商提供的产品质量、价格、信誉、交货能力、技术服务等标准来评价供应商，同时也吸引优秀的供应商来参与此项工作。然后与较满意的供应商谈判，争取更好的供货条件。最后，选定两家以上供应商作为供货来源。

（6）确定订货程序

采购人员向最终选定的供应商下订单，订单中要详细列举技术规格、需求数量、交货时间、付款方式、退款退货政策、担保条件、违约责任及处理办法等具体项目，西方企业为保证供货和节约成本，实施“一揽子合同”或“无库存采购计划”。

（7）检验合同履行情况

采购人员向使用者征求意见，了解他们对所购产品的满意程度，检查和评价供应商合同履行情况。

（8）继续采购

根据检查和评价的结果，为是否继续向该供应商采购产品提供依据。

从生产者的购买决策过程可以看出，生产者市场的营销工作富于挑战性。要制订有效的营销战略，必须把握生产者市场的特征，认清购买决策中心的成员及其影响力，同时还应根据不同类型购买行为去把握购买决策过程的规律性及变化性。

【小　　结】

（1）在消费品市场上，企业应首先对消费者行为作出分析，了解消费者的购买特点、购买目的、购买组织和购买方式。

（2）在对消费者行为进行分析的基础上，掌握消费者的购买决策过程。在复杂的购买行为中，购买者的购买决策过程由引起需要和动机、搜集信息、评价选择、决定购买和购买后感觉和行为 5 个阶段构成。

（3）在组织市场中，产业市场的购买行为与购买决策具有典型的代表意义。影响产业购买者购买决策的主要因素有环境因素、组织因素、人际因素、个人因素等。

（4）购买过程要经过认识需要、说明需要、物色供应商、征求意见、选择供应商、确定订货程序、检查合同履行情况、继续采购 8 个阶段。

第三部分　课题实践页

一、选择题

（1）消费者市场的特点是（　　）。

A. 市场比较集中　B. 购买人数多而分散　C. 多属专家购买　D. 缺乏弹性

（2）在中国市场上，下列商品中需求弹性最大的是（　　）。

A. 食盐　B. 香烟　C. 计算机　D. 面包

（3）中国有句古话“增产不增收”，讲的是当农业获得丰收时，农民的收入却不一定能够增加，主要原因是（　　）。

A. 国家政策不利　B. 农产品缺乏弹性

C. 消费者购买力不足　D. 奸商收购

(4)需要层次理论中，人的最高层次需求是(　　)。

A. 安全需求　　B. 生理需求　　C. 社会需求　　D. 自我实现需求

(5)小王欲购买一台计算机，在此之前他对此类产品并不了解，他的这次购买行为属于(　　)。

A. 复杂型　　B. 和谐型　　C. 习惯型　　D. 多变型

(6)纺织企业虽然其用户是服装生产企业，并不是消费者，但却要投入很大力量研究消费者需求。这是因为消费者需求具有(　　)，而产业市场需求具有派生的特点。

A. 伸缩性　　B. 源发性　　C. 差异性　　D. 分散性

(7)《消费者权益保护法》中所称消费者是指为(　　)需要而购买、使用经营者所提供的商品或接受经营者所提供的服务的市场主体。

A. 生产消费　　B. 转卖　　C. 生活消费　　D. 储存

(8)消费者购买决策过程的第一阶段是(　　)。

A. 收集信息　　B. 评估选择　　C. 决定购买　　D. 激发需求

(9)顾客通过家庭成员、朋友、邻居等获得产品信息，这种来源属于(　　)。

A. 经验来源　　B. 公共来源　　C. 商业来源　　D. 个人来源

(10)人们购买养老保险是出于(　　)；曹雪芹食不果腹，仍坚持《红楼梦》的创作，是出于(　　)。

A. 安全需求　　B. 生理需求　　C. 社会需求　　D. 自我实现需求

(11)与消费者市场相比，组织市场具有的特点有(　　)。

A. 需求弹性大　　B. 购买量大　　C. 购买者人数多　　D. 非专业性购买

二、判断题

(1)生产者购买为理性动机，消费者购买为感性动机。(　　)

(2)惠顾动机是顾客对特色品牌和商店产生信任而重复购买的动机。(　　)

(3)生产资料需求缺乏弹性。(　　)

(4)生产者市场需求是最终消费派生的需求。(　　)

(5)市场需求潜量是指潜在需求的总和。(　　)

(6)消费者购买某一产品仅仅取决于产品是否能够买足自己的需要。(　　)

(7)一般情况下家庭日用消费品的购买决策通常由主妇来做，而耐用消费品的购买决策则通常由男主人做出。(　　)

(8)对于特殊商品，消费者一般从质量、价格、款式、服务等方面反复比较挑选。(　　)

(9)对于那些消费者比较熟悉而价格比较低廉的产品，消费者会采用习惯性购买行为。(　　)

(10)组织机构市场上的购买者在地理区域上较为分散。(　　)

三、简答题

(1)马斯洛需求层次理论的主要内容是什么？对市场营销有何指导意义？

（2）消费者与组织购买者相比，有哪些特点，针对这些特点，企业应采取什么样的营销策略?

（3）消费者购买行为有哪些类型？影响消费者购买行为的因素有哪些？结合自己的购物经历，分析你做出购买决策的全过程。

（4）消费者购买决策过程可以分成哪几个阶段，在不同阶段，企业应采取什么样的营销策略?

四、课堂讨论

（1）消费者市场的特征是什么?

（2）影响消费者行为的主要因素有哪些?

（3）影响生产者市场购买行为的因素有哪些?

五、实训操作

每位同学提供一张图片并交给老师。两位同学一组，每位同学从老师手中抽取一张图片，每位同学抽到图片后针对该图片提出 10 个问题，请另一位同学回答。例如，可以问这张图片中最显眼的是什么？图片的主题是什么？图片中的人、物、景之间可能有什么联系？图片与你所销售的产品（老师指定）能建立哪些方面的联系（机会或威胁）?

实训目标：训练洞悉人物内在心理的能力、发现营销机会的能力。

实训组织：学生分组，对不同图片进行分析。

实训成果：老师根据分析的深刻性、全面性与独到性评定成绩。

课题六 进行竞争对手分析

技能目标	知识目标	建议学时
➢ 分析竞争者	（1）能识别公司市场竞争对手 （2）能对市场竞争主要竞争对手进行分析	4
➢ 制订市场竞争策略	（1）掌握基本的市场竞争策略 （2）能制订处于不同竞争地位企业的竞争策略	2

第一部分 案例与讨论

案例 1：小刘瓜子

小刘瓜子地处安徽，这里也是“洽洽”、“傻子”等知名品牌瓜子的故乡。在名牌瓜子济济一堂的故乡能有一席之地，小刘凭的就是自己的看家产品——小刘西瓜子。小刘公司 1992 年用“黑小片”西瓜子顺利抢占了邻近的上海市场，在上海创下了连年销售额达 1 000 万元的业绩，现在的小刘食品有限公司，已拥有 500 多名员工和 1 000 多万元的固定资产，企业年产值达 1 368 万元，年销售总额大约 1 500 万元。于是，小刘公司开始了它的大规模扩张计划，要让小刘瓜子冲出上海滩，走向全中国。可是小刘公司没有料到，在全国设置了十几个销售办事处，花费了巨大成本抛出去的看家产品并没有得到其他地区消费者的青睐，全国一年的销售额还不足上海一个地区销售额的一半，闹了个赔本也没赚着吆喝。热血尚存的小刘公司另辟蹊径，开发研制了带有环保理念的“全素”瓜子，可没想到又遭遇“洽洽”等其他品牌强有力的挑战，忙活了一年，销售额还是远远不及对手。目前，依然是单一的西瓜子在上海一地的销售支撑着公司的半壁江山。

案例讨论

（1）分析小刘瓜子的市场竞争策略，指出其中的优缺点?

（2）小刘瓜子新产品遭遇市场失败的原因有哪些?

（3）请你制订小刘瓜子以后的竞争策略。

第二部分 课题学习引导

竞争是市场经济永恒的话题。竞争是客观的，无时不在、无处不在；竞争是无情的，商

场如战场，两强相遇惟有勇者和智者才能获胜。为了避免竞争的盲目性，真正做到知己知彼，战略上藐视对手，战术上重视对手，我们必须对企业各个层面的竞争对手进行认识、分析、了解，为制订正确的竞争战略打好基础。

6.1 分析竞争对手

6.1.1 市场竞争对手

市场不同竞争力量的态势，对企业产生的竞争压力不同。企业要拓展业务，在不同的竞争对手面前，要选择不同的竞争策略才能保证竞争成功。同样，即使是实力强劲的老牌企业，面对不同竞争对手的竞争，也必须采取不同的防范措施以保存自己已占领的市场。因此，对市场竞争对手的充分研究，是企业全方位参与市场竞争的基础。

对竞争对手的分析主要包括 5 大部分的内容，如图 6-1 所示。目的在于全面了解市场竞争对手的竞争动力是什么？正在做些什么？能做些什么？以及竞争对手如何对市场作出反应？

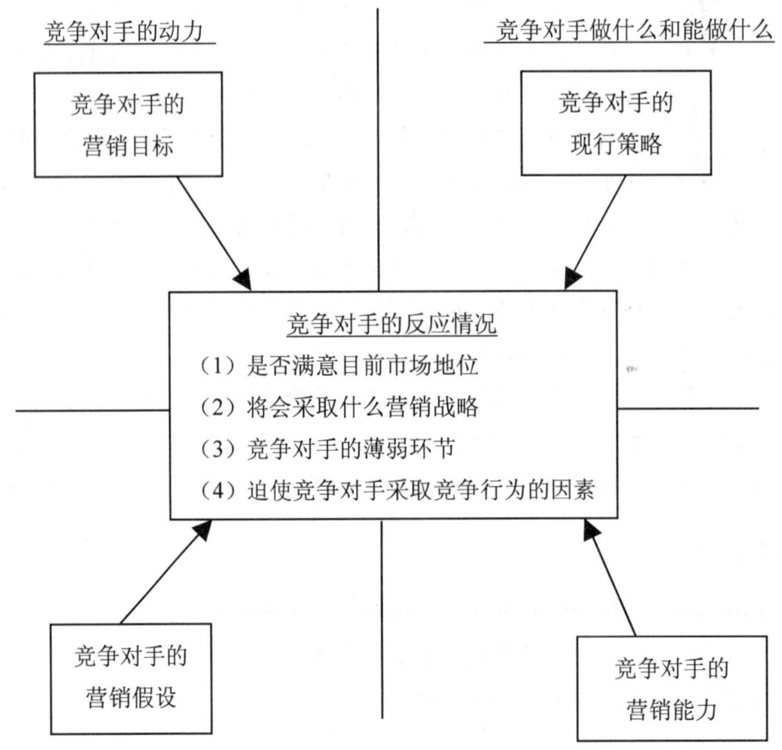

图 6-1 对竞争对手的分析

通过对市场竞争对手，包括现有的重要竞争对手和可能出现的潜在竞争对手的营销目标、营销假设、现行营销战略，以及市场竞争对手面对竞争挑战的反应能力等方面的了解，可以对市场竞争对手做出比较全面的分析。

1．市场竞争对手的营销目标

对市场竞争对手营销目标的分析，有助于了解竞争对手对企业自身目前市场地位和财务状况的满意程度，从而推断这个竞争对手是否会改变营销战略，了解竞争对手对外部营销环境变化所能作出的反应能力，从而对市场竞争对手的营销目标做出分析。

（1）竞争对手的经营理念

竞争对手是否想成为市场领导者、行业发言人、行业标新立异者、技术领导者？竞争对手是否重视产品开发和产品质量？竞争对手是否对营销地区有特殊的偏好？经营理念是否成为全体员工的行为指南？是否存在已成为企业惯例化行为的特定营销战略或工作方针，等等。

（2）竞争对手的组织结构

竞争对手企业职能结构如何？这种结构对资源分配、定价和产品换代等关键性决策的责任和权力分配如何？竞争对手最高领导层的背景和经历如何？竞争对手对管理人员的培养要求和激励措施如何等。

（3）竞争对手的财务目标

竞争对手在长期和短期营销业绩之间的权衡，竞争对手在利润和收人增长之间的权衡，竞争对手在获利能力、市场占有率、销售增长率、风险期望水平等因素之间的权衡，等等。

（4）竞争对手的控制系统

竞争对手的会计制度如何评估库存、分配成本、计算通货膨胀？竞争对手各级人员的报酬、竞争者股份分布情况、竞争者营销业绩评估措施，等等。

2．市场竞争对手的营销假设

每个企业都会把自己所处的营销环境进行一系列的假设，其中既有对自身情况的假设，也包括对整个行业及行业中某些企业的情况假设。不管企业的这种假设正确与否，都将成为指导企业的行为方式和其对营销环境变化的反应方式。

例如，一个市场竞争对手把自己看成是社会上的知名企业，自信产品拥有最大的顾客忠诚度，而事实并非如此。对这种竞争对手而言，采用刺激性降价可能是获得市场份额的好方法。但它会认为这种降价行为不会影响它的市场占有率而拒绝采取相应的降价措施，当它认识到自己的假设是错误的时候，昔日的良好市场地位已经岌岌可危了。因此，识别市场竞争对手的假设，可以帮助企业恰当地估计竞争对手的行为。

对市场竞争对手的营销假设分析包括：

（1）竞争对手对优劣势的看法

竞争对手对本企业成本、产品质量、技术和营销实务等方面相对地位的看法，这些看法正确与否。

（2）竞争对手对市场竞争的看法

竞争对手对市场营销目标和营销能力的看法，是否会高估或低估市场营销目标和营销能力。

（3）竞争对手对市场需求及行业发展趋势的看法

竞争对手对产品设计、质量、制造地点、销售方法、分销渠道等方面是否有某些历史原因和感情色彩而采取迅速扩展营销策略，这种思维方法左右其认识事物的程度如何？竞争对手是否会毫无根据地对市场需求缺乏信心而不愿投入更多的营销能力，或者因为相反原因而迅速扩展营销能力？竞争对手是否容易错误估计某种特定趋势，如信奉行业的传统思路等。

3．市场竞争对手的现行战略

任何一个企业都有自己的竞争战略，从根本上讲，一项具体竞争战略的制订，即为企业规定了一种广泛应用的模式，以指导企业在营销实务中应该如何投入竞争、应该确立什么样的竞争目标，以及在贯彻执行这些目标时需要采取的措施等。企业的竞争战略可以在整个营销计划中提出，也可以通过企业各个职能部门的活动而含蓄地进行。一般而言，分析市场竞争对手现行战略最有效的方法是，把该竞争对手的战略看成是其各个职能部门中主要的、关键的营销策略，分析竞争对手如何达到企业各职能部门之间的相互联系、相互协调。对市场竞争对手的现行战略分析包括：

（1）竞争对手企业内部对实现营销目标的看法是否一致

竞争对手的营销目标是企业全体成员的共识还是仅领导层的意愿？竞争对手企业各职能部门对营销目标实现的协调措施如何，等等。

（2）竞争对手营销目标和工作方针与营销环境是否适应

竞争对手是否存在影响企业对环境看法的组织准则或法规？竞争对手企业创始者当初信奉的策略如今是否仍起作用？竞争对手是否存在影响企业对事物认识的文化性、地区性或民族性的差异，等等。

（3）竞争对手的特定产品、具体营销策略的业绩

竞争对手获得成功的经历如何？竞争对手曾经在什么情况下遭到失败？为什么，等等。

4．市场竞争对手的营销能力

市场竞争对手的营销目标、营销假设和现行战略会影响其对市场竞争作出反应的可能性，同时也决定了这种反应行为的时间选择、性质和强度。市场竞争对手的营销能力则取决其在营销活动中作出反应的实力。相对而言，任何企业都有一定的优势和劣势，而这种客观存在的强项和弱点就是企业应对营销环境变化及其实现营销目标的能力。对市场竞争对手的营销能力分析包括：

（1）竞争对手的核心能力

竞争对手各职能部门的实力如何？竞争对手的最佳能力在哪个部门？最薄弱环节在何处？随着企业发展，竞争对手具体能力的发展趋势如何，等等。

（2）竞争对手的成长发展能力

竞争对手是否存在潜在的发展能力？这种发展的潜在能力表现在何处？竞争对手在人员、技能、营销能力、财政方面的实力如何，等等。

（3）竞争对手的适应变化能力

竞争对手对成本竞争的适应能力，对产品更新换代的适应能力，对服务竞争的适应能力，对政府行为的适应能力，等等。

（4）竞争对手的持久耐力和快速反应能力

竞争对手的资金储备量，竞争对手管理层的协调统一性，竞争对手财务目标的中长期水平，竞争对手的借贷能力，竞争对手固定设备的利用率，竞争对手尚未推出的新产品，等等。

5．市场竞争对手的反应情况

在对市场竞争对手的营销目标、营销假设、现行战略和营销能力分析的基础上，可以进一步明确市场竞争对手可能对营销活动中种种问题如何作出反应。

（1）主动竞争行为

把竞争对手的营销目标与其现有市场地位进行比较，其结果显示该竞争对手对自身地位的满意程度，这种满意程度预示其是否可能会着手采取改变市场地位状态的战略行为。再进一步根据竞争对手与其现有市场地位相关的具体营销目标、营销假设、营销能力分析，则能了解竞争对手对营销趋势的见解，及其对自身实力的评估。这些见解和评估反映了其将谁视为竞争对手、如何去竞争。同时，对竞争对手营销目标和营销实力的对比研究，能够用来评估其可能采取行动的预期强度。同样，把评估竞争对手可能从这次行动中获取什么样的收益和对其营销目标的了解相结合，就可以判断该竞争对手采取行动的严厉程度。

（2）被动竞争行为

在市场竞争中，企业除了采取主动竞争行为以外，面对竞争还可以采取被动竞争行为。对于主动竞争者来说，寻找的是竞争对手容易受到影响的那些战略因素，如政府行为、宏观经济政策、行业事件，等等；实施的是在一定时限或一定范围内，使竞争对手无法冒风险而采取相应行为，自己则能获利的战略行为。对于被动竞争者而言，当遇到的竞争挑战威胁到自身地位和营销目标的实现时，不管愿意与否，总会被迫采取被动竞争措施。大多数企业都有反映在既定目标等方面的敏感点，一旦被触及，往往会作出超常反应。因此，对市场竞争对手营销目标、营销假设、现行战略和营销能力的分析，能清楚了解到竞争对手会不会作出反应，是否会由于某种因素的阻碍，无法作出反应或者反应迟缓。同时，能提醒竞争对手避免触及对方敏感点，提高竞争的成功率。

6.1.2 市场竞争的性质和类型

企业要想发展，必须敢于和参与竞争。在一定的时间、地点条件下，企业面临的竞争压力往往是不同的。而企业制订有效竞争策略的基础是，分析竞争环境和竞争形式，充分了解不同竞争力量的强弱程度及态势。企业所面临的竞争力量一般有5种，如图6-2所示。

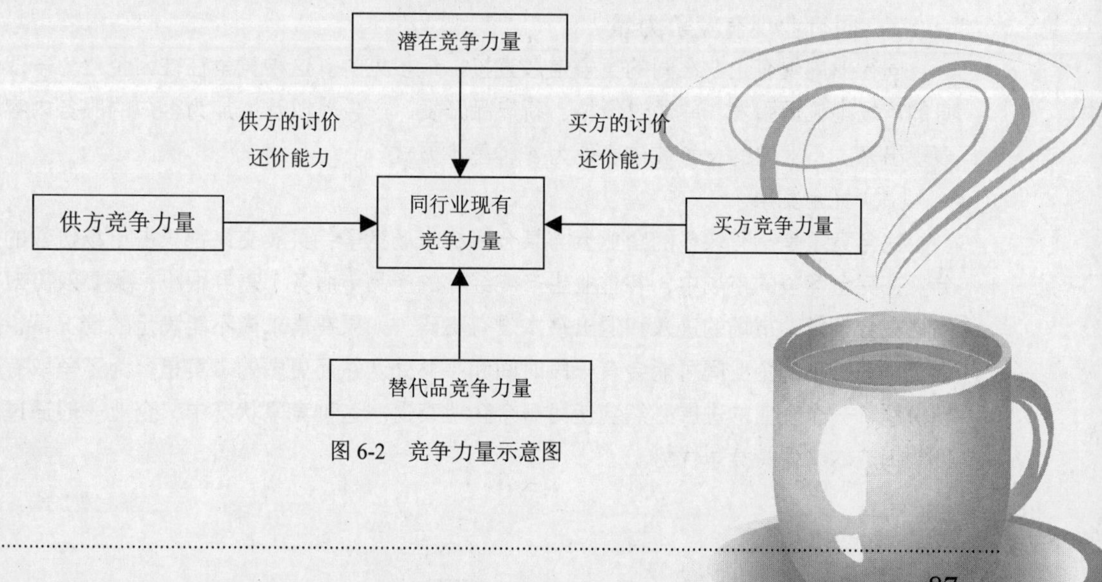

图6-2 竞争力量示意图

1．潜在竞争力量

营销环境是由多种动态变化的因素所构成，每个行业随时都可能有新的进入者参与竞争。它们会给整个行业的发展带来新的生产动力，同时也会形成行业内企业之间更激烈的竞争。作为一种潜在的竞争力量，受到的威胁主要表现在参与竞争时可能遇到阻力的大小。如果新进入者所遇阻力较大，则给企业带来的竞争威胁就相对小些；反之，就相对大些。

对新进入者与竞争对手之间的抗衡情况，应该重点注意3个方面的动态。

（1）卖方密度

卖方密度是指同行业或同一类商品经营中卖主的数目。在市场需求量相对稳定时，卖方密度直接影响到企业市场份额的大小和彼此竞争的激烈程度。如果在容量相对稳定的目标市场中，同类产品经营者比较多，那么有新进入者的参与就会相对降低部分老企业的市场份额。显然，在卖方密度较高的目标市场中，新进入者往往会遭到竞争对手较为强烈的抵御。

（2）产品差异

产品差异指同一行业中不同企业同类产品的差异程度。这种差异在许多产品上均有表现，也是消费者所能够察觉到的，这种产品差异代表着企业努力追求的品牌、顾客忠诚度上的优势。产品差异使各企业的产品有不同特色、互相有别，这与企业竞争实力的大小相关度很大。如果新进入者能为消费者所认可，并开发出具有明显特色的产品进入目标市场，那么就具有较强的竞争力量。

（3）进入难度

进入难度是指某个企业在加入某个行业时所遇到的困难程度，特别是技术难度和资金规模。不同的行业，新进入者遇到的进入难易程度不同。例如，高科技产业是一般企业难以进入的，因为它需要巨额投资和较高的专业技术；而小家电、塑料制品等一般生活用品生产行业则相对容易进入，因为这类产品生产投资不高，技术也不复杂，投产周期短。不同的进入难度会导致不同的影响，进入难度大的行业中，价格和利润往往比较高，竞争相对较弱；而进入难度不大的行业，其结果则相反。

因此，企业必须密切注意营销环境的动态发展趋势，随时掌握市场任何细微变化，及时调整自身的营销行为，从而争取在竞争中处于领先地位。

2．同行业现有竞争力量

同行业内现有企业之间的竞争是最直接、最多见的。这种竞争往往因企业为争取改善自身的市场地位而引发，并通过价格、新产品开发、广告战以及增加为客户的服务内容等手段表现出来。行业内的竞争往往表现为4种基本方式。

（1）完全竞争

完全竞争是指有较多的企业参与某个目标市场竞争，买卖交易都只占市场份额的一小部分。在完全竞争的市场中，各企业生产或经营的产品（服务）差异很小，买卖双方对市场的信息充分了解，市场的进入和退出基本没有障碍。如果在需求尚不能满足的情况下，处于完全竞争态势下的企业间可能会有一段时间和平共处。然而更多的事实是，为了争取有限的市场份额，一个企业的进展必然会使另一个企业衰退。这种竞争状况中，企业一般通过追求降低营销成本来保持竞争优势。

（2）垄断性竞争

垄断性竞争是指参与目标市场竞争的企业尽管比较多，但彼此提供的产品（服务）是有差异的，一些企业会由于其在产品或服务上的某些优势而获得对于该部分市场的相对垄断地位。这些企业间的竞争一般通过提高产品质量、优化销售渠道网络、加强各种促销手段等途径进行，或者企业也可以根据差异优势，通过变动价格的方法寻求更强的竞争优势。在垄断性竞争态势下，许多企业也可以相互联合，以各自的长处联合生产某种产品（服务）进入目标市场，用合力产生竞争优势。

（3）寡头竞争

寡头竞争是指一个行业被少数几家相互竞争的大企业所控制，其他企业只能处于一种从属被动的地位。寡头竞争中控制市场的企业依赖的主要是实力优势而不是产品或服务差异优势。寡头竞争态势下，由于少数企业基本控制了市场，在一段时间内，别的企业要想进入市场是相当困难的，但并不等于永远没有进入市场机会。寡头之间仍然存在竞争，他们互相依存，任何一个企业的独立活动都会导致其他几家企业迅速有力的反应而难以独自奏效，它们一般都具有很强的成本意识。

（4）完全垄断

完全垄断是指由某一家大企业对整个市场全部占有，其他企业基本无法进入。完全垄断除了极少数是由于实力的优势之外，基本上是由于资源上或技术上的垄断地位所形成的，也有的是由于政府对于某些行业所实行的政策性垄断所致。由于世界上许多国家对完全垄断在法律上予以限制，所以完全垄断的情况一般很少见。因此，同行业内现有企业之间的竞争，除了企业的营销策略、营销能力以外，对市场的供求情况、竞争状况的全面、综合了解是很重要的。

3．买方竞争力量

买方是企业产品（服务）的直接购买者和使用者，关系到企业的营销目标能否实现。买方的竞争威胁往往意味着企业让利的代价，他们可以通过压低价格、追求更好的产品质量、寻求更全面的服务项目等手段，从竞争企业彼此对立的状态中获得好处。如果某个特定买主进货量很集中，占企业销售量的比例也很大时，相应也就提高了该买主讨价还价的能力。当买方所购买的产品占到其成本或购买数额的相当大部分时，或者在买方感到营销实绩利润不高时，一般都会为了压低购买成本而慎重地选择购买。如果买主面临的产品供应者相对稳定，而且又是多源，那么买主就会利用供应者之间的相互竞争，提高自己讨价还价的能力。而当买主的某个特定的购买活动对其而言是至关重要的情况时，或者当供应者的产品对买方产品质量有很大影响时，买方对价格一般就不会那么敏感。对一般消费者而言，那些毫无差异、与其收入相比价格偏高，或者产品质量对他们而言并不特别重要的产品，往往会使消费者表现出对价格的敏感。

因此，为了减少买方讨价还价的威胁，卖方企业应该向最可能赢得的客户推销自己的产品。一般而言，企业选择的目标客户应是特定的购买需求必须与企业的相对供应能力相匹配，讨价还价的能力和所要求的服务成本相对比较低，要具有比较大的发展潜力。

4．供货者竞争力量

企业营销目标的实现，必然要依赖于某些特定的原材料、设备、能源等的供应。如果没有经营供货保障，企业的营销活动也就无法正常进行。因此，企业所面临的所有供货者，自然就构成了对企业营销活动产生威胁的竞争力量。供货者可以通过提价或降低其所提供的货物（服务）质量，或者从供货的稳定性和及时性等各方面显示其讨价还价的能力。供货者的这种威胁，会迫使购货企业提高产品成本而失去利润。如果企业面临着实力强大的供货者，那么通常是供货者在价格、质量和贸易条件等方面具有相当大的主动权。当供货者面临着同类产品供应或者某些替代产品供应的激烈竞争时，那么即使是再强大的供货者，这时候其讨价还价的能力也会受到一定的牵制。如果某个特定企业是供货者的重要客户，那么由于关系密切，供货者会有相对积极的态度，并通过合理的价格和各种促销手段来保证彼此关系的协调发展。当供货者的某种产品成为生产企业经营活动中一个至关重要的因素时，显然就会提高供货者讨价还价的能力。

因此，为了减少供货者的竞争威胁，企业应该在保证供货相对稳定的基础上，尽可能使自己的供货者多样化，促进供货者之间的竞争，使企业处于相对有利的竞争位置。

5．替代品竞争力量

在一般情况下，企业的竞争对手并不局限于同一行业中。许多企业尽管彼此生产的产品（服务）在形式、内容等方面并不雷同，然而这些产品（服务）却都从特定的角度满足市场的需求而吸引社会购买力。因此对于争取社会购买力而言，替代产品竞争力量同样会影响到企业的市场地位，甚至会成为生死攸关的大问题。

6.2 制订市场竞争策略

如前所述，商场如战场。如果一个企业是行业领导者，会怎样攻城？怎样守城？这个企业应该制订什么样的竞争策略；如果一个企业是行业的追随者，这个企业应该如何增强自己的实力，扩大市场占有率；如果一个企业是中、小企业，这个企业如何走出一条属于自己的路，创立一片属于自己的天空，这就是企业的竞争意识。而企业是否是真正的强手，是否是真正的智者，就看这个企业制订的竞争策略，真正的强手和智者是不倒的。

了解竞争环境，摸清市场竞争者的情况，分析企业自身的竞争能力等，目的是要争取竞争优势。根据企业的营销目标、营销环境、营销资源及企业在目标市场、竞争性行业市场中的地位所确定的竞争策略，能恰当地促进企业形成和保持竞争优势，争取有利的市场地位，从而最终帮助企业实现营销目标。

6.2.1 基本的市场竞争策略

每个企业在市场竞争中都会有自己相对的竞争优势和竞争劣势，要获得竞争胜利，必须以一定的竞争优势为基础。企业的竞争优势是由企业应付潜在竞争者、现有竞争者、替代品竞争者等能力所决定的。从市场竞争的普遍规律而言，企业为增强竞争能力，争取竞争优势的基本市场竞争策略有低成本策略、差别化策略、聚焦策略三种。

1．低成本策略

低成本策略是指通过降低产品生产和销售成本，在保证产品和服务质量的前提下，使自己的产品价格低于竞争对手的价格，以迅速扩大销售量，提高市场占有率的竞争策略。

企业采用低成本策略，利用追求规模经济、专利技术、原材料的优惠待遇等途径，形成企业在同行业中的低成本优势。如果一个企业能够取得并保持全面的低成本领先地位，那么它只要能使自己的价格相等或接近于同行业的平均价格水平，这种低成本优势就会转化为企业的高收益。

当然，对于一个在低成本上占据领先地位的企业而言，还必须重视自己产品和服务的质量。如果企业一味地追求低成本而导致消费者失去了对企业产品和服务的信任，那么企业的低成本战略就难以取得预期效果。

2．差别化策略

差别化策略是指通过发展企业别具一格的营销活动，争取在产品或服务等方面独有特色，以差异优势产生竞争力的竞争策略。

企业采用差别化策略，利用产品设计、使用功能、外观、包装、品牌、服务、推销方式等途径，形成在同行业中别具一格的企业形象。如果一个企业能够取得并保持自己的差别化优势，并使消费者乐意接受其产品和服务较高的价格，那么这种价格足以弥补其形成自身特色的额外成本。

当然，要在某些方面做到与众不同，企业要付出的代价往往会比较高。因此，企业在保持自身独有特性的同时，要尽可能地降低为此而支付的成本。

3．聚焦策略

聚焦策略是指通过集中企业力量为某一个或几个细分市场提供有效的服务，充分满足一部分消费者的特殊需要，以争取局部竞争优势的竞争策略。

聚焦策略的运用可以是着眼于企业目标市场上的成本优势，从某些细分市场上成本行为的差别中争取竞争优势；也可以着眼于在企业目标市场上取得差别化优势，从满足特定市场中消费者的需求来获取优势。

当然，采用聚焦策略的企业所选定的目标市场如果和其他部分市场没有任何差异，那么这种竞争策略无法获得成功。事实上，在一般的市场范围中都会存在部分未能得到满足的消费需求，而聚焦策略就是帮助企业专门致力于为这部分市场服务，从而在与竞争对手竞争目标市场的差异中获取竞争优势。

6.2.2 处于不同竞争地位企业的竞争策略

竞争策略的核心问题是企业在市场上的相对地位，这种地位显示了企业是否具有竞争优势。一个地位选择得当的企业，即使在行业平均盈利水平不高的情况下，也能有较高的收益率。决定企业市场地位的因素是企业的营销目标、营销实力和营销实际地位，企业要根据具体情况制订相应的竞争策略。

1．市场领先者策略

市场领先者是指相关产品的市场占有率最高的企业，一般来说大多数行业都会有某一家企业被认为是市场领先者，它在价格变动、新产品开发、销售渠道的宽度和促销力量等方面处于主导地位。如国内彩电市场的长虹公司、饮料市场的健力宝公司、食品市场的娃哈哈公司等。处于市场领先地位企业时刻面临着无情竞争与挑战，领先者为了维护自己的竞争优势、领导地位，必须保持高度警惕并采取适当的竞争策略，否则可能失去领导地位，沦为二三流企业。市场领先者战略核心是保持其领导地位，一般可采取三方面的行动，扩大市场总需求量，保护现有的市场份额，进一步扩大现有的市场份额。

（1）扩大市场总需求量

当一种产品的市场需求总量扩大时，受益最大的肯定是处于领导地位的企业，它可以通过3种途径来扩大市场总需求量。

① 寻找新的使用者，如香水生产商可以设法说服不使用香水的女士使用香水，说服男士也开始使用香水或者将香水销售到其他国家；

② 为产品寻找新用途；

③ 扩大使用量，如法国某轮胎公司，出资为远离巴黎的度假区、旅游景点作广告，诱使消费者驱车更多地作远距离长途旅游，从而加快汽车轮胎磨损，以增加轮胎的更换量，取得了显著效果。

（2）保护市场占有率

处于市场主导地位的企业总是面临着一个或几个实力雄厚的竞争者，甚至是整个行业与替代产品行业的竞争者的激烈竞争，领先者必须有效地防御自己的阵地，保护自己已经取得的市场占有率。保护市场占有率的途径有进攻与防御两个。

领先者保护阵地最为建设性的途径是不断创新。领先者应拒绝满足现状，必须在产品创新、服务提高、销售效益、降低成本等方面始终处于行业领先地位，同时抓住对手的弱点主动出击。

可供领先者选择的防御策略有阵地防御、侧翼防御、先发防御、反攻防御、运动防御、收缩防御6种。

（3）提高市场占有率

市场占有率是与投资收益率有关的最主要的变数之一，市场占有率越高，投资收益率越大，许多企业以提高市场占有率为目标，主导企业更可根据其规模经济的优势，降低成本、扩大其市场占有率。

但要考虑引起反垄断的可能性，为提高市场占有率所付出的成本，所采用的营销组合策略三种因素。市场领先者可采取以下措施，提高市场占有率，增加新产品，提高企业与对手竞争的产品质量，增加开拓市场费用。

美国宝洁公司是一个成功市场领先者，连续几十年在8个重要的商品类别中，其品牌销售量均居第一位，它的市场领先地位依靠了以下几个原则：

① 产品创新。

宝洁公司推出新品牌都是以为消费者提供新利益为基础，它花数年时间研究出第一种有效去头屑的洗发精（海飞丝），巩固了市场领导者地位。

② 质量战略。

宝洁公司设计的产品质量高于一般的标准产品，并经常对产品进行更新改进。

③ 产品系列化。

生产的品牌有各种规格和形式，以满足不同的消费偏好。

④ 多品牌战略。

多品牌好处在于能满足不同消费者的需要，并能与特定竞争者的品牌相抗衡。另外在货架上有了几种品牌时，该公司能够多占货架空间，对分销商发挥出更大影响力。

⑤ 品牌扩展战略。

在一个强有力的现代品牌名称下推出一种新产品，可以得到较快的承认和较多的信赖度，并减少许多广告开支。

⑥ 大量广告。

宝洁公司每年广告开支超过 10 亿美元，它在创造强有力的消费者知名度和偏好上，从不吝惜花钱。

⑦ 有一支积极进取的销售队伍。

⑧ 有效的销售促进。

宝洁公司有一个销售促进部，积累了几十年全世界各地营销经验和案例，它为品牌经理提供多个如何进行最有效的促销以达到特定目标的咨询。

⑨ 品牌经理制度。

宝洁公司首创由一个经理负责一个品牌产品销售的品牌经理制度，取得了很大成功。因此，宝洁公司取得领先地位并非只采取了一二个策略措施，而是成功地把市场领先的全部因素都综合、协调起来的缘故。

2．市场挑战者策略

市场挑战者大多是在本行业产品的销售额中处于前几名的大企业，如美国的西屋公司、百事可乐公司，在长期内就属于市场挑战者的地位，它们的营销战略目标是不断增加市场份额。

（1）确定战略目标和竞争对手

市场挑战者首先必须确定战略目标，大多数市场挑战者的战略目标是增加自己的市场占有率，并且认为增加市场占有率可获得更大的利益。目标的决定不管是要挤竞争者或降低竞争者的市场占有率，都应考虑谁是竞争者。基本上说，一个进攻者可在下列 3 种类型中选择一种进行攻击。

① 攻击市场领先者。这是一种具有高度风险但又具有潜在高报酬的策略，而且如果市场领先者“并非真正的领导者”，且无法为市场提供良好服务时，则这种策略更具有现实意义。挑战者应了解消费者的需要或不满之处，如果有一种实质需要尚未被满足或未能获得完全满足时，则就给挑战者提供了一个战略性的目标市场。

② 攻击那些与自己规模相当，但经营不良且财务状况不佳的公司。攻击者必须无时无刻都在调查消费者的满意程度，以及潜在创新机会，假如其他企业资源有限，那么即使采取正面攻击也能奏效。

③ 它可以攻击地方性或区域性的营运与财务状况均不佳的企业，很多大公司之所以有今日的规模，并不是彼此争夺顾客而来的，主要是靠着夺取一些“小企业”或“小公司”的顾客而日渐壮大的。

由此可知，选择竞争者与选择目标是相互关联的，如果攻击的对象是针对市场领导者，则其目标可能是夺取市场占有率。若所攻击的对象为地方性的小企业，则其目标可能是把小企业驱逐出市场。

（2）适用于挑战者的几种营销策略

① 价格折扣策略。

挑战者可以用较低的价格提供与领导者相当的产品。如富士公司就用这种策略来攻击柯达公司在照相纸领域内的显著地位，富士照相纸的质量与柯达照相纸相当，其定价都低于10%。当然，欲使价格折扣策略奏效，则必须符合下列三个条件。第一，挑战者必须使购买者相信该企业的产品与服务可以与市场领导者媲美。第二，购买者对于价格差异必须具有敏感性，并且乐于转换供应商。第三，无论竞争者如何攻击，市场领导者绝不降价。

② 廉价品策略。

即提供中等或质量稍低但价格低得很多的产品，而且随着时间推移，产品质量逐渐提高。如乐凯胶卷就是采用这种策略与柯达、富士胶卷抗衡，乐凯胶卷品质略逊于柯达、富士，但价格仅有它们的一半，因此占有了相当市场份额。

③ 名牌产品策略。

即努力创造一种名优产品，虽然价格也较高，却更有可能将领导者的同类产品的市场份额挤掉一部分。

④ 产品扩散策略。

挑战者可以靠推出大量的产品给购买者以更多的选择来同领先者竞争。亨特公司为了追上海思斯公司蕃茄酱市场的领先地位，他们创造出多种新的蕃茄酱口味和安装在各种规格瓶子里，这与海思斯依靠一种口味和有限数目的瓶子规格形成了鲜明对比。

⑤ 产品创新策略。

产品扩散策略主要是向广度发展的产品发展策略，而这里的产品创新策略主要是向深度发展的产品发展策略，即企业在其核心产品不断创新，力求精益求精。

⑥ 改进服务策略。

挑战者可以找到一些为顾客提供新的或更好服务的方法。IBM 公司获得成功，是因为它认识到顾客对软件和服务比对硬件更感兴趣。

⑦ 分销创新策略。

一个挑战者可发现或发展一个新的分销渠道。雅芳化妆品公司成功主要靠完善其上门推销而不是在传统商店里与其他化妆品厂商竞争。

⑧ 降低制造成本策略。

挑战者可以靠有效的材料采购、较低的人工成本和更现代化的生产设备，来取得比它的竞争对手较低的制造成本。企业可以凭低成本优势，作出更具有进取性的定价以获得市场份额。这一战略是日本成功占领各种世界市场的关键。

⑨ 密集广告促销。

有些挑战者靠增加他们的广告和促销费用向领先者发动进攻，当然这一策略的成功必须基于挑战者的产品或广告信息有着某些能胜过竞争对手的优越之处。

3．市场追随者策略

市场追随者营销策略的重要特征是“随大流”，也就是通常模仿领导者，而提供类似产品或服务给购买者。但这并不意味着市场追随者毫无策略可言，一个市场追随者必须了解如何掌握现有的顾客，并且在新的顾客群中争取更多的顾客。每一个追随者都应设法为其目标市场带来现实的利益——地理位置、服务、筹资等。另外，由于追随者往往是挑战者的主要竞争目标，因此追随者必须随时保持低的制造成本及高的产品品质与服务，以免遭到攻击。

此外，一旦有新市场出现，追随者更应积极地进入该市场。不过，追随者并非仅是被动地模仿领导者，相反的，追随者必须自行决定一条不会引起报复的成长途径。

（1）追随者可选择的追随策略

按追随的紧密程度，追随者的具体战略可分为紧密追随，有距离追随，有选择追随。

① 紧密追随。

紧密追随者在尽可能多的细分市场和营销组合领域中模仿领导者，但它不会发动任何进攻而只是期望能分享市场领导者的投资，直接冲突不会发生。有些追随者甚至可能被说成是寄生者，他们在刺激市场方面很少主动动作，而是靠紧密追随领导者而获利。

② 有距离追随。

有距离追随者会从领导者那里模仿一些事物，但这种模仿往往是带有差异性的模仿，如在包装、广告、门面等处有所不同。只要有距离追随者未积极地进攻领导者，领导者十分欢迎这种追随者，乐意让他们有一些市场份额，以便使自己免遭市场各界的指责。

③ 有选择追随。

有选择追随者除了生产领导者相似产品外，通常也会进一步加以改良，这类企业也会选择不同的细分市场，以避免直接与领导者发生冲突，这类企业常常能成为未来的挑战者。

（2）市场追随者可供选择的营销策略

市场追随者虽然占有的市场份额比领导者低，但他们可能赚钱，甚至可能赚得更多。有资料表明，采用市场追随者策略的企业，其报酬能超过本行业的平均水平，他们的关键在于正确地选择营销策略。

① 竞争导向定价策略。这一策略特别适用于紧密追随者，选择竞争导向定价，既有利于紧跟领导者，又不会与领导者发生直接的正面冲突。

② 市场发展策略。这一策略适用于有距离追随者，选用这一策略可减少对领导者市场计划的干扰，又可依靠与同行业的小企业竞争而得到成长。

③ 市场细分化策略。这种策略适用于有选择追随者。选择不同于领导者的细分市场，能避免与领导者直接发生冲突，追随者集中于某些细分市场，有效地研究和开发新产品，条件一旦成熟就有可能成为迂回进攻的挑战者。

4．市场补缺者策略

市场补缺者最主要的制胜策略即是定位与再定位策略，在激烈竞争的目标市场中，唯有采取定位与再定位策略，方能否定市场领导者、市场追随者与市场挑战者的优势，进而取得有利的市场空间定位优势而反败为胜。

几乎在每一行业中都有许多小公司为市场的某些部分提供专门服务，它们避免同大公司的冲突，它们通过专业化为那些可能被大公司忽视或放弃的市场进行有效服务。市场补缺策略不但资源有限的小企业感兴趣，那些不能在行业中取得主要地位的大企业中的较小事业部也常常对此策略深感兴趣。

市场补缺成功关键在于设法找到一个或几个既安全又有利可图的市场空缺。一个理想的市场空缺必须具有下列特色。

① 空缺市场具有足以获利的规模与购买力；

② 空缺市场具有成长的潜力；

③ 空缺市场被大的竞争者所忽视；

④ 厂商有足够的技术与资源，可以有效地服务空缺市场；

⑤ 厂商能够靠已建立的顾客信誉，保卫自身地位，对抗大公司的攻击。

市场补缺者的关键因素是专门化。企业必须在市场、顾客、产品或营销组合线上实行专门化，以下就是市场补缺者可运用的专业化策略。

（1）最终使用者专业化

企业专门为一类最终使用顾客提供服务。例如，一家广告公司可以选择企业形象策划CI为社会提供服务。

（2）垂直整合专业化

企业可以在原材料供应、生产和流通的任一领域的任一环节实施专业化服务，如敦煌公司在服装行业中，专门生产服装加工缝纫线，取得年销售额上亿元的良好销售业绩。

（3）顾客规模专业化

企业可集中力量，向小型、中型或大型的客户销售，许多补缺者专门为小客户服务，因为他们往往被大公司所忽视。

（4）特定顾客专业化

企业只限于营销给一个或数个主要客户，许多公司将其所有产品只销售给一家特定的公司或特定的顾客。例如统一蕃茄酱只给统一超市连锁店。

（5）地理区域专业化

企业仅在某一个地方、区域或世界上的某一区域进行销售。例如有些面包店只对附近区域的固定顾客服务。

（6）产品或产品线专业化

企业只生产一种产品或一条产品线。

（7）产品特色专业化

企业专精于某类产品的生产或具有特色产品的生产。

（8）定制专业化

企业只生产顾客订单所指定的产品，例如，有些西服生产厂家专门加工订制西服，也取得了一定市场份额。

（9）服务专业化

企业选择一种或多种其他企业所没有提供的服务，提供给顾客。例如，银行开办电话贷款服务，并将贷款送达顾客手中。

（10）渠道专业化

企业只专门服务于一种销售渠道。

市场补缺者在目标市场的主要风险是该有利的空缺可能会消失或是遭受攻击。这也是多元空缺较优于单一空缺的主要原因，公司可发展两个或更多的空缺以增加生存的机会，甚至可采用整体多元空缺策略以满足并服务整个目标市场。

一些有较低市场占有率的企业，往往可以通过有效的细分市场补缺战略获得很好收益。

以下就是他们成功补缺的一些做法。

① 企业目标高度集中化。它们不愿意样样都干，它们在较狭窄的细分市场中，集中在一个较狭窄的产品线上。

② 正确选择补缺的目标市场。许多能盈利的补缺企业是在很稳定的低成长市场上发现补缺目标的，它们中的大多数只生产经营被购买的工业部件或供应品，这些企业不改变它们的产品，大部分产品都标准化，几乎不提供额外服务。

③ 有效地使用开发研究费用。生产有质量而价格相对中、低档的产品，并具有这方面的声誉。

④ 注重实际收益，注意降低成本。小细分市场补缺者十分重视实际收益，而不是过分注意销售增长率和市场占有率。补缺者的单位成本常常较低，因它们集中在一个较狭窄的产品线上，在产品的研究和开发，新产品引入、广告、促销和销售队伍开支上往往花费较小。

【小　结】

（1）市场不同竞争力量的态势，对企业产生的竞争压力不同。对市场竞争者的充分研究，是企业全方位参与市场竞争的基础。

（2）对竞争者的分析主要包括五大部分的内容，包括所有重要的现有竞争对手和可能会出现的潜在的竞争对手的营销目标、营销假设、现行营销战略以及市场竞争者面对竞争挑战的反应能力等方面。

（3）企业制订有效竞争策略的基础是，分析竞争环境和竞争形式，并充分了解不同竞争力量的强弱程度及态势。企业所面临的竞争力量一般有潜在竞争力量、同行业现有竞争力量、买方竞争力量、供货者竞争力量、替代品竞争力量五种。

（4）根据企业的营销目标、营销环境、营销资源及企业在目标市场、竞争性行业市场中的地位确定竞争策略。从市场竞争的普遍规律而言，企业为增强竞争能力，争取竞争优势的基本市场竞争策略有低成本策略、差别化策略、聚焦策略三种。

（5）决定企业市场地位的因素是企业的营销目标、营销实力和实际地位，企业要根据具体情况制订相应的竞争策略：市场领先者策略、市场挑战者策略、市场追随者策略和市场补缺者策略。

第三部分　课题实践页

一、选择题

（1）企业制订有效竞争策略的基础是（　　）。

A. 分析竞争环境和竞赛形势　　B. 寻找竞争对手

C. 找到竞争对手弱点　　D. 评估自身的竞争优势

（2）以下进入（　　）行业状态难度最小。

A. 完全竞争　　B. 垄断竞争　　C. 寡头竞争　　D. 完全垄断

（3）对于汽车经营企业来说，房地产行业属于（　　）。

A. 愿望竞争力量　　B. 平行竞争力量

C. 产品形式竞争力量　　D. 品牌竞争力量

（4）基本市场竞争策略不包括（　　）。

A. 低成本策略　　B. 差别化策略

C. 完全市场覆盖策略　　D. 聚焦策略

（5）以下不属于市场领导者的策略是（　　）。

A. 扩大市场需求总量　　B. 维护市场占有率

C. 创造市场空隙　　D. 扩大市场占有率

二、判断题

（1）企业竞争战略都是明显地在其整个营销计划过程中提出的。（　　）

（2）在市场竞争中，寻找并触及竞争对手的敏感点，能够提高竞争的成功率。（　　）

（3）在卖方密度较低的目标市场中，新进入者往往受到竞争对手较为强烈的抵御。（　　）

（4）完全竞争大多是由于实力的优势造成的。（　　）

（5）对于航空客运业来说，铁路客运业属于愿望竞争力量。（　　）

三、简答题

（1）竞争分析主要包括哪些内容?

（2）企业面临的竞争力量有哪几种?

（3）企业基本市场竞争策略有哪几种?

（4）市场领导者的主要竞争策略有哪些?

四、课堂讨论

（1）市场领导者竞争策略的核心是什么? 其主要内容是什么?

（2）分别指出当前我国小轿车、电视机、空调、软饮料、方便面市场上的市场领导者、挑战者、追随者和市场补缺者，通过你的观察，指出其竞争策略的特点。

五、实训操作

以大学城市场为例，在大学校园周边开一家酒楼，学生分析酒楼面对的竞争压力并制订竞争策略。

实训目标：如何制订市场竞争策略。

实训组织：学生分组，讨论如何应对校园酒楼的竞争。

实训成果：市场竞争报告展示汇报，老师点评。

课题七 进行市场细分与选择目标市场

技能目标	知识目标	建议学时
➢ 进行市场细分	（1）掌握选择市场细分的标准 （2）能制订市场细分的方案 （3）能开展市场细分活动	6
➢ 选择目标市场	（1）能对目标市场进行概括和描述 （2）能根据内在条件选择目标市场 （3）能正确选择和运用目标市场策略	4

第一部分 案例与讨论

案例 1：汇源果汁——成也细分败也细分

一、打入果汁市场，初战告捷

在碳酸饮料横行的 20 世纪 90 年代初期，汇源公司就开始专注于各种果蔬汁饮料市场的开发。

“汇源”果汁充分满足了人们当时对于营养健康的需求，凭借其 100%纯果汁专业化的“大品牌”战略和令人眼花缭乱的“新产品”开发速度，其产品线也先后从鲜桃汁、鲜橙汁、猕猴桃汁、苹果汁扩展到野酸枣汁、野山楂汁、果肉型鲜桃汁、葡萄汁、木瓜汁、蓝莓汁、酸梅汤等，并推出了多种形式的包装。在短短几年时间就跃升为中国饮料工业十强企业，其销售收入、市场占有率、利润率等均在同行业中名列前茅，从而成为果汁饮料市场当之无愧的引领者。

二、对手迎面出击，汇源疲于应付

1999 年统一集团涉足橙汁产品后一切就发生了变化，在 2001 年统一仅“鲜橙多”一项产品销售收入就近 10 亿元，在第四季度，其销量已超过“汇源”。巨大的潜力和统一“鲜橙多”的成功先例吸引了众多国际和国内饮料企业的加入，可口可乐、百事可乐、康师傅、娃哈哈、农户山泉、健力宝等纷纷杀入果汁饮料市场，一时间群雄并起、硝烟弥漫。康师傅的“每日 C”抢得领先地位，可口可乐的“酷儿”也表现优异，显然“汇源”的处境已是非常不利。尽管汇源公司把这种失利归咎于可能是因为“PET 包装线的缺失”和“广告投入不足”等原因造成，但在随后花费巨资引入数条 PET 生产线并在广告方面投入重金加以市场反击后，其市场份额仍在下滑。

三、病因所在：市场细分静止僵化

在市场的导入初期，由于客户的需求较为简单直接，市场细分一般是围绕着市场的地理分布、人口及经济因素（如年龄、性别、家庭收入等）等广度范围展开的，其特征表现在目标细分市场的形象化。

但当客户的需求多元化和复杂化，特别是情感性因素在购买中越来越具有影响力的时候，此时市场竞争已经由地域及经济层次的广度覆盖向需求结构的纵深发展了，市场也从有形细分向无形细分（目标市场抽象化）转化。显然，这时的目标细分市场已经复杂化和抽象化了，企业对消费者的关注也已从外在因素进入心理层面因素。同时，企业也无法用传统的方法去接近所选择的目标细分市场，这时运用科学的市场研究方法来正确细分市场就显得尤其重要了。

"汇源"果汁饮料从市场初期的"营养、健康"诉求到现在仍然沿袭原有的功能性诉求，其包装也仍以家庭装为主，根本没有具有明显个性特征的目标群体市场。只是运用广度（也是浅度）市场细分的方法切出"喝木瓜汁的人群"、"喝野酸枣汁的人群"、"喝野山楂汁的人群"、"喝果肉型鲜桃汁的人群"、"喝葡萄汁的人群"、"喝蓝莓汁的人群"等一大堆在果汁市场竞争中后期对企业而言已不再具有细分价值的市场。汇源公司领导地位如此轻易被动摇的真正原因，我们说汇源与统一、可口可乐公司比较，他们之间的经营出发点、市场细分方法的差异才是导致市场格局发生变化的关键因素。

汇源是从企业自身的角度出发，以静态的广度市场细分方法来看待和经营果汁饮料市场。而统一、可口可乐等公司却是从消费者的角度出发，以动态市场细分的原则（随着市场竞争结构的变化而调整其市场细分的重心）来切入和经营市场。同样是细分，但在市场的导入期、成长期、成熟期和衰退期，不同的生命周期却有不同的表现和结果。

案例讨论

（1）"汇源"、统一"鲜橙多"、可口可乐"酷儿"所用的市场细分化标准和方法是什么？比较它们之间的差异性，并评价其合理性。

（2）结合案例谈市场细分有哪些贡献？

第二部分　课题学习引导

7.1　进行市场细分

一个新创办的企业，一定会面临营销项目的抉择。一个老企业，需要调整产品结构，整合企业资源，同样面临营销项目选择。如果从行业角度观察，感到市场就像铁板一块，已找不到任何空位，无从下手。但如果从需求角度对整体市场进行细分，就会有柳暗花明又一村的感觉。市场细分，是帮助企业走进理想目标市场的风向标。

7.1.1 理解市场细分

1．市场细分的含义

市场细分的概念是美国市场学家温德尔·史密斯（Wendell R.Smith）于20世纪50年代中期提出来的。市场细分这一营销的创新理论从提出之时起，就受到了西方企业的广泛重视和欢迎，并在世界上传播开来。所谓市场细分就是指按照消费者欲望与需求把一个总体市场（总体市场通常太大以致企业很难为之服务）划分成若干个具有共同特征的子市场的过程。因此，分属于同一细分市场的消费者，他们的需要和欲望极为相似；分属于不同细分市场的消费者对同一产品的需要和欲望存在着明显的差别。例如，有的消费者喜欢计时基本准确、价格比较便宜的手表，有的消费者需要计时准确、耐用且价格适中的手表，有的消费者要求计时准确、具有象征意义的名贵手表。手表市场据此可细分为3个子市场。当然，对同一产品细分市场的标准很多，细分的结果也不同，详细内容在后文再作介绍。

2．市场细分的前提

从市场细分的含义中可知，市场细分的前提是用户需求的异质性，依据用户需求差异程度的不同，营销学将市场分为两大类。一类叫做同质性市场，譬如，用户对食盐的需求基本一致，因而食盐只要价格合理，包装合适就有销路，食盐市场就属于同质性市场；另一类叫做异质性市场，譬如，用户对服装的需求千差万别，有的重款式，有的重面料，有的重价格，有的数项并重，即使同样重款式或面料或价格的用户，对款式或面料或价格的具体要求也不一样，因此，服装市场就属于异质性市场。正是在异质性市场上，需要进行市场细分，或者说异质性市场的存在是市场细分的前提。

应该指出，一个基本的趋势是，随着生产力的发展和消费水平的提高，异质性市场有扩大的趋势，而同质性市场有缩小的趋势。以上述食盐为例，有许多书里，都将食盐市场作为同质性市场的典型代表，但实际上，食盐市场也不能说是完全同质市场。20世纪80年代中期，在上海市场上出现了低钠盐这一食盐新品种，专门满足高血压患者对食盐的特殊需要。低钠盐的出现表明，消费者对食盐的需要也不是完全同质的，低钠盐市场实质上就是统一的食盐市场上分离出来的分市场。

正因为随着生产力的发展和消费水平的提高，异质性市场有扩大趋势，而同质性市场有缩小趋势，所以市场细分理论具有普遍的适用性。

3．市场细分的作用

如上所述，市场细分的前提是用户需求的异质性。企业面对着成千上万的消费者，他们的需求和欲望是千差万别的并且分散于不同的地区，而又随着环境因素的变化而变化。对于这样复杂多变的大市场，任何一个规模巨大的企业、资金实力雄厚的大公司，都不可能满足该市场上全部顾客的所有需求。又由于生产企业其资源、设备、技术等方面的限制，也不可能满足全部顾客的不同需要。企业只能根据自身的优势条件，从事某方面的生产、营销活动，选择力所能及的、适合自己经营的目标市场，有必要细分市场。

这里必须指出的是，细分市场不是根据产品品种、产品系列进行的，而是从消费者（最终消费者和工业生产者）的角度进行划分的，是根据市场细分的理论基础，即消费者的需求、动机、购买行为的多元性和差异性来划分的。市场细分对企业的生产、营销起着极其重要的作用。

（1）有利于选择目标市场和制订市场营销策略

市场细分后的子市场比较具体，比较容易了解消费者的需求，企业可以根据自己的经营思想、方针及生产技术和营销力量，确定自己的服务对象，即目标市场。针对着较小的目标市场，便于制订特殊的营销策略。同时，在细分的市场上，信息容易了解和反馈，一旦消费者的需求发生变化，企业可迅速改变营销策略，制订相应的对策，以适应市场需求的变化，提高企业的应变能力和竞争力。

（2）有利于发掘市场机会，开拓新市场

通过市场细分，企业可以对每一个细分市场的购买潜力、满足程度、竞争情况等进行分析对比，探索出有利于本企业的市场机会，使企业及时作出投产、异地销售决策或根据本企业的生产技术条件编制新产品开发计划，进行必要的产品技术储备，掌握产品更新换代的主动权，开发新市场，以更好地适应市场的需要。

（3）有利于集中人力、物力投入目标市场

任何一个企业的资源、人力、物力、资金都是有限的。通过细分市场，选择了适合自己的目标市场，企业可以集中人、财、物及资源，去争取局部市场上的优势，然后再去占领自己的目标市场。

（4）有利于企业提高经济效益

上述三个方面的作用都能使企业提高经济效益。除此之外 ，企业通过市场细分后，企业可以面对自己的目标市场，生产出适销对路的产品，既能满足市场需要，又可增加企业收入。产品适销对路可以加速商品流转，加大生产批量，降低企业的生产销售成本，提高生产工人的劳动熟练程度，提高产品质量，全面提高企业的经济效益。

需要指出的是，细分市场是有一定客观条件的。只有商品经济发展到一定阶段，市场上商品供过于求，消费者需求多种多样，企业无法用大批量生产产品的方式或差异化产品策略有效地满足所有消费者需要的时候，细分市场的客观条件才具备。

可以说，社会经济的进步，人们生活水平的提高，顾客需求呈现出较大差异时，细分市场才成为企业在营销管理活动中急需解决的问题。细分市场客观上是按一定的依据把整体市场分解为诸多同质性的子市场。但是，细分市场不仅是一个分解的过程，也是一个聚集的过程。所谓聚集的过程，就是指把对某种产品特点最易作出反应的消费者集合成群。这种聚集的过程可以依据多种标准连续进行，直到识别出其规模足以实现企业利润目标的某一个消费者群。

7.1.2　把握市场细分的原则和标准

1．市场细分的原则

企业可根据单一因素，也可根据多个因素对市场进行细分。选用的细分标准越多，相应的子市场也就越多，每一子市场的容量相应就越小。相反，选用的细分标准越小，子市场就越少，每一子市场的容量则相对较大。如何寻找合适的细分标准，对市场进行有效细分，在营销实践中并非易事。一般而言，成功、有效的市场细分应遵循以下基本原则：

（1）可衡量性

指细分的市场是可以识别和衡量的，亦即细分出来的市场不仅范围明确，而且对其容量大小也能大致作出判断。有些细分变量，如具有“依赖心理”的青年人，在实际中是很难测量的，以此为依据细分市场就不一定有意义。

（2）可进入性

指细分出来的市场应是企业营销活动能够抵达的，亦即是企业通过努力能够使产品进入并对顾客施加影响的市场。一方面，有关产品的信息能够通过一定媒体顺利传递给该市场的大多数消费者；另一方面，企业在一定时期内有可能将产品通过一定的分销渠道运送到该市场。否则，该细分市场的价值就不大。比如，生产冰淇淋的企业，如果将我国中西部农村作为一个细分市场，恐怕在一个较长时期内都难以进入。

（3）有效性

即细分出来的市场，其容量或规模要大到足以使企业获利。进行市场细分时，企业必须考虑细分市场上顾客的数量，以及他们的购买能力和购买产品的频率。如果细分市场的规模过小，市场容量太小，细分工作烦琐，成本耗费大，获利小，就不值得去细分。

（4）对营销策略反应的差异性

指各细分市场的消费者对同一市场营销组合方案会有差异性反应，或者说对营销组合方案的变动，不同细分市场会有不同的反应。如果不同细分市场顾客对产品需求差异不大，行为上的同质性远大于其异质性，此时，企业就不必费力对市场进行细分。另一方面，对于细分出来的市场，企业应当分别制订出独立的营销方案。如果无法制订出这样的方案，或其中某几个细分市场对是否采用不同的营销方案不会有大的差异性反应，便不必进行市场细分。因此，细分并非越细越好，而要掌握合理的“度”，根据实际情况与需要，既不过粗，也不过细。对于不必要的过度细分应适当归并一些小细分市场。

2．市场细分的标准

细分市场须按一定标准，即依据影响需求的一定因素、变量进行。这些标准、因素、变量是可分类、分层次的，而且是可变的。

（1）消费者市场细分的标准

① 按地理变量细分市场。

按照消费者所处的地理位置、自然环境来细分市场。比如，根据国家、地区、城市规模、气候、人口密度、地形地貌等方面的差异将整体市场分为不同的小市场。地理变数之所以作为市场细分的依据，是因为处在不同地理环境下的消费者对于同一类产品往往有不同的需求与偏好，他们对企业采取的营销策略与措施会有不同的反应。比如，在我国南方沿海一些省份，某些海产品被视为上等佳肴，而内地的许多消费者则觉得味道平常。又如，由于居住环境的差异，城市居民与农村消费者在室内装饰用品的需求上大相径庭。

地理变量易于识别是细分市场应予考虑的重要因素，但处于同一地理位置的消费者需求仍会有很大差异。比如，在我国的一些大城市，如北京、上海，流动人口逾百万，这些流动人口本身就构成一个很大的市场，很显然，这一市场有许多不同于常住人口市场的需求特点。

所以，简单地以某一地理特征区分市场，不一定能真实地反映消费者的需求共性与差异，企业在选择目标市场时，还需结合其他细分变量予以综合考虑。

② 按人口变量细分市场。

按人口统计变量，如年龄、性别、家庭规模、家庭生命周期、收入、职业、教育程度、宗教、种族、国籍等为基础细分市场。消费者需求、偏好与人口统计变量有着很密切的关系，比如，只有收入水平很高的消费者才可能成为高档服装、名贵化妆品、高级珠宝等的经常买主。人口统计变量比较容易衡量，有关数据相对容易获取，由此构成了企业经常以它作为市场细分依据的重要原因。

性别——由于生理上的差别，男性与女性在产品需求与偏好上有很大不同，如在服饰、发型、生活必需品等方面均有差别。像美国的一些汽车制造商，过去一直是迎合男性要求设计汽车，现在，随着越来越多的女性参加工作和拥有自己的汽车，这些汽车制造商正研究市场机会，设计具有吸引女性消费者特点的汽车。

年龄——不同年龄的消费者有不同的需求特点，如青年人对服饰的需求，与老年人的需求差异较大。青年人需要鲜艳、时髦的服装，老年人需要端庄素雅的服饰。

收入——高收入消费者与低收入消费者在产品选择、休闲时间的安排、社会交际与交往等方面都会有所不同。比如，同是外出旅游，在交通工具以及食宿地点的选择上，高收入者与低收入者会有很大不同。正因为收入是引起需求差别的一个直接而重要的因素，在诸如服装、化妆品、旅游服务等领域根据收入细分市场相当普遍。

职业与教育——按消费者的职业不同，所受教育的不同以及由此引起的需求差别细分市场。比如，农民购买自行车偏好载重自行车，而学生、教师则是喜欢轻型的、样式美观的自行车；又如，由于消费者所受教育水平的差异所引起的审美观具有很大差异，诸如不同消费者对居室装修用品的品种、颜色等会有不同的偏好。

家庭生命周期——一个家庭，按年龄、婚姻和子女状况，可划分为 7 个阶段。在不同阶段，家庭购买力、家庭人员对商品的兴趣与偏好会有较大差别。

a. 单身阶段：年轻，单身，几乎没有经济负担，新消费观念的带头人，娱乐导向型。

b. 新婚阶段：年轻夫妻，无子女，经济条件比最近的将来要好。购买力强，对耐用品、大件商品的欲望、要求强烈。

c. 满巢阶段：按子女年龄可细分为 3 个阶段。

满巢第一阶段：年轻夫妻，有 6 岁以下子女，家庭用品购买的高峰期。不满足现有的经济状况，注意储蓄，购买较多的儿童用品。

满巢第二阶段：年轻夫妻，有 6 岁以上未成年子女。经济状况较好。购买趋向理智型，受广告及其他市场营销刺激的影响相对减少。注重档次较高的商品及子女的教育投资。

满巢第三阶段：年长的夫妇与尚未独立的成年子女同住。经济状况仍然较好，妻子或子女皆有工作。注重储蓄，购买冷静、理智。

d. 空巢阶段：年长夫妇，子女离家自立。前期收入较高，购买力达到高峰期，较多购买老年人用品，如医疗保健品，娱乐及服务性消费支出增加。后期退休收入减少。

e. 孤独阶段：单身老人独居，收入锐减。特别注重情感、关注等需要及安全保障。

除了上述方面，经常用于市场细分的人口变数还有家庭规模、国籍、种族、宗教等。实际上，大多数公司通常是采用两个或两个以上人口统计变量来细分市场。

③ 按心理变量细分市场。

根据购买者所处的社会阶层、生活方式、个性特点等心理因素细分市场就叫心理细分。

社会阶层——社会阶层是指在某一社会中具有相对同质性和持久性的群体。处于同一阶层的成员具有类似的价值观、兴趣爱好和行为方式，不同阶层的成员则在上述方面存在较大的差异。很显然，识别不同社会阶层的消费者所具有不同的特点，对于很多产品的市场细分将提供重要的依据。

生活方式——通俗地讲，生活方式是指一个人怎样生活。人们追求的生活方式各不相同，如有的追求新潮时髦，有的追求恬静、简朴，有的追求刺激、冒险，有的追求稳定、安逸。西方的一些服装生产企业，为“简朴的妇女”、“时髦的妇女”和“有男子气的妇女”分别设计不同服装；烟草公司针对“挑战型吸烟者”、“随和型吸烟者”及“谨慎型吸烟者”推出不同品牌的香烟，均是依据生活方式细分市场。

个性——个性是指一个人比较稳定的心理倾向与心理特征，它会导致一个人对其所处环境作出相对一致和持续不断的反应。俗语说：“人心不同，各如其面”，每个人的个性都会有所不同。通常，个性会通过自信、自主、支配、顺从、保守、适应等性格特征表现出来。因此，个性可以按这些性格特征进行分类，从而为企业细分市场提供依据。在西方国家，对诸如化妆品、香烟、啤酒、保险之类的产品，有些企业以个性特征为基础进行市场细分并取得了成功。

④ 按行为变量细分市场。

根据购买者对产品了解的程度、态度、使用情况及反应等将他们划分成不同的群体，叫行为细分。许多人认为，行为变数能更直接地反映消费者的需求差异，因而成为市场细分的最佳起点。按行为变量细分市场主要包括：

购买时机——根据消费者提出需要、购买和使用产品的不同时机，将他们划分成不同的群体。例如，城市公共汽车运输公司可根据上班高峰时期和非高峰时期乘客的需求特点划分不同的细分市场并制订不同的营销策略；生产果珍之类清凉解暑饮料的企业，可以根据消费者在一年四季对果珍饮料口味的不同，将果珍市场消费者划分为不同的子市场。

追求利益——消费者购买某种产品总是为了解决某类问题，满足某种需要。然而，产品提供的利益往往并不是单一的，而是多方面的。消费者对这些利益的追求时有侧重，如对购买手表有的追求经济实惠、价格低廉，有的追求耐用可靠和使用维修方便，还有的偏向于使用手表显示其社会地位等不一而足。

使用者状况——根据顾客是否使用和使用程度细分市场。通常可分为经常购买者、首次购买者、潜在购买者、非购买者。大公司往往注重将潜在使用者变为实际使用者，较小的公司则注重于保持现有使用者，并设法吸引使用竞争产品的顾客转而使用本公司产品。

使用数量——根据消费者使用某一产品的数量大小细分市场。通常可分为大量使用者、中度使用者和轻度使用者。大量使用者人数可能并不很多，但他们的消费量在全部消费量中占有很大比重。美国一家公司发现，美国啤酒的 80%是被 50%的顾客消费掉的，另外一半的顾客的消耗量只占消耗总量的12%。因此，啤酒公司宁愿吸引重度饮用啤酒者，而放弃轻度饮用啤酒者，并把重度饮用啤酒者作目标市场。公司还进一步了解到大量喝啤酒的人多是工人，年龄在25～50岁之间，喜欢观看体育节目，每天看电视的时间不少于3～5小时。很显然，根据这些信息，企业可以大大改进其在定价、广告传播等方面的策略。

品牌忠诚程度——企业还可根据消费者对产品的忠诚程度细分市场。有些消费者经常变换品牌，另外一些消费者则在较长时期内专注于某一或少数几个品牌。通过了解消费者品牌忠诚情况和品牌忠诚者与品牌转换者的各种行为与心理特征，不仅可为企业细分市场提供一个基础，同时也有助于企业了解为什么有些消费者忠诚本企业产品，而另外一些消费者则忠诚于竞争企业的产品，从而为企业选择目标市场提供启示。

购买的准备阶段——消费者对各种产品了解程度往往因人而异。有的消费者可能对某一产品确有需要，但并不知道该产品的存在；还有的消费者虽已知道产品的存在，但对产品的价值、稳定性等还存在疑虑；另外一些消费者则可能正在考虑购买。针对处于不同购买阶段的消费群体，企业进行市场细分并采用不同的营销策略。

态度——企业还可根据市场上顾客对产品的热心程度来细分市场。不同消费者对同一产品的态度可能有很大差异，如有的喜欢持肯定态度，有的持否定态度，还有的处于既不肯定也不否定的无所谓态度。针对持不同态度的消费群体进行市场细分并在广告、促销等方面应当有所不同。

（2）生产者市场细分的标准

许多用来细分消费者市场的标准，同样可用于细分生产者市场。如根据地理、追求的利益和使用率等变量加以细分。不过，由于生产者与消费者在购买动机与行为上存在差别，所以，除了运用前述消费者市场细分标准外，还可用一些新的标准来细分生产者市场。

① 用户规模。

在生产者市场中，有的用户购买量很大，而另外一些用户购买量很小。以钢材市场为例，像建筑公司、造船公司、汽车制造公司对钢材需求量很大，动辄数万吨的购买，而一些小的机械加工企业，一年的购买量也不过几吨或几十吨。企业应当根据用户规模大小来细分市场，并根据用户或客户的规模不同，企业的营销组合方案也应有所不同。比如，对于大客户，宜于直接联系，直接供应，在价格、信用等方面给予更多优惠；而对众多的小客户，则宜于使产品进入商业渠道，由批发商或零售商去组织供应。

② 产品的最终用途。

产品的最终用途不同也是工业者市场细分标准之一。工业品用户购买产品，一般都是供再加工之用，对所购产品通常都有特定的要求。比如，同是钢材用户，有的需要圆钢，有的需要带钢；有的需要普通钢材，有的需要硅钢、钨钢或其他特种钢。企业此时可根据用户要求，将要求大体相同的用户集合成群，并据此设计出不同的营销策略组合。

（3）工业者购买状况

根据工业者购买方式来细分市场。工业者购买的主要方式如前所述包括直接重购，修正重购及新任务购买。不同的购买方式的采购程度、决策过程等不相同，因而可将整体市场细分为不同的小市场群。

细分市场并不需要采用所有的标准，企业只需要根据实际情况，并服从营销目标，侧重选择若干个因素、变量作标准，标准不能过多，也不能一成不变，要注意创新。

7.1.3 熟悉市场细分的步骤和方法

1．市场细分的步骤

美国市场学家麦卡锡提出细分市场的一整套步骤，具体包括 7 个步骤。

（1）选定产品市场范围

即确定进入什么行业，生产什么产品。产品市场范围应以顾客的需求确定，而不是以产品本身特性来确定。例如，某一房地产公司打算在乡间建造一幢简朴的住宅，若只考虑产品特征，该公司可能认为这幢住宅的出租对象是低收入顾客，但从市场需求角度看，高收入者也可能是这幢住宅的潜在顾客。因为高收入者在住腻了高楼大厦之后，恰恰可能向往乡间的清静，从而可能成为这幢住宅的顾客。

（2）列举潜在顾客的基本需求

比如，公司可以通过调查，了解潜在消费者对前述住宅的基本需求。这些需求可能包括遮蔽风雨，安全、方便、宁静，设计合理，室内设施完备，工程质量好等。

（3）了解不同潜在用户的不同要求

对于列举出来的基本需求，不同顾客强调的侧重点可能会存在差异。比如，经济、安全、遮蔽风雨是所有顾客共同强调的，但有的用户可能特别重视生活的方便，另外一类用户则对环境的安静、内部装修等有很高的要求。通过这种差异比较，不同的顾客群体即可初步被识别出来。

（4）以特殊需求作为市场细分标准

上述所列购房的共同要求固然重要，但不能作为市场细分的基础。如遮蔽风雨、安全是每位用户的要求，就不能作为细分市场的标准，因而应该剔出，要依顾客特殊需求为依据，对市场进行细分。

（5）划分不同群体或子市场

根据潜在顾客基本需求上的差异方面，将其划分为不同的群体或子市场，并赋予每一子市场一定的名称。例如，西方房地产公司常把购房的顾客分为好动者、老成者、新婚者、度假者等多个子市场，并据此采用不同的营销策略。

（6）对已细分的子市场进行合并或再细分

进一步分析每一细分市场需求与购买行为特点，并分析其原因，以便在此基础上决定是否可以对这些细分出来的市场进行合并，或作进一步细分。

（7）对细分市场产品竞争状况和发展趋势作出分析

估计每一细分市场的规模，即在调查基础上，估计每一细分市场的顾客数量、购买频率、平均每次的购买数量等，并对细分市场上产品竞争状况及发展趋势作出分析。

2．市场细分的方法

企业在运用细分标准进行市场细分时必须注意以下问题。第一，市场细分的标准是动态的。市场细分的各项标准不是一成不变的，而是随着社会生产力及市场状况的变化而不断变化。如年龄、收入、城镇规模、购买动机等都是可变的。第二，不同的企业在市场细分时应采用不同标准。因为各企业的生产技术条件、资源、财力和营销的产品不同，所采用的标准也应有区别。第三，企业在进行市场细分时，可采用一项标准，即单一变量因素细分，也可采用多个变量因素组合或系列变量因素进行市场细分。下面介绍几种市场细分的方法。

（1）单一变量因素法

根据影响消费者需求的某一个重要因素进行市场细分。如服装企业，按年龄细分市场，可分为童装、少年装、青年装、中年装、中老年装、老年装；或按气候不同，可分为春装、夏装、秋装、冬装。

（2）多个变量因素组合法

根据影响消费者需求的两种或两种以上的因素进行市场细分。如生产者市场锅炉生产厂，主要根据企业规模大小、用户地理位置、产品最终用途及潜在市场规模来细分市场。

（3）系列变量因素法

根据企业经营的特点并按照影响消费者需求的诸因素，由粗到细地进行市场细分。这种方法可使目标市场更加明确而具体，有利于企业更好地制订相应的市场营销策略。如自行车市场，可按地理位置（城市、郊区、农村、山区）、性别（男、女）、年龄（儿童、青年、中年、中老年）、收入（高、中、低）、职业（工人、农民、学生、职员）、购买动机（求新、求美、求价廉物美、求坚实耐用）等变量因素细分市场。

7.2 选择目标市场

在对整体市场进行有效细分，明确营销项目之后，就要根据自己企业的资源优势和外部环境状况进行目标市场选择，并决定用怎样的营销策略从事营销活动。这就是本课题研究的主要内容。

7.2.1 理解目标市场的概念

企业在进行了市场细分之后，面临着众多的子市场，应选择哪个或哪些作为目标市场，就是目标市场的选择。它是企业进行市场细分的目的。所谓目标市场是指在市场细分基础上所确定的最佳细分市场，即企业所确定的以相应的产品满足其需求、为其服务的那个消费者群。它是企业所确定的营销服务对象。

现代企业选择目标市场一般都是在市场细分的基础上进行的，是市场细分的目的和归宿，又称为市场定标，即在某个整体市场中选定一个或几个细分市场作为特定企业的目标市场。

合理有效地选择目标市场，是企业营销过程中的重要环节，也是企业必须做好的一项重要工作。就整体市场而言，它存在着许多的市场机会，但对于一个企业来说，并非所有的市场机会都具有相同的价值，其原因有三：一是由于消费者需求的千差万别使企业很难全部满足所有的消费需求和欲望；二是由于企业自身的实力和能力所限使之不可能占领和垄断整体市场；三是由于各方面竞争对手的大量存在对企业所构成的强大阻力，使之必须清醒地面对客观存在的特定营销环境。因此，企业只有在有效地细分市场的基础上，根据消费者需求的特点并结合企业自身的能力，面对现实的竞争环境，从整体市场中确定属于自己的市场范围，以便把有限的能力变成局部的优势，集中满足一部分消费者的某种或几种需求，采取相应的营销组合策略，以便在这部分特定的消费者需求得到满足的前提下，实现企业自身的营销战略目标，获得预期的经济效益。

7.2.2 分析目标市场条件

如上所述，目标市场就是企业决定要进入的市场。企业在对整体市场进行细分之后，要对各细分市场进行评估，然后根据细分市场的市场潜力、竞争状况、本企业资源条件等多种因素决定把哪一个或哪几个细分市场作为目标市场。一般而言，企业考虑进入的目标市场，应符合以下条件：

1．有一定的规模和发展潜力

企业进入某一市场是期望能够有利可图，如果市场规模狭小或者趋于萎缩状态，企业进入后难以获得发展，此时，应审慎考虑，不宜轻易进入。当然，企业也不宜以市场吸引力作为唯一取舍，特别是应力求避免多数谬误，即与竞争企业遵循同一思维逻辑，将规模最大、吸引力最大的市场作为目标市场。大家共同争夺同一个顾客群的结果是，造成过度竞争和社会资源的无端浪费，同时使消费者的一些本应得到满足的需求遭受冷落和忽视。现在国内很多企业动辄将城市尤其是大中城市作为其首选市场，而对小城镇和农村市场不屑一顾，很可能就步入了多数谬误的误区，如果转换一下思维角度，一些目前经营尚不理想的企业说不定会出现柳暗花明的局面。

2．细分市场结构的吸引力

细分市场可能具备理想的规模和发展特征，然而从盈利的观点来看，它未必有吸引力。波特认为有 5 种力量决定整个市场或其中任何一个细分市场的长期的内在吸引力。这 5 个群体是同行业竞争者、潜在的新参加竞争者、替代产品、购买者和供应商。

3．竞争者未完全控制

不言而喻，企业应尽量选择那些竞争相对较少，竞争对手比较弱的市场作为目标市场。如果竞争已经十分激烈，而且竞争对手势力强劲，企业进入后付出的代价就会十分昂贵。

4．符合企业目标和能力

某些细分市场虽然有较大吸引力，但不能推动企业实现发展目标，甚至分散企业的精力，使之无法完成其主要目标，这样的市场应考虑放弃。另一方面，还应考虑企业的资源条件是否适合在某一细分市场经营。只有选择那些企业有条件进入、能充分发挥其资源优势的市场作为目标市场，企业才会立于不败之地。

7.2.3 明确目标市场策略类型

目标市场策略有 3 种，即无差异市场营销策略、差异性市场营销策略和集中性市场营销策略。

1．无差异市场营销策略

无差异市场营销策略是指企业将产品的整个市场视为一个目标市场，用单一的营销策略开拓市场，即用一种产品和一套营销方案吸引尽可能多的购买者。无差异市场营销策略只考虑消费者或用户在需求上的共同点，而不关心他们在需求上的差异性。可口可乐公司在 20 世纪 60 年代以前曾以单一口味的品种、统一的价格和瓶装、同一广告主题将产品面向所有顾客，就是采取的这种策略。

无差异市场营销的理论基础是成本的经济性。生产单一产品，可以减少生产与储运成本；无差异的广告宣传和其他促销活动可以节省促销费用；不搞市场细分，可以减少企业在市场调研、产品开发、制订各种营销组合方案等方面的营销投入。这种策略对于需求广泛、市场同质性高且能大量生产、大量销售的产品比较合适。

对于大多数产品，无差异市场营销策略并不一定合适。首先，消费者需求客观上千差万别并不断变化，一种产品长期为所有消费者和用户所接受非常罕见。其次，当众多企业如法炮制，都采用这一策略时，会造成市场竞争异常激烈，同时在一些小的细分市场上消费者需求得不到满足，这对企业和消费者都是不利的。再次，易于受到竞争企业的攻击。当其他企业针对不同细分市场提供更有特色的产品和服务时，采用无差异市场营销策略的企业可能会发现自己的市场正在遭到蚕蚀但又无法有效地予以反击。正是由于这些原因，世界上一些曾经长期实行无差异市场营销策略的大企业最后也被迫改弦更张，转而实行差异性市场营销策略。被视为实行无差异市场营销典范的可口可乐公司，面对百事可乐、七喜等企业的强劲攻势，也不得不改变原来策略，一方面向非可乐饮料市场进军，另一方面针对顾客的不同需要推出多种类型的新可乐。

2．差异性市场营销策略

差异性市场营销策略是指将整体市场划分为若干细分市场，针对每一细分市场制订一套独立的营销方案。比如，服装生产企业针对不同性别、不同收入水平的消费者推出不同品牌、不同价格的产品，并采用不同的广告主题来宣传这些产品，就是采用的差异性市场营销策略。

差异性市场营销策略的优点是：小批量、多品种，生产机动灵活、针对性强，使消费者需求更好地得到满足，由此促进产品销售。另外，由于企业是在多个细分市场上经营，一定程度上可以减少经营风险，一旦企业在几个细分市场上获得成功，有助于提高企业的形象及提高市场占有率。

差异性市场营销策略的不足之处主要体现在两个方面：一是增加营销成本。由于产品品种多，管理和存货成本将增加。由于公司必须针对不同的细分市场发展独立的营销计划，会增加企业在市场调研、促销和渠道管理等方面的营销成本。二是可能使企业的资源配置不能有效集中，顾此失彼，甚至在企业内部出现彼此争夺资源的现象，使拳头产品难以形成优势。

3．集中性市场营销策略

实行差异性市场营销策略和无差异市场营销策略，企业均是以整体市场作为营销目标，试图满足所有消费者在某一方面的需要。集中性市场营销策略则是集中力量进入一个或少数几个细分市场，实行专业化生产和销售。实行这一策略，企业不是追求在一个大市场角逐，而是力求在一个或几个子市场占有较大份额。例如，生产空调器的企业不是生产各种型号和款式、面向不同顾客和用户的空调机，而是专门生产安装在汽车内的空调机，又如汽车轮胎制造企业只生产用于换胎业务的轮胎，均是采用此策略。

集中性市场营销策略的指导思想是，与其四处出击收效甚微，不如突破一点取得成功。这一策略特别适合于资源力量有限的中小企业。中小企业由于受财力、技术等方面因素制约，在整体市场可能无力与大企业抗衡，但如果集中资源优势在大企业尚未顾及或尚未建立绝对优势的市场上，集中性营销策略的运用效果就会非常明显。

7.2.4 选择目标市场策略

上述三种目标市场策略各有利弊，作为企业，究竟采用哪种目标市场策略，应根据企业、产品、市场的具体情况来决定。

1．企业的资源

企业的资源是指企业所拥有的生产能力、技术能力、资金能力、销售能力、管理能力的总和。如果说，企业资源富裕，实力雄厚，可考虑实行无差异市场营销或差异性市场营销策略；反之，如果企业资源缺乏，实力薄弱，则应实行集中性市场营销策略。

2．市场的同质性

如果市场需求不存在差异性，所有消费者的购买都有相同的爱好，而且在某一时期内，购买数量相同，对销售方式的要求大致相同，则企业可实行无差异市场营销策略。反之，如果市场需求的差别很大，消费者的爱好相差很远，则企业宜于实行差异性市场营销策略或集中性市场营销策略。

3．产品的同质性

如果企业经营的产品是属于同质性产品，其差异较小，一般适宜采用无差异市场营销策略。反之，如果产品的质量特性因生产者的不同而有很大差别，消费者选购时主要以产品特性的差异作为根据，则企业适宜采用差异性市场营销策略或集中性市场营销策略。

4．产品的生命周期

企业在选择目标市场策略时，应考虑产品生命周期的发展、变化。当产品刚进入市场生命周期的投入期时，产品不被广大消费者所认识，品种、规格也较少，因而适宜采用无差异市场营销策略。当产品进入市场生命周期的成熟阶段时，产品逐渐饱和，特色下降，市场竞争加剧，企业通常实行差异性市场营销策略，增加产品的花色、品种，调整营销方式，或采取集中性市场营销策略，强调产品的差异性，更有针对性地适应消费者需求的变化。

5．竞争者的状况

企业在选择目标市场策略时，除考虑上述的一些因素外，还要考虑竞争对手所采取的营销策略。当竞争对手实行无差异市场营销策略时，企业应实行差异性市场营销策略或集中性市场营销策略。当竞争对手已采用差异性市场营销策略时，企业则应实行更有效的细分，实行集中性市场营销策略。

现将以上影响因素综合分析，见表 7-1。

表 7-1　选择目标市场策略应该考虑的因素

因素 \ 战略类型	无差异市场营销策略	差异性市场营销策略	集中性市场营销策略
企业资源	多	多	少
企业实力	强	强	弱
市场同质性	高	低	低
产品同质性	高	低	低
产品的生命周期	导入期，成长前期	成长后期，成熟期	导入期，衰退期
竞争者数量	少	多	多
竞争者战略类型	-	差异性或无差异性	差异性

【小　　结】

（1）市场细分的概念是美国市场学家温德尔·史密斯（Wendell R.Smith）于 20 世纪 50 年代中期提出来的，是指按照消费者欲望与需求把一个总体市场（总体市场通常太大，以致企业很难为之服务）划分成若干个具有共同特征的子市场的过程。其前提是用户需求的异质性。一般而言，成功、有效的市场细分应遵循以下基本原则：可衡量性、可进入性、有效性以及对营销策略反应的差异性。

（2）细分市场须按一定标准，即依据影响需求的一定因素、变量进行。这些标准、因素、变量是可分类、分层次的，而且是可变的。美国市场学家麦卡锡提出细分市场的一整套步骤，具体包括 7 个步骤。市场细分的方法有单一变量因素法、多个变量因素组合法、系列变量因素法。

（3）企业在进行市场细分之后，面临着众多的子市场，应选择哪个或哪些作为目标市场，这就是目标市场的选择。它是企业进行市场细分的目的。一般而言，企业考虑进入的目标市场，应符合以下条件：有一定的规模和发展潜力、细分市场结构的吸引力、竞争者未完全控制、符合企业目标和能力。

（4）目标市场策略有 3 种，即无差异市场营销策略、差异性市场营销策略和集中性市场营销策略。这 3 种目标市场策略各有利弊，作为企业来说，究竟采用哪种目标市场策略，应根据企业、产品、市场的具体情况来决定。

第三部分　课题实践页

一、选择题

（1）市场细分的依据是（　　）。

A. 产品类别的差异　　B. 消费者需求与购买行为的差异性

C. 市场规模的差异性　　D. 竞争者营销能力的差异性

（2）市场细分的客观基础是（　　）。

A. 不同产品的消费需求的差异性　　B. 不同产品的消费需求的共同性
C. 同一产品的消费需求的同一性　　D. 同一产品的消费需求的多样性

（3）不属于有效市场细分原则的是（　　）。
A. 可衡量性　　B. 可区分性　　C. 动态性　　经济性

（4）无差异性目标市场策略面对的是（　　）。
A. 整体市场　　B. 一个子市场　　C. 多个子市场　　D. 相关市场

（5）无差异性目标市场策略主要适用于（　　）的情况。
A. 企业实力较弱　　B. 产品性质相似　　C. 市场竞争者多　　D. 消费需求复杂

（6）对于经营资源有限的中小企业而言，要打入新市场适宜用（　　）。
A. 集中市场营销　　B. 差异性市场营销　　C. 整合市场营销　　D. 无差异市场营销

二、判断题

（1）为准确选定目标市场，市场细分越细越好。（　　）
（2）心理与行为因素是生产者市场细分的主要标志。（　　）
（3）目标市场是企业要进入的地域空间。（　　）
（4）产品专业化是向不同市场提供同种产品。（　　）
（5）市场专业化是指企业生产同种产品满足不同顾客的需求。（　　）
（6）食盐、面粉等商品宜采用集中性目标市场营销策略。（　　）
（7）集中性目标市场营销策略是中小企业首选目标市场营销策略。（　　）
（8）无差异市场营销策略是对各细分市场实施相似的策略。（　　）
（9）产品投入期宜采用差异性目标市场营销策略以探测市场。（　　）
（10）同质产品宜采用无差异目标市场营销策略。（　　）

三、简答题

（1）消费者市场实行市场细分时，应考虑哪些细分因素？
（2）简述市场细分的步骤和方法。
（3）什么是目标市场，企业在选择目标市场时，应考虑哪些条件？

四、课堂讨论

（1）什么是市场细分？为什么要进行市场细分？
（2）细分市场与目标市场的关系如何？

五、实训操作

以大学城市场为例，对大学校园周边市场进行市场细分，并制订一份目标市场营销报告。

实训目标：市场细分标准选择与细分方法演练。

实训组织：学生分组，对多个整体市场进行市场细分。

实训成果：市场细分报告展示，老师点评。

课题八　进行市场定位

技能目标	知识目标	建议学时
➢ 准备市场定位	（1）把握市场定位的内涵和本质 （2）分析市场定位的主客观因素	2
➢ 制订市场定位策略	（1）设计市场定位方案 （2）选择市场定位策略	4

第一部分　案例与讨论

案例1：让“瘦狗”变成“肥牛”

一、让“瘦狗”变成“肥牛”

产品在市场上处于“瘦狗”状态，一种可能是市场生命周期进入衰退期，但这类原因只占1/4，3/4的“瘦狗”产品是经营不当。

二、市场重新定位的例子

(1) 自行车

传统定位：代步工具，20世纪50年代美国年产销400万辆，后来下降为年产销130万辆。

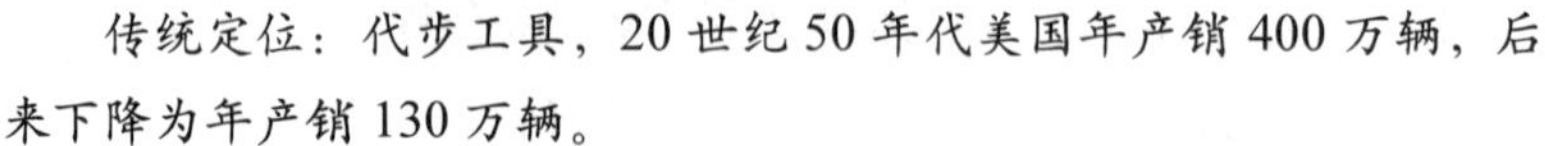

重新定位：健身休闲用品，增加品种类型和花色。

(2) 橘汁

传统定位：维生素C保健饮品（保健功能）。

重新定位：消暑解渴，提神，恢复体力的饮品。

(3) 麦氏速溶咖啡

传统定位：速溶方便，并与传统手工程序对比。

目标消费群：已成为中年人的家庭主妇（购买者、调制者）。价值认同的冲突——调制咖啡是主妇的家务之一。

重新定位：强调滴滴香浓、速溶、方便、快捷。产品特性与需求的契合点——重点面向写字楼里的公司职员（美国有给雇员休息时喝咖啡的习惯）。

上班族认可——影响家庭主妇——进入家庭消费市场。

(4) 万宝路

品牌定位调整见表8-1。

表 8-1 万宝路品牌定位比较

旧 万 宝 路	新 万 宝 路
淡烟	重口味香烟
香料少	香料多
没有过滤嘴	有过滤嘴
白色包装	红白色包装
老旧形象	现代化形象
针对女性	针对男性

案例讨论

（1）有人说："当公司宣传其产品有较多的优越性（利益点）时，会变得令人难以相信，由此失去一个明确的市场定位。"你是否同意这一说法?

（2）能否找到一些现实生活中观察到的实例来说明市场定位的重要性。

第二部分　课题学习引导

8.1　把握市场定位内涵

市场定位是一个一般范畴。比方说一个人要有理想，实际上就是要正确认识自己，把握自我，准确定位，不要好高骛远。做企业和做人一样，也有定位问题。在当今社会，只有具有特色和差异的产品才能吸引消费者，这就是市场定位。所以优秀企业就是那些能针对目标市场的特定顾客，创造产品特色、制造产品差异，以赢得消费者，并能最大限度占领市场，实现效益最大化的企业。

8.1.1　市场定位的概念

营销大师科特勒（Kotler.P.1988）曾说："现代战略营销的核心可定义为 STP 市场营销，即市场细分（S），目标市场选择（T）和市场定位（P）。"其中市场细分是战略营销活动的基础，也是制订营销战略的关键所在。进行市场细分后，要对所分市场进行有效的评价，并选择目标市场。在完成这两项基础性的步骤之后，更为重要的一个环节便是定位。无论在国外还是国内，无论是小公司还是著名的大公司，只要进行产品营销，就要对市场进行定位。

元旦，某高校俱乐部前，一老妇守着两筐大苹果叫卖，因为天寒，问者寥寥。一教授见此情形，上前与老妇商量几句，然后走到附近商店买来节日扎花用的红彩带，并与老妇一起将苹果两两一扎，接着高叫道："情侣苹果，两元一对!"经过的情侣们甚觉新鲜，用红彩带扎在一起的一对苹果看起来很有情趣，因而买者甚众。不一会儿，全部卖光。老妇感激不尽，赚钱颇丰。这是一个成功进行目标市场定位营销的案例。目前市场营销即首先分清众多细分市场之间的差别，并从中选择一个或几个细分市场，针对这几个细分市场开发出产品并制订营销组合。那位教授对俱乐部前来往的人群进行的市场细分可谓别出心裁。占比例很大的成双成对的情侣给了他突发灵感，使其觉察到情侣们将是苹果最大的需求市场，而其对产品定位更是奇巧，用红彩带两个一扎，唤为“情侣”苹果，对情侣非常具有吸引力，即使苹果不好销的大冷天也高价畅销了。

市场定位是现代市场学的一个十分重要的概念。它是由里斯和屈劳特在 1972 年提出来的，受到企业界的高度重视并得到广泛运用。

人们对市场定位从不同角度予以阐释，一些有代表性的表述如下：一是指公司设计出自己的产品和形象，并在消费者心目中占据与众不同的有价值的地位；二是指消费者关于某品牌（产品、公司）所有联想的集合，包括品质、价格、特性、风格、使用、购买点等；三是指消费者对某品牌（产品、公司）与其竞争对手相比较，形成的相同或相似的心理位置；四是指消费者心目中的独特印象；五是指真正的市场定位，包括能以直觉和企划方式透彻地把握广告主题与机会，即定位必须有创意；六是市场定位不仅用于盈利性的公司，而且可用于包括非盈利机构在内的各种组织和个人，例如，学校、政府、国家等，是广义的成功之道。

营销大师科特勒对市场定位所作的定义为，市场定位是指公司设计出自己的产品和形象，从而在目标顾客心中确定与众不同的有价值的地位，市场定位要求公司能确定向目标顾客推销的差别数目及具体差别。

8.1.2 市场定位的本质

市场定位的目的就是要将差异化做出来。差异化就是竞争优势，这种差异化最终要通过目标受众的理解表现出来。市场定位的本质是指针对受众的心理位置，实现差异化的传播。

市场定位的提出者里斯和屈劳特曾对定位的本质有如下阐述，市场定位是对现有事物的一种创造性工作，它是以事物为出发点，如一种商品、一项服务、一家公司、一所机构甚至一个人……但市场定位的对象不是这些，而是针对潜在顾客的思想，就是说要为产品或其他对象在潜在顾客的大脑中确定一个合适的位置，这个位置一旦确立起来，就会使人们在需要解决某一特定消费或其他问题时，首先考虑某一定位于此的事物。市场定位并不改变定位对象本身，而是在人们心中占领一个有利的地位。目标消费群和竞争者是市场定位的依据，与此对应，其目的在于造成联想和形成差异，如图 8-1 所示。

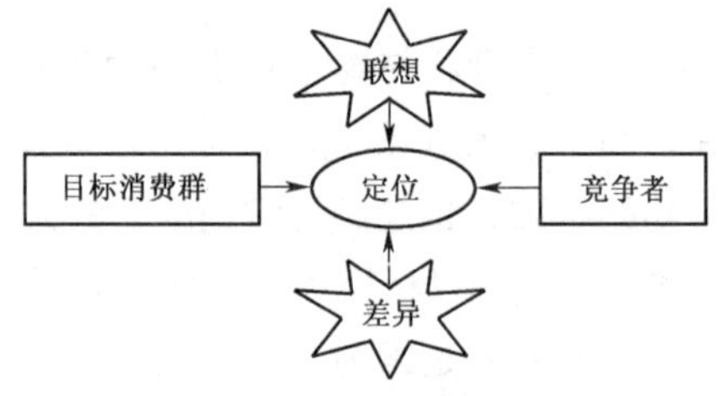

图 8-1 造成联想和形成差异

在里斯和屈劳特看来，市场定位主要是沟通问题，它专注于使产品在顾客心目中留下某种印象，而和产品本身几乎没有什么关系。并且在名称、价格或包装上的改变都不过是修饰上的变化，其目的是确保产品在顾客心目中的地位。因此，有人称这种定位为“沟通定位”。

现在，人们对市场定位已不局限于“沟通定位”。事实上，市场营销组合的其他因素，包括产品、价格、分销渠道、沟通以外的其他促销因素，以及营销的过程都会影响特定的产品或服务在顾客心目中的地位。而且市场定位也不局限于产品定位，即“把产品定位在未来潜在顾客的心中”。现代市场营销中，市场定位除了针对某一特定产品或服务的个别定位外，还可以是行业定位，即整个行业来定位；组织定位，即把某个组织作为一个整体定位；产品组合定位，即把组织提供的一组相关产品或服务作为一个整体定位。

8.1.3 市场定位的前提

如上所述，市场定位是针对目标市场确定、建立一个独特品牌形象并对品牌整体形象进行设计、传播等开展的工作，从而在目标顾客心目中占据一个独特的有价值地位的过程或行动。其着眼点是目标顾客的心理感受；其途径是对品牌整体形象的设计；实质是依据目标顾客的种种特征设计产品属性并传播品牌形象，从而在目标顾客心目中形成一个企业刻意塑造的独特形象。市场定位并不是针对产品本身，而是要求企业针对消费者的心理进行市场定位。

1．心理基础

简单说市场定位就是树形象，目的是在目标顾客心目中确立产品及品牌与众不同的有价值的地位。从某种意义上说，市场定位实际上是一个基于心理过程的概念。

因为消费者购买产品多具有非专家购买的特点，购买过程中存在信息不对称问题，那么决定买或不买某一产品很大程度上取决于对该产品认知的积累及其鲜明的个性和品牌知晓程度。根据美国宾夕法尼亚大学沃顿商学院的一项观察表明，消费者把商品从货架上拿到购物筐里平均要用 12 秒，平均只能仔细考虑 1.2 个品牌，消费者选择某品牌主要依据该品牌所能给消费者带来自我个性宣泄的满足，该品牌形象对他们持续而深入的影响，而市场定位是塑造成功品牌形象的重要环节，是求得目标顾客认同与选择的重要手段之一。

所以对企业来讲，为自己产品在消费者心目中树立一个鲜明的形象即进行市场定位是非常必要的，特别是在买方市场条件下，同类产品竞争激烈时，市场定位更是影响企业成功的重要因素。企业要善于分析消费者对商品需求的心理特征，通过理性的，感性的或情感的品牌定位方式来达到塑造形象、赢得发展的目的，从这个意义上说，企业要善于攻心。

2．市场细分基础

市场定位不是盲目的，而是针对目标市场的，目标市场是企业品牌定位的着力点，但前提是进行市场细分。通过市场细分，能使企业发现市场机会，从而使企业设计塑造自己独特的产品或品牌个性有了客观依据。实践中，如美国钟表公司通过市场调查，把美国手表市场分为 3 个子市场。第一个是想买价格低廉，能够计时手表的顾客，占美国手表市场的 23%；第二个是想买价格适中计时准确且耐用手表的顾客，占 46%；第三个是想买各种名贵手表，追求其象征性价值的顾客，占 31%，当时美国著名的钟表公司几乎都将这 3 类顾客群作为自己的目标市场，而美国钟表公司当机立断，选择一、二类顾客群作为自己的目标市场，开发名为“天美时”（TIMEX）的物美价廉的手表，并大力促销，结果赢得了消费者厚爱，塑造了自己的品牌形象。

所以，以市场细分为前提选择目标市场，在目标市场进行市场定位，已是企业赢得市场、开拓市场塑造品牌形象的必然选择。

8.2 制订市场定位策略

市场定位，既是市场竞争的客观要求也是市场竞争的必然结果。要保证市场定位准确，就必须掌握市场定位的步骤、方法，市场定位的策略，市场定位的方式。通过准确、科学的市场定位，最大限度地开拓和占领市场，不断扩大企业和品牌的知名度，吸引尽可能多的忠诚于本企业品牌的消费者。

8.2.1 市场定位的步骤

企业要实施正确、有效的市场定位，往往需要遵循一定的定位步骤。

1．确定定位层次

确定定位层次是定位的第一步。确定定位层次就是要明确所要定位的客体，这个客体是行业、公司、产品组合，还是特定的产品或服务。例如，福特集团将其所属的酒店集团中的福特・克莱斯特酒店定位为“一个明确的商务性酒店”，而同时将它的福特・波斯特豪斯酒店定位为低租金的便宜酒店。

2．识别重要属性

定位的第二步是识别影响目标市场顾客购买决策的重要因素。这些因素就是所要定位的客体应该或者必须具备的属性，或者是目标市场顾客具有的某些重要的共同特征。例如航空公司提供的飞行服务一般必须具有安全性、准时性、舒适性等重要属性。

3．绘制定位图

在识别出重要属性之后，就要绘制定位图，并在定位图上标示本企业和竞争者所处的位置。一般都使用二维图。如果存在一系列重要属性，则可以通过统计程序将之简化为能代表顾客选择偏好的最主要的二维变量。定位图选择的二维变量，既可以是客观属性，也可以是主观属性，还可以将二者结合起来。但无论是选择主观属性，还是客观属性，都必须是“重要属性”。例如，英国一家报纸在市场定位时选择的是平均年龄和社会阶层这两个客观属性。某银行在市场定位时选择的是“最优贷款利率”（客观属性变量）和“友好服务”（主观属性变量）作为二维的衡量指标。

4．评估定位选择

里斯和屈劳特曾提出 3 种定位选择。一是强化现有位置，避免正面冲突。例如，美国艾飞斯在广告中声称“艾飞斯在租车行业中只是第二位，那么为什么租我们的车？我们更加努力呀!”，采用的就是这种市场定位战略。二是寻找市场空隙，获取先占优势。这个战略是指发现市场中未被竞争者占领的利益，并为之采取相应的营销策略。三是给竞争者重新定位。即当竞争者占据了它不该占有的市场位置时，让顾客认清对手不实或虚假的一面，从而使竞争对手为自己让出它现有的位置。无论采取何种选择，一种定位要想获得成功，满足以下 3 个条件是关键，定位必须有意义，定位必须可行，定位必须是唯一的。

5．执行定位

定位最终需要通过各种沟通手段，如广告、员工着装、行为举止，以及服务的态度、质量等传递出去，并为顾客所认同。实践中，企业期望的位置经常会与实际传递的位置不一致，这往往是不一致的营销所造成的。事实上，成功的定位取决于协调一致、整体的内部和外部营销策略。

8.2.2 市场定位的策略

产品可以依据不同的因素来定位，这就形成了不同的市场定位策略，常用的定位策略如下。

1．依据属性的差异和特色定位

强调自己产品在某一属性方面的特色以便与竞争对手产品明确区别开来，从而在潜在消费者心目中树立起独特的形象。例如，一家企业就曾经把自己的录音机定位于超薄型的录音机。

2．依据产品的利益定位

一种产品往往可以为消费者提供多种利益，例如多用途、方便、快捷等。如果产品本身具有能为潜在顾客提供特殊利益的属性，就适合于用产品所提供的利益来定位。

3．依据用途定位

如果老产品能找到新用途就适合于依据用途进行定位；使老产品在潜在顾客心目中建立起新的地位。

4．依据用户定位

如果企业选择某类特点的用户作为目标市场，就适合于依据用户来定位。此时就可以根据目标市场中特定用户的观点和态度来塑造产品形象。如美国米勒啤酒最初在产品定位时定为高级啤酒，啤酒度数比较高，包装也很好，但销路一直不够好。后经调查发现，美国90%以上的啤酒是中下层人士喝的，高级啤酒用量很少。于是，他们改变了产品定位，定为大众啤酒。把啤酒度数降低，改变了包装，广告也作了相应的改变，价格也稍降低了一些，结果，销售量增长90%以上。

5．根据竞争的需要定位

针对某一竞争者或其产品进行定位时，既可以把产品直接定位于另一个竞争对手产品的位置，以便直接进行对比，也可以强调与竞争对手产品的不同，以突出本产品的特点，但不能用广告的方式贬低竞争对手的产品。

6．根据产品种类定位

如果企业要强调自己的产品不同于同类产品，是一种新产品或独特产品时，可以据此进行定位。如七喜汽水定位于非可乐之上，暗示它不含咖啡因。

7．根据质量与价格关系定位

企业可以把质量和价格两个因素结合起来进行定位，既可以定位于高质量高价格也可以定位于低质量低价格。同时，企业也可以强调与同类产品相比质量不变，价格更便宜，还可以强调价格不变，质量更好。依据质量与价格关系成功定位的例子是日本的电子手表行业。精工和西铁城都是日本的名牌表，质量好，价格高，市场也接近。于是两家公司均改进各自手表的特点，增加功能，如百分之一秒计时、音响报时、超薄型及永不磨损等，把市场位置拉开。

卡西欧公司发现低档表市场空白，于是推出卡西欧手表，质量比精工和西铁城差，但价格低廉，满足了低收入阶层的消费需求。西铁城公司见卡西欧薄利多销，利润大，于是推出了飞佳表，价格与卡西欧一样，但质量好一些。精工表公司见状，也推出了阿尔巴，质量与飞佳一样，但价格更低廉一点。这些低档表各自以自己的特点找到了自己的顾客，也打开了销路，货真价实，驰名于国内外。

8.2.3 市场定位的方式

企业进行市场定位的方式很多，归纳起来有3种定位方式可供选择。

1．迎头定位

又称为“针锋相对式”定位。它是把产品定在与竞争者相似的位置上，同竞争者争夺同一细分市场。如美国的“可口可乐”饮料与“百事可乐”饮料的竞争。

企业要实施“迎头”定位方式，必须具备以下条件。

① 产品在消费者心目中具有一定的优势；

② 市场上能够容纳两个竞争者的产品；

③ 企业的实力与竞争者相当。

2．避强定位

当企业意识到自己无力同本行业强大的竞争者相抗衡从而获得绝对优势地位时，可根据自己的条件取得相对优势，突出宣传自己与众不同的特色。这种定位方式能使企业迅速在市场上站稳脚跟，很快树立起产品在消费者心目中形象。如“七喜”汽水突出宣传本产品不含咖啡因的特点，从而迅速占领市场。由于这种定位方式风险较小，成功率较高，通常为许多企业所采用。

3．重新定位

即指对已经上市的产品实施再定位。即使是企业初次定位恰当，但后来发现消费者及用户偏好发生了转移或产品在市场竞争中处于不利地位，这时就不得不考虑重新定位。企业实施重新定位的目的旨在摆脱困境，重新获得增长与活力。

【小　结】

（1）市场定位是指公司设计出自己的产品和形象，从而在目标顾客心目中确定与众不同的有价值的地位，市场定位要求公司能确定向目标顾客推销的差别数目及具体差别。其定位的前提是在心理基础以及市场细分基础上进行的。

（2）企业要实施正确、有效的市场定位，往往需要遵循一定的定位步骤。产品可以依据不同的因素来定位，这就形成了不同的市场定位策略。

（3）常用的定位策略有依据属性的差异和特色定位、依据产品的利益定位、依据用途定位、依据用户定位、依据竞争的需要定位、依据产品种类定位、依据质量与价格关系定位。

（4）企业进行市场定位的方式很多，归纳起来有3种定位方式可供选择：迎头定位、避强定位、重新定位。

第三部分 课题实践页

一、选择题

（1）针对“可口可乐”和“百事可乐”的竞争，“七喜”提出“七喜是非可乐，因为不含咖啡因”的广告主题。“七喜”的广告策略属于（　　）方法。

A. 比附定位　　B. 抢先定位　　C. 逆向定位　　D. 补隙定位

（2）市场定位的目的是（　　）。

A. 明确对市场的判断　　B. 明确企业的顾客群

C. 明确企业或产品特性　　D. 明确企业的经营方向

（3）某企业原先只生产高档产品，现在改为生产高、中档产品，这种定位叫（　　）。

A. 向上定位　　B. 向下定位　　C. 双向定位　　D. 功能定位

（4）某服装生产企业根据冬季人们的穿着需要，主要生产保暖内衣。这种定位方式是（　　）定位。

A. 功能定位　　B. 类别定位　　C. 用户定位　　D. 竞争定位

（5）市场定位的第一步工作是（　　）。

A. 执行定位　　B. 确定层次　　C. 绘制定位图　　D. 识别重要属性

二、判断题

（1）市场定位就是企业将自己的产品定在某个地理区域内。（　　）

（2）市场定位的本质是企业努力塑造自身产品特色。（　　）

（3）对于名牌产品，其价格定位时肯定是定高价。（　　）

（4）迎头定位的企业一定是实力相当的企业。（　　）

（5）市场细分的目的是为了更好地进行市场定位。（　　）

三、简答题

（1）说明企业在进行市场定位时应避免的常规错误有哪些?

（2）图示说明目标市场定位的操作步骤。

（3）简要说明小企业产品应如何定位?

四、课堂讨论

（1）什么是市场定位? 它的前提是什么?

（2）简述市场定位的步骤。

（3）常用的市场定位策略有哪些?

（4）市场定位的方式有哪几种?

五、实训操作

以大学城市场为例，在大学校园周边开一家酒楼，学生为酒楼进行市场定位。

实训目标：市场定位方法、策略。

实训组织：学生分组，讨论如何对校园酒楼实施定位。

实训成果：市场定位报告展示汇报，老师点评。

课题九 产品策略

技能目标	知识目标	建议学时
➢ 把握产品整体概念	（1）理解产品整体概念及层次构成 （2）具体分析5大层次分别是指什么	2
➢ 制订产品组合和产品线决策	（1）分析企业的产品组合 （2）正确进行产品线决策	2
➢ 掌握产品生命周期理论与决策	（1）理解产品生命周期的4个组成部分 （2）正确区分产品生命周期的阶段 （3）正确选择和运用产品生命周期策略	2
➢ 制订新产品开发方案	（1）理解新产品概念 （2）设计新产品开发方案	2

第一部分 案例与讨论

案例1：IBM以新产品赢得“复归”

IBM曾是世界上最大的计算机公司，也曾是世界上经济效益最好的计算机公司。

然而20世纪80年代后期小机器化趋势开始后，通用计算机失去了当年的风采。到了1993年，IBM连续亏损已高达168亿美元。IBM已不是计算机的象征，计算机业有了新的偶像——微软。为了重振昔日辉煌，号称“蓝色巨人”的IBM开始了夺回市场的一系列行动。

IBM的董事长格斯特纳做出决定，放眼未来，不再以OS/2和微软Windows在台式计算机上竞争。格斯特纳说，新的争夺将在网络软件上展开。于是，IBM和苹果结成了联盟，推出PowerPC芯片，接着IBM又兼并了莲花公司（Lotus）及其组群软件程序Notes。IBM开始在计算机市场全线出击，精心搭建IBM金字塔。

IBM别无选择，只能集中火力对准网络化未来。如果IBM的网络取代了主机成为大公司的主要信息技术，IBM将保持利润控制，并通过销售从个人计算机、网络服务器到大量磁盘驱动器等其他产品和服务来获得优势。格斯特纳希望有一天，网络的运算也能像电话线那样无所不在。

（资料来源：郭国庆. 中国人民大学工商管理MBA案例（市场营销卷）. 北京：中国人民大学出版社，1999年版. 经本书作者重新整理）

案例讨论

（1）IBM 当年失败的原因是什么？使它重新崛起的原因又是什么？

（2）你如何看待 IBM 的产品线及其进军网络的战略？

（3）高科技企业应如何顺应时代潮流设计产品策略？

案例 2：海尔以高质量赢市场

海尔创立之初，是一家濒临倒闭的集体企业。在十几年的奋斗中，海尔紧盯市场，不断进行技术改造与新产品研制开发，根据消费领域、意识和层次的不同而改进产品，增加功能，提供适应性产品。如今海尔集团已是中国家电领域系列最全、产销量最大的企业之一。

在知识经济时代，衡量企业科技水平的能力主要体现在其推向市场的产品上。海尔冰箱和海尔冷柜的多项技术标准都高于国际标准。海尔聘请国内一流设计专家开发出的双层门冷柜等 50 多种款式令世界同行和消费者刮目相看。

在国际市场竞争中拥有了与世界水平同步的高科技含量的产品后，海尔开始向海外拓展，并为此拿下了国际最具权威的英、德、加、澳等 8 个国家和地区的质量认证。

今天，海尔的市场回旋空间恐怕是国内任何家电企业都难以企及的。据称，海尔在家电领域的目标是以生产大屏幕数字化产品为主，并以此为起点，向数字化家电探索。与此同时，海尔集团推出的家电系列还有 VCD 机、电话、计算机等高技术产品。

（资料来源：郭国庆. 中国人民大学工商管理 MBA 案例（市场营销卷）. 北京：中国人民大学出版社，1999 年版. 经本书作者重新整理）

案例讨论

（1）海尔是怎样进行技术改进和产品开发的？

（2）海尔已成立计算机事业部，并开设了以经营计算机、电信、电子产品为主的 3C 连锁店。请问海尔应不应该开发海尔品牌的计算机，为什么？

（3）面对知识经济的挑战，海尔如何保持市场优势，并进军世界 500 强？

第二部分　课题学习引导

9.1　产品整体概念

学习和掌握产品整体概念是搞好市场营销与策划的基础。产品整体概念包括产品的基本概念、产品组合、产品生命周期、新产品开发 4 个方面的内容，本课题将对上述内容逐一展开阐述和讨论。

9.1.1　产品的基本概念

1．产品

对于产品的含义，人们有各种各样的看法，最为一般的是从狭义、广义两个角度予以阐述。

（1）狭义概念

狭义的产品概念是指生产者通过生产劳动而生产出来的、用于满足消费者需要的有形实体。这一概念强调产品是有形的物品，在生产观念盛行的时代极为流行。基于此狭义认识，生产者可能只关注产品的物质特征及生产成本，而消费者则关心通过产品实体的消费来满足某种需要。在生产力高度发展、商品日益丰富、市场竞争十分激烈的现代市场环境下，狭义的、传统的产品概念已不能适应需要了。

（2）广义概念

广义的产品概念不仅是指基本的产品实体这一物质属性，还包括产品的价格、包装、服务、交货期、品牌、商标、企业信誉、广告宣传等一系列有形或无形的特质。广义的产品是从满足消费者需要出发的，是为顾客提供某种预期效益而设计的物质属性、服务和各种标记的组合，是适应现代市场经济发展要求的产品概念。基于以上认识，我们将广义产品定义为，产品是能够提供给市场以引起人们注意，让人们获取、使用或消费，从而满足人们某种欲望或需要的一切东西。这里的产品具有两种形态：

① 实体产品（有形产品）

即呈现在市场上具有一定的物质形态产品，如面包、衣服、汽车、房屋等。

② 软体产品（无形产品）

即指各种劳务或销售服务，如运输、通讯、保险等劳务以及产品的送货服务、维修服务等。

2．产品的层次性

从市场营销学的角度出发，产品的概念是一个整体概念。产品的整体概念是由 5 个层次的产品所构成，如图 9–1 所示。

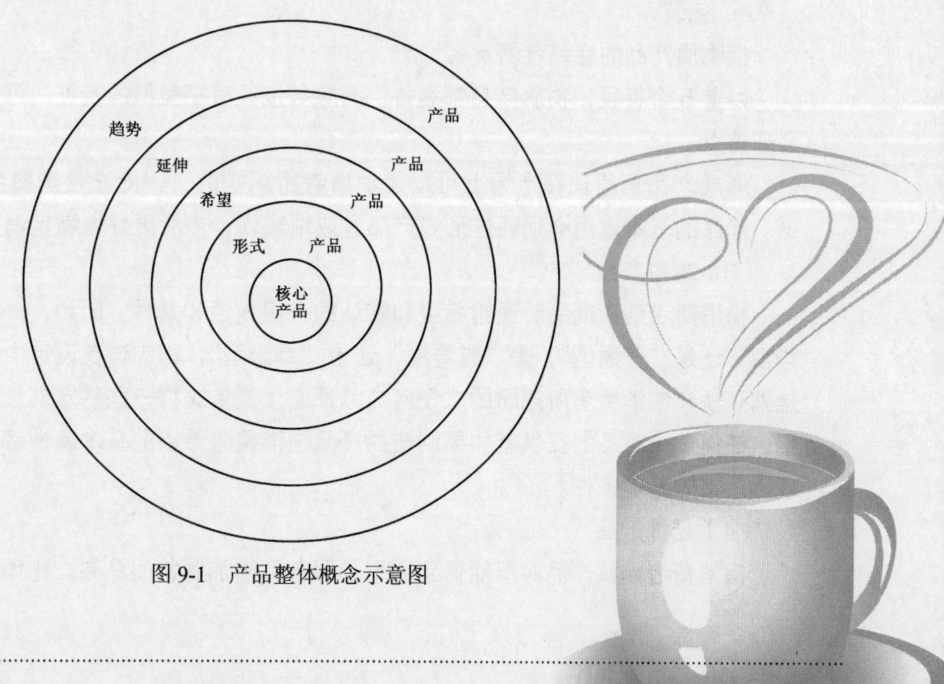

图 9-1　产品整体概念示意图

（1）核心产品

也叫实质产品，是指产品能给消费者带来的基本利益和效用，即产品的使用价值，是构成产品最本质的核心部分。

消费者购买某种产品，并不是为了获得产品的本身，而是通过对产品的消费来满足某种需要。人们购买产品的目的都是为了实现自己的需求。某一种产品以自己的物质形态存在着，但在实质上是为了满足消费者欲望而提供的一种服务。营销人员的任务是从满足消费者的需求出发，揭示出消费者购买每一种产品的真正目的。

（2）形式产品

指消费者需要的产品实体的具体外观，是核心产品的表现形式，是向市场提供的实体和劳务可以为消费者识别的面貌特征。

形式产品有 5 个基本特征：

① 质量水平

指产品实体满足消费者需要的可靠程度，是可以用技术参数表现的产品内在质量水平，如水泥的型号表示它能够达到的强度。

② 特征

满足某种需求的产品应该是多种多样、各具特色的，这样才能适合不同层次、不同爱好的消费者的需要。

③ 式样

指物质产品的外观形状、款式，或者是指无形产品如服务的不同表现形式。以出租汽车服务为例，可有日夜服务、事先预约、电话随时要车等多种。

④ 品牌名称

指产品和劳务的名称和标志。如“太太”是一种口服液的品牌名称，“EMS”是一种邮政特快专递业务的名称。

⑤ 包装

指物质产品的盛装容器及装饰。

以上 5 个特征，物质产品都具备，而服务也具有相类似的特征，可能具备其中的部分或全部特点。

形式产品是呈现在市场上可以为消费者所识别的，因此它是消费者选购产品的直观依据。产品的基本效用必须通过形式产品有效地实现，才能更好地满足消费者的需要。

（3）希望产品

指消费者购买商品时通常希望和默认的一组属性和条件，比如，一种型号的轿车是“豪华型”还是“普通型”，是“越野型”还是“绅士型”，都应该在设计中予以确定。这些属性是购买轿车的消费者所期盼的。任何商品都必须具备这样一些基本属性，消费者希望得到它们，任何一个商品的提供者如果制造的产品连消费者希望的基本属性都不具备，他的商品就缺乏上市的基本条件。

（4）延伸产品

指消费者购买产品时所能得到的附加服务和附加利益的总和。比如，购买计算机产品，获得的不仅仅是计算机本身，即主机、终端、存储设备、打印设备等硬件，而且得到使用说明书、软件系统、送货服务、安装调试、程序设计服务、维修服务以及保证等。因为消费者实施购买的目的是为了满足某种需要，因而他们希望得到与满足这一需要有关的一切。

只有向消费者提供具有更多实际利益、能更完美地满足其需要的延伸产品，企业才能在日益激烈的竞争中赢得胜利。美国市场营销专家莱维特指出："现代竞争的关键，并不在于各家公司在其工厂中生产什么，而在于它们能为其产品增加些什么内容，诸如包装、服务、广告、用户咨询、融资信贷、及时送货、仓储以及人们所重视的其他价值。每一家公司应寻求有效的途径，为其产品提供附加价值。"

(5) 趋势产品

指现有产品包括所有延伸产品在内的，可能发展成为未来最终产品的潜在状态的产品。趋势产品指出了现有产品可能的演变趋势和前景，如彩色电视机可发展为计算机终端机等。

核心产品、形式产品、希望产品、延伸产品、趋势产品作为产品的5个层次是不可分割和紧密相联的，它们构成了产品的整体概念。其中，核心产品是基础，是本质；核心产品必须转变为形式产品才能得到实现；核心产品和形式产品只有与希望产品相对应才能受到消费者欢迎，成为现实的消费品，从而得到顾客的货币选票；在提供形式产品的同时还要提供更广泛的服务和附加利益，形成延伸产品；产品的研发过程中，必须把握产品未来的变化趋势，从而引导现实产品的开发方向，领引产品的新潮流。由此可见，产品的整体概念以核心产品为中心，也就是以消费者的需求为出发点。企业在充分考虑消费者需要的前提下，做出实现这一需要的产品决策，将核心产品转变为形式产品，并在此基础上附加多种利益，进一步满足消费者的需要。一个产品的价值大小，是由消费者决定的，而不是由企业决定的。

9.1.2 产品分类

在市场营销中，要根据不同产品制订不同的营销策略。而要科学地制订有效的营销策略就必须对产品进行科学的分类。产品分类有多种方法，前文已有所涉及，这里只介绍其中的一种，即按照产品的实质性和耐用性对产品进行分类。

产品的实质性是指产品是否为物质实体，即有形与否。以此区分，产品有实物产品和服务产品两类。产品的耐用性是指产品的耐用程度，以此区分，产品可分为耐用品和非耐用品。两者结合起来，就可将产品分为以下3大类。

1．耐用品

耐用品是指有形的实体物品，并且可以在较长时间里使用，例如空调、机床、服装等。对于耐用品来说，企业一般需要更多地采用人员推销和提供多种服务和保证，例如维修、送货服务及分期付款等。同时，企业由于投资较大，也应当有较高的利润。

2．非耐用品

非耐用品也是有形的实体物品，通常只能使用一次或数次，例如肥皂、香烟、啤酒、糖果等。这类产品消费速度快，购买频率高，因而企业必须广设零售网点，使消费者能在许多地方方便地购买到所需的非耐用品。企业还应薄利多销，并大力做广告，以吸引消费者试用并形成偏好。

3. 服务

服务是非物质实体产品，是为出售而提供的活动、利益和满足。也就是说，一项服务是一方能够向另一方提供的任何一项活动或利益，它本质上是无形的，并且不产生对任何物品的所有权问题，它的生产可能与实际产品有关，也可能无关。

9.2 产品组合

为了满足消费者需求，企业往往生产经营多种产品。但是，企业所生产经营的产品并非多多益善，而是需要对产品组合进行认真的研究和选择。为此，本课题将阐述分析一个企业该生产哪些产品，如何取舍生产的产品种类，以及如何开拓企业的产品线。

9.2.1 产品组合概念

所谓产品组合也称为产品花色与品种配合，是指一个企业生产经营的所有产品线和产品品种的组合方式，即全部产品的结构。其中，产品线是指密切相关的一组产品，这些产品能满足类似的需要或必须在一起使用，而且经由同样的渠道销售出去，销售价格在一定幅度内变动。在产品目录上所列出的每一个产品都是一个产品品种，具有上述密切相关性的产品品种就组成了产品线。

要研究产品组合，可从产品组合的 3 个要素入手。

（1）产品组合的广度

指企业内有多少条不同的产品线。如果一家企业拥有牙膏、肥皂、洗涤剂、除臭剂等 4 条产品线，则其产品组合的广度是 4 条产品线。

（2）产品组合的长度

指每一产品线上平均拥有的产品品种数。如果上述企业产品组合中一共拥有 22 个产品品种（总长度），那么产品线的平均长度就是总长度除以产品线数：22/4=5.5，这就是说，该企业每一产品线上平均拥有 5.5 个品种。实际上，每一条产品线的长度当然各不相同，比如牙膏有 8 种，肥皂有 6 种，洗涤剂有 5 种，除臭剂有 3 种。

（3）产品组合的关联性

指各条产品线在最终用途、生产条件、分销渠道等方面相互关联的程度。像上面提到的 4 条产品线都是通过类似分销渠道销售的非耐用消费品，因而产品组合的关联性较大。如果某公司同时生产精密机床和化妆品，则这两条产品线的关联性就很小。

企业产品组合选择和评价的依据是，有利于促进销售和增加企业的总利润。上述产品组合的 3 个要素对促进销售、增加盈利有直接效果。一般来说，拓展产品组合的广度，即增加产品线、扩大业务范围、实行一体化或多元化经营，可以充分利用企业的各项资源，发挥企业优势，开拓新的市场，提高经济效益；延长产品线，即增加产品品种，使各产品线具有更多规格、更多花色的产品，以适应更加广泛的消费者需要，吸引消费者，扩大总的销售量；提高产品组合的关联性，可以增强企业的市场地位，充分发挥企业的技术、生产和销售能力。

9.2.2 产品组合分析

由于市场需求和竞争形势的变化，产品组合中的每个产品必然会在变化的市场环境下发生分化，一部分产品获得较快的成长，一部分产品继续取得较高的利润，也有一部分产品趋于衰退。为此，企业需要经常分析产品组合中各个产品品种销售成长的现状及发展趋势，做出开发新品、改进品名和淘汰衰退产品的决策，适时调整产品组合，力求达到一种动态的最佳产品组合。

对产品组合进行分析，首先要对产品组合中现有的产品线的状况进行分析，然后对每一条产品线中产品品种的销售、盈利情况及定位状况做出分析评价。

1．产品线组合的评估分析方法

对产品线组合进行评估分析的方法有若干种，这里只介绍比较简便和常用的两种方法。

（1）波士顿矩阵法

该方法由波士顿咨询公司首创，如图 9-2 所示。以市场占有率为横坐标，以市场增长率为纵坐标，每一坐标从低到高分成两部分，就形成四个象限，每一个象限中可放入不同的产品线，然后加以分类评价。

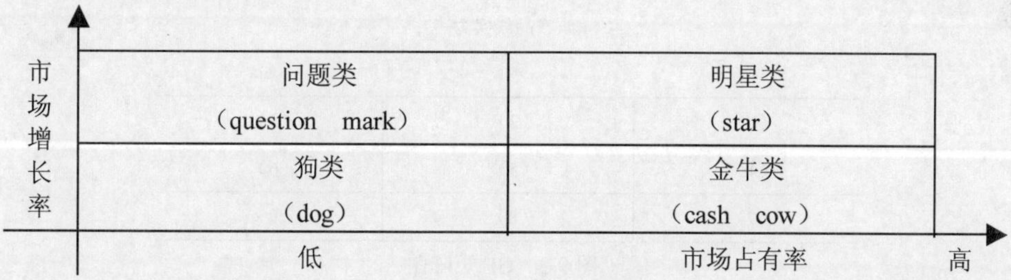

市场增长率	低	高
高	问题类（question mark）	明星类（star）
低	狗类（dog）	金牛类（cash cow）

市场占有率

图 9-2 波士顿矩阵图

① 问题类。

这类产品线具有高的市场增长率和低的市场占有率，需要投入大量资金，以提高其市场占有率，但有较大风险，需慎重选择。

② 明星类。

这类产品线市场占有率和市场增长率都很高，具有一定的竞争优势。但是由于市场增长率很高，竞争激烈，为了保持优势地位需要许多资金，因而并不能为企业带来丰厚的利润。然而当市场增长率放慢后，它就转变为金牛类，可大量为企业创造利润。

③ 金牛类。

这类产品线有低的市场增长率和高的市场占有率，收入多利润大，是企业利润的源泉。企业经常要用金牛类产品线的收入来支付账款和支持明星类、问题类和狗类产品线。

④ 狗类。

这类产品线的市场增长率和市场占有率都很低，在竞争中处于劣势，是没有发展前途的，应逐步淘汰。

对产品线进行这样的分类评价后，企业可以确定产品线组合是否健康。如果问题类和狗类产品线较多，而明星类和金牛类较少，则应当对不合理的组合进行调整。那些很有发展前途的问题类产品线应予以发展，努力提高其市场占有率，增强其竞争能力，使其尽快成为明星类；金牛类产品线要尽量维持其市场份额，以继续提供大量的资金收入；处境不佳、竞争力小的金牛类产品线和一些问题类、狗类产品线应实行收缩，尽量减少投资，争取短期较多的收益；没有发展前途又不能盈利的那些狗类和问题类产品线应放弃，进行清理、淘汰，以便把资金转移到更有利的产品线上。

（2）GE 矩阵法

该方法由通用电气公司（GE）首创。GE 矩阵法较之波士顿矩阵法，综合考虑了更多的重要因素，而不只局限于市场增长率和市场占有率，所以更加切合实际。

如图 9-3 所示，对每一产品线从行业吸引力和产品线实力两方面予以衡量。行业吸引力主要根据该行业的市场规模、市场增长率、历史毛利率、竞争强度、技术要求、通货膨胀、能源要求、环境影响以及社会、政治、法律因素等加权评分得出，分为高、中、低 3 档。产品线实力主要根据企业该产品线的市场份额、市场增长率、产品质量、品牌信誉、分销网、促销效率、生产能力与效率、单位成本、物资供应、研究与开发实绩及管理人员等加权评分得出，分为强、中、弱 3 档。于是，在 GE 矩阵中有 9 个区域。

产品线实力

强	中	弱
(1)	(2)	(3)
(4)	(5)	(6)
(7)	(8)	(9)

图 9-3　GE 矩阵图

GE 矩阵可以分为 3 大部分。左上角部分，包括（1）（2）（4）3 个区域，表示最强的产品线，行业吸引力和产品线实力都较好，企业应采取增加投资、积极扩展的策略；左下角到右上角的对角线部分，包括（3）（5）（7）3 个区域，表示产品线的总体吸引力处于中等状态，企业一般应维持投资，保持盈利；右下角部分，包括（6）（8）（9）3 个区域，表示总体吸引力很低的产品线，企业一般应采取收缩和放弃策略。

2．产品线中各品种的分析评价

要实现产品组合的动态优化，不仅需要对各条产品线进行分析评价，然后予以调整，还要对每一条产品线中的每一个产品品种的销售、盈利情况逐一分析评价，并且还要分析产品定位与竞争者的对比情况。

（1）产品品种贡献大小分析

产品线上的每一个产品品种对总销售额和利润所作的贡献是不同的。例如，某条产品线有 5 个产品品种，其中，第一个品种占总销售额的 50%和总利润的 30%，第二个品种占总销售额的 30%和总利润额的 30%，两者共占总销售额的 80%和总利润的 60%。如果这两个品种遇到强烈的竞争，整条产品线的销售额和利润额将会急剧下降。把销售高度集中于少数几个品种之上，产品线往往具有较大的脆弱性。另一方面，对于最后一个品种，它的销售额和利润只占到整条产品线的 5%，管理者应考虑是否停止生产这一品种，以便抽出资源来加强其他品种或开发新产品。

（2）产品线品种定位图

产品线品种定位图是一种有效的分析工具，有助于企业了解自己的产品线与竞争者产品线的对比情况，明确竞争形势。

9.2.3 产品组合策略

产品线是决定产品组合广度、长度和关联性的基本因素，动态的最优产品组合正是通过及时调整产品线来实现的。因此，对产品线的调整是产品组合策略的基础和主要组成内容。

1．产品线扩展策略

产品线扩展是指企业把产品线延长而超出原有范围。促使产品线延长的因素有很多，包括企业生产能力过剩，推销人员和分销商希望以更为全面的产品线去满足消费者的需求，企业希望开拓新市场而谋求更高的销售量和利润，等等。产品线扩展策略有 3 种形式。

（1）向上扩展

有些企业的产品线原来只定位于低档产品，由于希望发展各档产品齐全的完全产品线，或者是受到高档产品较高的利润率和销售增长的吸引，企业会采取产品线向上扩展的决策，准备进入高档产品市场。

向上扩展可能存在一些风险，这些风险主要有 3 种：

① 那些生产高档产品的竞争者会不惜一切人力、财力、物力，努力坚守阵地，并可能会反戈一击，向下扩展进攻低档产品市场；

② 对于一直生产低档产品的企业，消费者往往会怀疑其高档产品的质量水平；

③ 企业的营销人员和分销商若缺乏培训和才干，可能不能胜任为高档产品市场服务。

（2）向下扩展

那些生产高档产品的企业，可能决定生产低档产品，即将产品线向下扩展。企业向下扩展的理由可能有 4 种：

① 企业在高档产品市场上受到强大攻击，因而以拓展低档产品市场来反戈一击；

② 企业发现高档产品市场增长缓慢而不得不去开拓低档产品市场；

③ 企业最初进入高档产品市场是为了树立优质形象，目标达成后，向下扩展可以扩大产品市场范围；

④ 企业为填补市场空缺而增加低档产品品种，以防竞争者乘虚而入。

企业采取向下扩展的策略，也会有一些风险，这些风险有 3 种：

① 企业新增的低档产品品种可能会损害到高档产品品种的销售，危及企业的质量形象，所以企业最好对新增低档产品使用新的品牌，以保护原有的名牌产品；

② 可能会刺激原来生产低档产品的企业转入高档产品市场而加剧竞争；

③ 经销商可能因低档产品获利微薄及有损原有形象而不愿意或没有能力经营低档产品，从而企业不得不另建分销网，增加许多销售费用。

（3）双向扩展

生产中档产品的企业在市场上可能会同时向产品线的上下两个方向扩展。

2．产品线填充策略

产品线填充策略是指在现有产品线的经营范围内增加新的产品品种，从而延长产品线，所以同产品线扩展是有区别的。

采取这一策略的动机主要有增加盈利，充分利用过剩的生产能力，满足经销商增加产品品种以增加销售额的要求，阻止竞争者利用市场空隙乘虚而入，企图成为领先的完全产品线企业。

产品线的填充要避免导致新旧产品自相残杀和在消费者中造成混乱，为此，企业要使新增品种具有显著的差异，使顾客能够区分清楚。企业还应该调查新增品种是否适合市场需要，而不可仅仅为了满足企业自身填补空隙或形成完全产品线的需要。

3．产品线现代化策略

有的企业其产品线长度是适当的，但其产品多年以来一直是老面孔，所以必须使产品线现代化，以防被产品线较为新式的竞争对手所击败。

产品线现代化，要考虑是采取渐进式，还是一步到位。渐进式即逐步实现现代化，它的优点在于：

① 可以使企业在全面改进产品线之前，观察和了解消费者和经销商对新式产品的喜爱情况；

② 可以使企业耗费较少的资金。

它的主要缺点在于易被竞争对手察觉而采取类似的行动，也推出新式产品。

4．产品线号召策略

企业可以在产品线中有目的地选择一个或少数几个产品品种进行特别号召，一般有以下3种情形。

① 对产品线上低档产品品种进行特别号召，使之成为“开拓销路的廉价品”，以此吸引消费者。一旦消费者登门，推销员就会想方设法影响并鼓动消费者购买高档产品；

② 对优质高档产品品种进行号召，以提高产品线的等级。如某公司的一种帽子售价高达300美元，无人问津，但这种帽子起到了“旗舰”的作用，提高了整条产品线的地位；

③ 当企业发现产品线上有一端销售形势良好，而另一端却有问题时，可以对动销较慢的那一端大力号召，以努力促进市场对动销较慢的产品的需求。

5．产品线削减策略

产品线常常被延长，而增加新品种会使设计费、工程费、仓储费、促销费等费用相应上升，因此，企业可能会出现资金短缺和生产能力不足的状况。于是，管理部门就会对产品线的盈利能力进行研究分析，从中可能发现大量亏损的产品品种。为了提高产品线的盈利能力，会将这些产品品种从产品线上削减掉。在企业中，这种产品线先延长而后被削减的模式将会重复多次。

9.3　产品生命周期

一种产品被开发出来并投入市场之后，如何使之能在较长时间为企业带来更多的利润，

这是每一个企业都非常关注的问题。市场营销学中关于产品生命周期的理论，为企业有效地解决这个问题，提供了有价值的理论和方法。

9.3.1 产品生命周期的概念

产品生命周期是指某种产品从投放市场开始到被淘汰退出市场为止的整个过程。这正像人的生命要经历婴儿、儿童、少年、青壮年和老年到最后死亡的过程一样。产品在其生命周期过程中主要经历了投入期、成长期、成熟期和衰退期 4 个阶段，如图 9-4 所示。

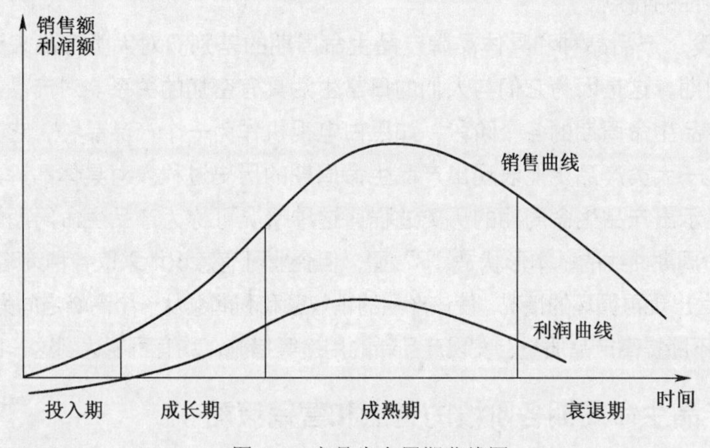

图 9-4 产品生命周期曲线图

一种产品进入市场，其产品生命周期过程也即开始。有的产品在市场上会经历较长的生命周期，而有的产品却由于研制失误或市场环境等因素的影响，尚未进入旺盛的发展阶段，就萎缩甚至夭折。

产品处于投入期，销售额增长很慢，企业微利甚至亏损；到了成长期，销售额和利润额都迅速增加，企业获利丰厚；而进入成熟期，销售额和利润额开始虽仍有增长，但已出现饱和趋势并随后逐步下降；进入衰退期后，该产品的销售额和利润额开始急剧下降。

根据产品生命周期的原理，我们可以得出下面两点结论。

① 企业研究和应用产品生命周期理论的目的是，使消费者尽快接受新产品，使新产品能迅速地度过投入期；努力采取各种策略，保持和延长成长期和成熟期；认真分析市场状况，对处于衰退期的产品果断采取措施，使之给企业带来的损失和影响最小。

② 由于任何一种产品都不可能永远被消费者所接受，因此企业只有不断开发新产品，替代老产品，才能保证企业占有市场，在竞争中立于不败之地。

9.3.2 研究产品生命周期时应注意的问题

产品生命周期理论的研究，对企业固然十分重要，但企业在研究和应用时，如果不注意其特点和规律性，往往又会事与愿违，得出错误的结论。我们在研究产品生命周期的过程中应注意以下几个方面的问题。

① 产品生命周期是指产品的经济生命或市场生命，而不是指其自然寿命或使用寿命。

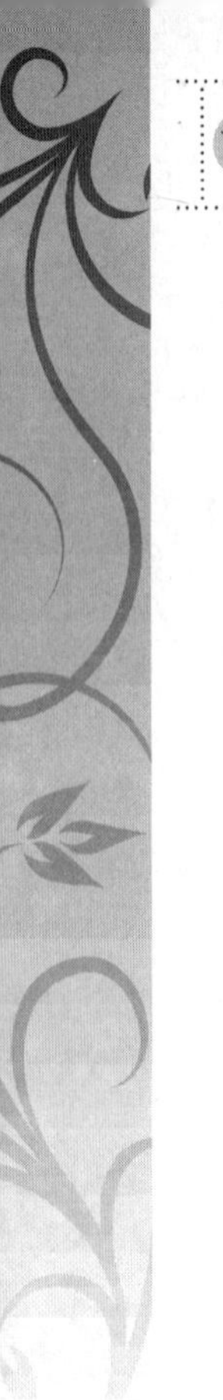

决定产品自然寿命或使用寿命的是产品本身的质量、牢固程度、作用方法、维修保养等因素，而决定产品经济生命和市场生命的则是科技发展水平，消费者对产品需求偏好等因素。一些产品的自然寿命还没有结束，仍可继续使用，但由于市场上出现了另一种性能更好、质量更优或款式更新的同类产品，部分消费者往往放弃对原有的、还没有消耗完的产品的使用，这样原有产品的经济生命就会丧失。这种情况和固定资产的无形损耗有类似的性质。

② 产品生命周期曲线图中所显示的销售额和利润额的变化趋势，只是一些典型产品的销售历史。应该认识到，不同产品的生命周期曲线会表现出不同的情形，这就是产品生命周期所具有的变异性的特点。

③ 产品大类、产品品种和具体品牌产品生命周期的差别。对大类产品来说，它一般具有最长的生命周期，这是因为它们与人们的日常生活具有密切的关系。对产品品种来说，它通常更能体现产品生命周期的各个阶段，如黑白电视机作为一个产品品种，它在市场上的命运就比电视机这一大类产品更能表现出产品生命周期的历史过程。对具体品牌的产品来说，通常会更强烈显示出产品生命周期的历史过程，这种情况可称为产品生命周期的层次性。

④ 产品生命周期曲线的基本形状是“S”型，但企业可有意识地采取各种策略，努力延长产品生命周期，使之出现再循环的情况，使该产品的销售额和利润额从一个高峰走向另一个高峰。如更改市场策略、不断提高产品质量、发现产品新的用途等措施，均有可能达到这一目标。

9.3.3 产品生命周期各阶段的特点和营销策略

研究产品生命周期各阶段特点的主要目的，就是为了使企业能够在正确认定产品所处生命周期阶段以及该阶段特点的基础上，制订相应的营销策略。因为对于不同市场状况、竞争状况和企业自身状况下的产品，若不加考虑地采取一成不变或不适当的营销策略，不但不能达到预期的效果，而且会造成企业人力、物力和财力的极大浪费。

1．投入期

投入期是指产品刚投入市场，销售量缓慢增长的阶段。

（1）特点

① 生产同类产品的企业较少，企业的生产批量小，产品规格、花色、款式单一，产品设计尚未定型；

② 由于生产批量小，单位生产成本较高，加之企业在刚投入产品时，往往需要花费大量的广告促销费用，用于宣传介绍新产品的性能、特点和使用方法，同时还需要以一定的费用去开拓产品的销售渠道，因此企业的经营成本也比较高；

③ 企业通常获利甚微，甚至是亏损经营；

④ 对消费者来说，多数人对新产品的性能、用途等方面了解不多，一般是出于好奇心去购买，企业的销售渠道不多，销售量增长缓慢。

（2）企业的营销策略

根据以上特点，企业的市场营销策略，即营销组合策略的制订，可从以下几个方面来考虑。

① 产品策略

由于产品设计未定型，花色品种单一，生产批量小、成本高，因此在投入期企业应及时了解市场对新产品的反馈信息，并据此不断改进产品，提高产品质量，努力增加花色品种。随着新产品的生产日益走上正轨和销售量的不断扩大，企业应进一步加强内部管理，努力降低生产成本。

② 渠道策略

为使新产品尽快地为市场所接受，在较短时间内度过投入期，企业在选择和培养渠道时的指导思想应是尽快扩大销售。为达到这一目的，企业应选择有同类产品销售经验的中间商。虽然这样费用可能会较高，但对企业新产品长期的市场命运会带来好的效果，这也正是企业追求长期利润最大化的体现。西方企业有一句名言："宁愿选择第一流的中间商，第二流的市场，也不愿选择第一流的市场，第二流的中间商。"就是这个道理。

③ 价格和促销策略

企业在推出新产品时可花费较多的促销费用，也可花费较少的促销费用；对新产品既可定高价，也可定低价。

2．成长期

成长期是指销售量和利润都迅速增加的时期。

（1）特点

① 经过投入期对产品的改进，产品设计已基本定型，产品质量稳定，花色品种增加；

② 经过前一阶段的促销活动，消费者对产品的性能、用途已比较了解，购买者迅速增加，产品销售量增长很快；

③ 随着产量的迅速增加，企业各项成本下降，获利丰厚；

④ 同类产品的生产企业增加，市场上开始出现竞争。

（2）企业的营销策略

根据以上特点，企业在制订其市场营销策略时，应体现"人无我有，人有我优，人优我快"的思想，具体可以从以下几个方面考虑。

① 名牌策略。

由于同类竞争产品的出现，消费者在购买时有了一定的选择余地。企业为了扩大销售，使现实购买者增加购买，使潜在购买者实施购买，应采取创名牌的产品策略。通过提高质量，增加花色品种，改进包装，提供优良的售后服务等措施，使消费者产生信任感。在成长期力求创出名牌产品，为该产品在成熟期的销售和给企业在较长时期带来利润奠定良好的基础。但有的企业，在产品创利丰厚时，就一味地扩大产量，而削弱企业产品质量控制和检验，这势必会付出沉重的代价，实属不明智之举。

② 价格策略。

企业应根据市场竞争情况和自身的特点灵活作价。如前一阶段采用取脂定价策略，随生产成本的下降，同时为迅速增加销售，扩大市场占有率，应付竞争对手，企业可采取适当降低价格的措施。若前一阶段采用渗透定价策略，企业在提高产品质量、增加花色品种、改进包装、创出名牌产品的基础上，也可适当提高价格。但此时特别要注意，提高价格不要使消费者产生"变相涨价"的印象。

③ 渠道策略。

在此阶段，企业应"居安思危"，努力开辟新分销渠道，扩大网点，把产品打入新的市场。因为产品终究会由成长期进入成熟期，在成长期为产品今后的销售打好基础，是保证企业及时变更销售市场，获得更多利润行之有效的措施。

④ 促销策略。

企业仍然要进行大量的广告促销工作，但广告的内容要由前期的介绍产品改为着重宣传产品的特殊性能、特色以及提高企业和产品的形象和声誉，使消费者偏爱本企业的产品。在成长期，除相应地变化广告内容以外，企业还应借助公共关系活动的开展，积极支持社会公益事业，借此宣传介绍产品，这对树立良好的企业和产品形象会起到较好的作用。

3．成熟期

成熟期是指产品销售量趋于饱和并开始缓慢下降的时期，通常产品在生命周期的这一阶段持续的时间最长。

（1）特点

① 销售量虽仍有增长，但已达到了饱和程度，销售增长率呈下降趋势；

② 企业产品批量很大，生产稳定，产品的花色、品种、款式更新较快；

③ 市场上类似的产品增多，并不断出现各种品牌的其他企业的仿制品，消费者对产品的选择余地增大；

④ 企业间竞争十分激烈，纷纷扩大广告攻势，并相继采用降价竞销和其他营业推广手段，刺激消费者产生更多需求，企业经营成本迅速增加，企业获利开始下降。

（2）企业的营销策略

由于产品在成熟期持续时间较长，因此企业通常以大量时间和精力经营成熟阶段的产品。对一个企业来说，如果采用防守性策略，满足现状，势必很难得到发展。成功的企业必须采用进攻性策略，努力使产品生命周期出现再次循环局面，为此，可考虑采用以下 3 种策略。

① 变更市场策略。

变更市场策略是指不改变产品本身，只改变销售方式，扩大销售对象，寻找新的销售途径，达到扩大商品销售的目的。

② 更改产品策略。

更改产品策略是指通过改进产品的性能、质量、式样等措施以吸引新的消费者或使现有消费者增加使用量。

③ 重新制订企业的营销组合策略。

如果企业采取变更市场策略、更改产品策略后效果不明显，可立刻重新制订营销组合策略，用全线出击的方式，遏制竞争对手，延长本企业产品的成熟期。

4．衰退期

衰退期是指销售量急剧下降，产品开始逐渐被市场淘汰的阶段。

（1）特点

① 产品销售量由缓慢下降变为急剧下降，企业获利下降；

② 市场上出现了性能更好、价格更合理的替代产品，消费者的兴趣开始发生转移；

③ 许多竞争企业开始转产或部分转产。

（2）企业的营销策略

对一个企业来说，应认真调查，获取充分可靠的资料，通过对销售量、毛利率、库存状况等指标进行系统分析，判断一种产品是否真正进入衰退阶段。因为盲目淘汰仍有潜力的产品是一种损失，而没有意识到或不肯对已进入衰退期产品的生产采取相应的决策，同样会带来损失。

对于确已进入衰退期的产品，企业仍可采用两种策略，一是继续生产和经营该产品；二是放弃该产品。

9.4 新产品开发

因为产品有生命周期，所以企业需要源源不断地开发出新产品，那么什么样的产品才是新产品，新产品该如何开发，如何避免新产品开发失败，这是所有生产企业都必须认真研究和解决的问题，也是一个企业能否可持续发展的先决条件。

9.4.1 新产品的概念及类别

新产品是相对老产品而言的，目前尚无世界公认的确切定义。一般是指企业初次试制成功的产品，或是在结构性能、制造工艺、型体材质等某一方面或几个方面比老产品有显著改进的产品。我国规定“在结构、材质、工艺等某一个方面或几个方面对老产品有明显改变，或采用新技术原理、新设计构思，从而显著提高产品的性能、或扩大了使用功能”的产品为新产品。

新产品的名目繁多，可按不同的标准进行分类。

1．按地域范围划分新产品

按照地域范围划分新产品，可以分为世界级新产品、国家级新产品、地区级新产品、企业级新产品。

（1）世界级新产品

指在全世界第一次试制成功并投入市场的新产品。这种新产品如有重大价值，国家应予以重点保护与支持，企业应申请专利以防其他国家的侵权，从而维护其竞争优势。

（2）国家级新产品

指其他国家已试制成功并投入使用，而在本国尚属初次设计、试制、生产并投入市场的新产品。这种新产品能够填补国内空白，提高一国的竞争力。

（3）地区级新产品

指在国内其他地区已试制成功并投入市场，但在本地区尚属初次试制和生产的产品。发展这类新产品要认真进行市场研究、慎重决策，以防重复开发、生产，导致国内市场的供过于求。

（4）企业级新产品

指在本地区其他企业早已生产销售、本企业初次开发生产并销售的同类产品。这种新产品更要注意市场需求动向，盲目上马常会导致损失惨重。

2．按产品的新颖程度分类

按照产品的新颖程度划分新产品，可分为全新型新产品、换代型新产品、改进型新产品、仿制型新产品 4 大类。

（1）全新型新产品

指应用新原理、新技术、新结构、新材料研制成功的前所未有的新产品。例如电灯、电话、汽车、飞机、电视机、计算机、抗生素、激光唱片等的研制成功并投入使用，就属全新型新产品。这类新产品往往伴随着科学技术的重大突破而诞生。

（2）换代型新产品

指在原有产品的基础上，部分采用新技术、新材料、新元件等，使结构性能有显著提高的产品。如电子计算机问世后，已经多次换代，经电子管、晶体管、集成电路、大规模集成电路四代后，目前正进入具有人工智能的第五代新产品。随着科学技术的迅猛发展，产品更新换代的速度正在加快。

（3）改进型新产品

指对老产品在质量、结构、功能、材料、花色品种等方面做出改进的产品，主要谋求性能更加良好，结构更加合理，精度更加提高，功能更加齐全，式样更加新颖，材料更加易于获得，成本有较大降低，耗费减少，节约能源等。改进型新产品，可以是对原有产品进行适当的改进，也可以是原有产品派生出来的变型产品。

（4）仿制型新产品

指市场上已经存在，而本国、本地区或本企业初次仿制并投入市场的产品。这种产品对较大范围的市场来说已不是新产品，但对企业来说，是用新工艺、新设备生产出来的与原有产品不同的产品，仍然可作为企业的新产品。目前，我国企业中不少新产品都属于仿制型新产品之列。

此外，从营销角度出发，那些试制成功后只放在陈列室供参观或展览会供展览的产品，不能纳入新产品之列。新产品必须是正式生产并投入市场的产品，因为只有接受消费者的选择，产品才能真正为企业、社会创造效益。

9.4.2　新产品开发的意义

在科学技术迅猛发展、市场竞争日益激烈的今天，新产品开发对于社会进步、生产力发展，对于一个国家和地区经济的发展，对于企业的生存和发展，对于满足消费者需求，都有着不可估量的作用。这些作用有以下几个方面。

1．能够推动社会进步和生产力的发展

新产品尤其是全新型新产品的出现是科学技术进步和社会生产力发展的结果，但新产品的出现又进一步促进了科学技术和社会生产力的发展，推动社会不断前进。因为有些新产品本身就是先进生产力的要素，人们利用这些要素可以取得科学技术的更大进步、生产力的更大提高。

2．能够促进国家振兴

开发新产品，采用新技术、新材料、新设备是衡量一个国家科学技术水平和经济发展水平的重要标志。在当前形势下，我国企业要大力开发新产品，为国民经济发展提供更多的新材料、新设备和新品种，以加快我国经济建设的步伐。

3．能满足不断增长的消费需求

由于社会生产力的发展和科学技术的不断进步，消费需求不断向多样化和高要求发展，而且人们生活水平的提高正是通过不断增长的收入转化为实际的购买力所实现的。这就要求消费品的品种、规格不断丰富，产品质量不断改进提高，大力发展新产品，为消费者提供日益增多和丰富多彩的产品来满足他们不断增长的消费需求。

4．直接关系到企业的生存与发展

随着科学技术的发展和经济全球化的浪潮，企业间的竞争将更加激烈，产品的生命周期将越来越短。西方发达国家的企业都设有强大的研究开发部门，并拥有雄厚的研究与开发经费和众多优秀的研究开发人员，就是因为它们认识到研究开发新产品是企业生命攸关的大事。

9.4.3 新产品开发成功的关键条件

在激烈竞争的现代条件下，不开发新产品要冒很大的风险，因为在消费者需求多变、技术日新月异、产品生命周期日益缩短以及本国和外国公司的竞争与日俱增的情况下，企业的老产品将被淘汰。但是，新产品开发也存在着很大的市场风险。

对于新产品开发可能失败的风险管理，就是要保证新产品开发的成功。新产品成功开发的关键在于发展良好的组织。在新产品开发过程的各个阶段中，关键条件主要包括两个方面：

① 企业组织机构必须改进新产品开发过程的组织安排；

② 它必须用最有效的技术来处理开发进程中的每个步骤。

企业最高管理层对于新产品开发工作的成败负有最终的责任，而不能简单地雇用几个新产品专家，委托他们提供有用的新产品构思。管理层必须建立明确的标准来决定是否接受新产品构思，必须决定新产品开发需用多少预算支出。按照常规标准编制新产品开发预算是十分困难的，因为新产品开发结果很不确定。为此，有些企业采用鼓励措施和财务支持的方法来争取尽可能多的项目建议书，并希望从中择优录用。

有效的新产品开发工作的一个关键因素，就是建立切实可行的组织机构。从目前国内外企业新产品开发的组织机构来看，主要有以下 5 种。

1．产品经理

产品经理是专门负责某类或某种产品的计划、生产、销售等一系列工作的经理人员。在许多企业里，他们也负责新产品开发工作。不过，产品经理们往往忙于管理他们的生产线，除了对品牌更改和扩充感兴趣外，很少有时间考虑新产品，同时他们也较少具备开发新产品的专有技能和知识。

2．新产品经理

有些企业设有隶属产品群经理领导的新产品经理，由他们专门负责新产品的研制开发工作。不过，这种新产品经理的工作往往局限在企业已有的产品市场范围内的产品改进和产品线的扩展。

3．新产品开发委员会

这是一个负责审核批准新产品建议的高层管理机构，由来自营销、生产、财务、技术、工程等部门的代表组成。新产品开发委员会并不直接从事新产品的研究、试制、生产、销售活动，但对企业的新产品开发负有组织、领导的责任，享有决策和指挥权。

4．新产品部

一些大型企业设有新产品部，直属最高管理层领导。新产品部的主要职责是产生和筛选新产品构思，指挥和协调研究开发工作，进行实地试销和商品化前的准备工作。

5．新产品开发小组

这是根据新产品开发需要而成立的、专门负责某项新产品的研究、设计、试制、生产、销售的组织，由各业务部门的专业人员临时组成，互相协作又各司其职。一旦新产品开发成功，成为企业的常规产品，该小组就自行解散。通常比较大型的企业或高新技术产业会有多个新产品开发小组来完成多个新产品开发的任务，并根据进展情况及环境变化予以调整。

由于企业各自情况不同，企业新产品开发的组织机构也不一样。企业有必要从各自的实际情况和需要出发，建立适宜的新产品开发组织，以便迅速而有效地开发新产品。例如，日本企业中出现了一种称为产品开发生产销售一条龙的新产品开发组织，把新产品的研究、设计、试制、生产、销售等诸个环节有机地结合起来，不仅加快了新产品开发的速度，还使开发出来的新产品适销对路，能迅速占领市场。另外，企业也可以实行契约式新产品开发，即不通过自己的力量来开发，而是聘请社会上独立的研究开发人员或新产品开发机构来为本企业开发新产品。

9.4.4 新产品开发的程序

新产品开发是一项艰巨而又复杂的工作，要投入大量资金，还要冒很大的风险。为了把有限的人财物力用在刀刃上，新产品开发工作中极为重要的是：必须按照一定的科学程序开发新产品。这一程序一般包括产生构思、筛选构思、概念发展与测试、制订营销计划、商业分析、产品开发、市场试销、商品化等步骤。

1．产生构思

一切新产品的开发，都必须从产生构思开始。一个成功的新产品，首先来自于一个有创见性的构思。

新产品构思的来源很多，企业应该集思广益，从多方面寻找好的产品构思。新产品构思的来源有消费者和用户、科研人员与科研机构、竞争者、经销商和代理商、企业管理人员和职工、大专院校、营销咨询公司、工业顾问、专利机构、国内外情报资料等。其中，调查和搜集消费者与用户对新产品的要求，是新产品构思的主要来源。实践证明，在此基础上发展起来的新产品，成功率最高，据有关调查数字显示，除军品以外，美国成功的技术革新和新产品有 60%～80%来自用户的建议，或用户使用中提出的改革意见。

真正好的构思来自于灵感、勤奋和技术。通常被用来帮助个人和企业产生好的构思的创造性技术主要有以下 5 种：

（1）产品属性一览表法

这种方法将某一产品的主要属性列成一览表，然后对每一属性进行分析研究，提出改进意见，从而在原有产品基础上发展新产品。

（2）关联法

这种方法将几种不同的物品排列出来，然后考虑每一物品与其他物品之间的关系，利用物品的关联性进行组合或延伸来产生一种新产品构思。

（3）结构分析法

这种方法就是将一个问题的结构进行分析，然后审查结构的各个方面之间的关系，再进行各种自由联想，找到某些新颖的组合。

（4）消费者提问分析法

这种方法要求消费者参与构思的产生过程。它要求消费者提出他们使用某一特定产品或产品类型时所遇到的问题，每一个问题都可能是一个新构思的来源。当然，并非所有的构思都值得开发，对消费者提出的问题必须就它们的重要意义、影响程度和改进成本加以评估，据之选定值得开发的构思。

（5）头脑风暴法

这种方法一般是由6~10人在一起就某一问题进行讨论。运用头脑风暴法可以激发与会者极大的创造想象力，可以帮助人们产生许多构思。这种方法的有效运用要求与会者尽可能地想象构思，越多越广越好，而且不准批评，鼓励对构思合并和改进。

2．筛选构思

在前一阶段提出了大量构思，在今后的各个阶段里要不断优化构思，首先要做的就是筛选构思。筛选的目的是尽可能早地发现和放弃错误的构想，以尽力减少高昂的开发成本。

对产品构思的筛选，首先根据企业目标和资源条件评价市场机会的大小，从而淘汰那些市场机会小的构思，然后对剩下的构思利用加权评分来予以分等设计，筛选后得到企业所接受的产品构思。

3．产品概念发展与测试

产品构思只是企业希望提供给市场的一个可能产品的设想，在这一阶段要将产品构思发展成产品概念，就要用有意义的消费者术语将构思精心地阐述表达，然后通过测试来了解消费者对这些产品概念的态度。

消费者不会去购买产品构思，而要去买的是产品。任何一个产品构思都能转化为几种产品概念，比如说某企业获得一种营养液产品的构思。由此可形成多个产品概念，诸如适于老年人延年益寿饮用的补品；有助于儿童增强记忆、健壮身体的滋补品；病人易于吸收，加快康复的营养品；老少咸宜味道好的营养型饮料，等等。对于每一个产品概念都需要进行定位，以便了解有关的竞争状况，例如按照营养液的价格、营养成分两种属性可分别对营养液市场进行定位，以判定该营养液在整个市场上的位置和竞争者的多少、远近、实力大小等。然后应将一个个精心制作的产品概念说明书放在消费者面前，要求消费者回答每个概念所带来的问题，包含对概念的理解、偏好性、购买意愿、改进意见、目标用户及价格认定，等等。通过与合适的目标消费者小组一起测试产品概念，消费者的回答将帮助企业确定吸引力最强的产品概念。这个将产品构思发展成若干可供选择的概念并充分测试的阶段是不可缺少的，有些企业对此阶段的忽视导致了产品后来在市场上遇到各种各样的问题。

4．制订营销计划

对经过测试的产品概念，企业要制订一个初步的营销计划，这个营销计划将在以后阶段中被不断完善发展。

营销计划一般包括以下3部分内容：

① 描述目标市场的规模、结构和行为，该产品的定位、销售量和市场占有率，开始几年的利润目标；

② 描述该产品最初的价格策略、分销策略和第一年的营销预算；

③ 描述预期的长期销售量和利润目标，以及在不同时期的营销组合策略。

5．商业分析

在管理层对某一产品概念制订了营销计划之后，就可以进一步分析评价该产品概念的商业吸引力。

管理层先要估计销售量的大小能否使企业获得满意的利润；要审查类似产品的销售历史，调查市场意见，还应通过对最低和最高销售量的预计来了解风险的幅度。在销售预测之后，研究开发部门、生产部门、营销部门和财务部门等进一步估算该项产品的预期成本和盈利状况。如果销量、成本和利润预计能满足企业目标，那么产品概念就能进入产品开发阶段。

6．产品开发

产品开发是指把通过商业分析的产品概念交由企业的研究开发部或工艺设计部等部门研制开发成实际的产品实体。这一阶段要力争把产品构思转化为在技术上和商业上可行的产品，需要大量的投资。

① 开发部门将开发该产品概念的两种或几种实体形式，从中选择能满足消费者要求、功能要求、预算要求的一种产品原型。

② 对准备好的原型进行一系列严格的功能测试和消费者测试。功能测试是在实验室和现场条件下进行的，以确保产品运行、使用的安全和有效。消费者测试则可以采用多种方式，以了解消费者对产品的意见、建议和偏好等。

7．市场试销

开发成功、测试满意的产品进入市场试销阶段，在此阶段将要准备确定品牌名称、包装设计和制订准备性的营销方案，并在更可信的消费者环境中对产品进行试销，以达到了解消费者和经销商对使用、购买及重购该产品的反应和市场规模、特点等目的。

市场试销的数量一般受到投资成本和风险、时间和研究成本的制约。高投资（风险）产品更值得认真进行市场试销。试销成本本身也对试销的数量和方式产生影响。

消费品与工业品的市场试销方法有所不同。

对于消费品市场试销，企业希望从中了解到消费者对试用、首次购买、再购买、采用和购买频率等决定销售状况的主要因素的态度、水平，并了解愿意经营该产品的经销商的数量、规模、承诺和要求。主要的试销方法有以下 4 种：

（1）销售波试销法

企业向最初免费试用产品的消费者以优惠价重复提供该产品或竞争者产品 3～5 次，并注意有多少消费者再次选择本企业的产品及他们表露的满意程度，从而估计消费者在企业产品与竞争产品并存时自己花钱的重复购买率。企业还能用此法测定不同的广告概念对产生重复购买的影响程度。

（2）模拟商店测试法

企业邀请 30～40 名顾客观看简短的商业广告，内含该企业要推出的新产品广告，但并不加任何特殊说明。然后提供少量资金供他们到商店中去购物，可以购买或不买任何物品，企业注意观察有多少消费者购买了新产品和竞争产品，接着把他们召集起来了解购买或不买的理由。几周后，用电话再次询问他们对产品的态度、使用情况、满意程度和重购意向。该方法能衡量产品试用率、广告效果，收效迅速，并能把握竞争状况。

（3）微型市场试销法

企业在一两家合适的商店里经销新产品，测试货架安排、橱窗陈列、购货点的促销活动和定价等因素对消费者的影响以及小型广告的效果，并通过抽样调查征求了解消费者对产品的印象。

（4）代表城市试销法

企业选定少数有代表性的测试城市，将产品在商业部门经销并努力取得良好的货架陈列机会，同时展开全面的广告和促销活动。这种方法能获得对未来销售较可信赖的预测，能对不同的营销计划进行测试，发现产品的缺点，得到有价值的线索，但费用昂贵。

工业品市场试销主要希望了解新的工业品在实际运作时的性能、影响购买的关键、对不同价格和销售方法的购买反应、市场潜力以及最佳的细分市场。普遍运用的工业品市场试销方法有产品使用测试法、贸易展览会测试法、中间商陈列室测试法 3 种，有些企业也运用微型市场试销法来研究市场对新品的兴趣。

【小　　结】

（1）产品有狭义和广义两种概念，它分为 5 个层次，即核心产品、形式产品、希望产品、延伸产品和趋势产品，它们是不可分割、密切相联的。

（2）产品组合是指一个企业生产经营的所有产品线和产品品种的组合方式。其分析评估方法主要有波士顿矩阵法和 GE 矩阵法。产品组合策略包括产品线扩展策略、产品线填充策略、产品线现代化策略、产品线号召策略以及产品线削减策略。其中，产品线扩展方式有向上扩展、向下扩展以及双向扩展 3 种。

（3）产品生命周期是指某种产品从投放市场开始到被淘汰退出市场为止的整个过程。经历了投入期、成长期、成熟期和衰退期 4 个阶段。每个阶段都具有各自不同的特点，从而需要制订与之相适应的营销策略。

（4）有效的新产品开发工作的一个关键因素，就是建立切实可行的组织机构。从目前国内外企业新产品开发的组织机构来看，主要有以下几种：产品经理、新产品经理、新产品开发委员会、新产品部、新产品开发小组。新产品开发的程序，一般包括产生构思、筛选构思、概念发展与测试、制订营销计划、商业分析、产品开发、市场试销、商品化等步骤。

第三部分　课题实践页

一、选择题

（1）在产品整体概念中最基本最主要的部分是（　　）。

A. 核心产品　　B. 形式产品　　C. 潜在产品　　D. 附加产品

（2）按照整体产品的概念，产品被看做是（　　）。

A. 任何有形物品

B. 任何可以等价交换的服务

C. 任何可以等价交换的有形物品

D. 购买者需要得到的各种有形的利益和无形的满足感。

(3)(　　)是指产品线中的每一产品所包含的不同花色、规格、尺码、型号、功能和配方等数目的多少。

A. 产品组合的深度　　B. 产品组合的长度

C. 产品组合的宽度　　D. 产品组合的关联度

(4)在原有产品的基础上，采用或部分采用新技术、新材料、新工艺研制出来的新产品叫(　　)。

A. 换代产品　　B. 改进产品　　C. 仿制产品　　D. 全新产品

(5)在产品生命周期的(　　)，企业应积极主动地扩大分销渠道，为日后产品的销售奠定良好的网络基础。

A. 投入期　　B. 成熟期　　C. 衰退期　　D. 成长期

(6)具有较高增长率和较高市场占有率的经营单位是(　　)。

A. 问题类　　B. 明星类　　C. 金牛类　　D. 瘦狗类

二、判断题

(1)产品是满足顾客需求的物质实体与非物质形态服务的总和。(　　)

(2)产品质量是整体产品的核心。(　　)

(3)产品组合密度是指企业经营产品线之间的相关程度。(　　)

(4)产品的生命周期一般用销售量和利润额的变化率来衡量。(　　)

(5)换代新产品是指在原有产品原理基础上部分采用新技术，新材料或元件使其性能和功能显著提高的产品。(　　)

(6)产品的生命周期是指产品的市场寿命。(　　)

三、简答题

(1)什么是产品？它由哪5个不同层次构成？正确认识产品有什么重要作用？

(2)什么是产品组合？产品组合选择和评价的依据是什么？产品组合有哪些策略？

(3)什么是产品生命周期？试分析各阶段特点及营销策略。

(4)新产品开发包括哪几个步骤？

四、实训操作

对市场的主要电动自行车进行调查，分析电动自行车的产品市场成熟度，并为该电动车制订营销方案。

实训目标：产品市场生命周期的分析与营销组合策略制订。

实训组织：学生分组，对不同品牌的电动自行车进行调查、分析。

实训成果：营销策略方案展示，老师点评。

课题十 品牌与包装策略

技能目标	知识目标	建议学时
➢ 区分品牌与商标	（1）掌握品牌、商标的概念 （2）明确品牌、商标的功能、价值 （3）掌握品牌与商标的区别	2
➢ 制订品牌策略	（1）熟悉品牌设计原则 （2）能进行品牌决策 （3）了解品牌保护及管理策略	2
➢ 设计包装策略	（1）理解和掌握包装的含义、功能 （2）熟悉包装策略	2

第一部分 案例与讨论

案例 1：“娃哈哈”的防御性品牌注册

在杭州西子湖畔的著名企业娃哈哈集团，自 1987 年从 3 个人、14 万贷款起家以来，已由一个校办工厂成为拥有 23 家合资或控股子公司、员工近万名、资产 28 亿元的大型综合性食品工业集团。杭州娃哈哈集团的成功的原因固然有很多，但不管怎样，成功的“娃哈哈”品牌运营是其重要因素。1998 年，“娃哈哈”被国家商标局定为驰名商标，品牌资产达 22.48 亿元。

“娃哈哈”源自一首新疆民歌，因三个字的元音“a”是小孩最早容易发的音，易于模仿，音韵和谐，朗朗上口，而且也易赢得父母的喜爱，加之“喝了娃哈哈，吃饭就是香”的绝妙广告语，使得“娃哈哈”家喻户晓，老少皆知，其系列产品走进千家万户。1988 年 9 月娃哈哈集团公司向国家工商局商标局申请“娃哈哈”品牌注册，并于 1989 年 9 月 10 日核准注册，从而防止了其他企业或个人抢先注册。

随着集团公司的快速发展，产品市场不断扩展。企业认识到仅在国内进行商标注册已远远不够，为了进一步扩展市场、开拓国际市场、争创世界名牌商标、维护自己在国际市场的合法权益，在国外进行商标注册已迫在眉睫。于是，娃哈哈集团公司于 1992 年 4 月通过国家工商局商标局向世界知识产权组织国际局提出“娃哈哈”商标的国际注册申请，并指定了向法国、德国、意大利、波兰、俄罗斯等 5 国申请领土延伸。1992 年 5 月 29 日，国际局正式对娃哈哈集团公司的 5 件商标注册申请进行受理，1993 年 8 月获准“娃哈哈”商标在 5 国注册，保护期均为20年。与此同时，“娃哈哈”公司还分别向日本、韩国、美国、中国香港等国家和地区逐一进行了注册申请。

“娃哈哈”商标的地域辐射为其产品进入国际市场打下了良好基础。

案例讨论

（1）“娃哈哈”品牌防御性注册有何启示?

（2）你认为“娃哈哈”应如何加强品牌的自我保护和品牌扩展?

第二部分　课题学习引导

10.1　品牌与商标的基本概念

品牌是产品整体概念下“形式产品”或“无形产品”的重要组成部分。20世纪八九十年代上海一家无线电厂为日本企业加工收录机，加工费七八十元，贴上索尼标签后可卖四五百元。由此可见，商标和品牌的价值远远大于产品本身。正确了解品牌与商标的含义及其在市场营销中的作用，有利于企业优化产品组合，也有利于优化营销组合，进而提高市场营销效果。

品牌（Brand）与商标（Trademark）都是用以识别不同生产经营者的种类、不同品质产品的商业名称及其标志，但品牌和商标并不完全等同。

10.1.1　品牌的含义

品牌是用以识别某个销售者或某群销售者的产品或服务，并使之与竞争对手的产品或服务区别开来的商业名称及其标志，通常由文字、标记、符号、图案和颜色等要素或这些要素的组合构成。品牌是一个集合概念，它包括品牌名称（Brand Name）和品牌标志（Brand Mark）两部分。品牌名称是指品牌中可以用语言称呼的部分，如奔驰（Benz）、奥迪（Audi）等；品牌标志，是指品牌中可以被认出、易于记忆但不能用语言称呼的部分，通常由图案、符号或特殊颜色等构成，如三叉星圆环和相连着的四个圆环分别是奔驰和奥迪的品牌标志。

品牌就其实质来说，代表着销售者（卖者）对交付给买者的产品特征、利益和服务的一贯性的承诺。久负盛名的品牌就是优良品质的保证，不仅如此，品牌还是一个更为复杂的符号，蕴涵着丰富的市场信息。为了深刻揭示品牌的含义，可以从以下6个方面透视：

1．属性

品牌代表着特定的商品属性，这是品牌最基本的含义。例如，奔驰牌轿车意味着工艺精湛、制造优良、昂贵、耐用、信誉好、声誉高、再转卖价值高、行驶速度快，等等。这些属性是奔驰生产经营者广为宣传的重要内容。多年来奔驰的广告一直强调“全世界无可比拟的工艺精良的汽车”。

2．利益

品牌不仅代表着一系列属性，而且还体现着某种特定的利益。消费者购买商品实质是购买某种利益，这就需要属性转化为功能性或情感性利益。或者说，品牌利益相当程度地受制于品牌属性。就奔驰而言，“工艺精湛、制造优良”的属性可转化为“安全”这种功能性利益；“昂贵”的属性可转化为情感性利益——“这车令人羡慕，让我感觉到自己很重要并受人尊重”；“耐用”属性可转化为功能性利益——“多年内我不需要买新车。”

3．价位

品牌体现了生产者的某些价值感。例如奔驰代表着高绩效、安全、声望等。品牌的价值感客观要求企业营销者必须分辨出对这些价值感兴趣的购买者群体。

4．文化

品牌还附着着特定的文化。从奔驰汽车给人们带来的利益等方面来看，奔驰品牌蕴涵着“有组织、高效率和高品质”的德国文化。

5．个性

品牌也反映一定的个性。如果品牌是一个人、一种动物或一个物体，那么不同的品牌会使人们产生不同的品牌个性联想。奔驰会让人想到一位严谨的老板、一只勇猛的雄狮或一座庄严质朴的宫殿。

6．用户

品牌暗示了购买或使用产品的消费者类型，如果我们看到一位 20 来岁的年轻女士驾驶奔驰轿车就会感到很吃惊。我们更愿意看到驾驶奔驰轿车的是有成就的企业家或高级经理。

根据 6 个层次的品牌含义，营销企业的品牌决策必须着重于深层次。人们常犯的错误是只注重品牌属性而忽视其他。实际上，购买者更重视品牌利益而不是品牌属性，而且竞争者很容易模仿或复制这些属性。另外，现有的属性还会随着时间的推移、技术的进步而变得毫无价值。可见，品牌与特定属性联系得太紧密反而会伤害品牌。但是，若只强调品牌的一项或几项利益也是有风险的。例如，如果奔驰汽车只强调其“性能优良”，那么竞争者可能推出性能更优秀的汽车，或者顾客认为性能优良的重要性比其他利益要差一些，此时奔驰就需要定位一种新的利益组合。

品牌最持久的含义是其价值、文化和个性。它们构成了品牌的基础，揭示了品牌间差异的实质。奔驰的“高技术、绩效、成功”等是其独特价值和个性的反映。若奔驰公司在其品牌战略中未能反映出这些价值和个性，而且以奔驰的名称推出一种新的廉价小汽车，那将是一个莫大的错误，因为这将会严重削弱奔驰公司多年来苦心经营所建立起来的品牌价值和个性。

10.1.2 品牌的作用

品牌的积极作用可从多个方面来透视。以下就品牌对营销企业和消费者的不同作用分别进行阐述。

1．品牌对营销者的重要作用

对从事市场营销活动的企业来说品牌的有益作用主要表现在以下几个方面：

（1）有助于促进产品销售，树立企业形象

品牌以其简洁、明快，易读易记的特征而使其成为消费者记忆产品质量、产品特征的标志，也正是如此，品牌成为企业促销的重要基础。借助品牌，消费者了解了品牌标定下的商品；借助品牌，消费者记住了品牌及商品，也记住了企业（有的企业名称与品牌名称相同，更易消费者记忆）；借助品牌，即使产品不断更新换代，消费者也会在其对品牌信任的驱使下产生新的购买欲望；在信任品牌的同时，企业的社会形象、市场信誉得以确立并随品牌忠诚度的提高而提高。

（2）有利于保护品牌所有者的合法权益

品牌经注册后获得商标专用权，其他任何未经许可的企业和个人都不得仿冒侵权，从而为保护品牌所有者的合法权益奠定了客观基础。

（3）有利于约束企业的不良行为

品牌是一把双刃剑，一方面因其容易为消费者所认知、记忆而有利于促进产品销售，注册后的品牌有利于保护自己的利益；另一方面，品牌也对品牌使用者的市场行为起到约束作用，督促企业着眼于企业长远利益、着眼于消费者利益、着眼于社会利益，规范自己的营销行为。

（4）有助于扩大产品组合，适应市场竞争的需要

企业常常需要同时生产多种产品。值得注意的是，这种产品组合是动态的概念。依据市场变化，不断地开发新产品、淘汰市场不能继续接受的老产品是企业产品策略的重要组成部分，而品牌是支持其新产品组合（尤其是扩大的产品组合）的无形力量。若无品牌，再好的产品和服务，也会因消费者经常无从记起原有产品或服务的好印象而无助于产品改变或产品扩张。而有了品牌，消费者对某一品牌产生了偏爱，则该品牌标定下的产品组合扩大也容易为消费者所接受。

此外，品牌还有利于企业实施市场细分战略，不同的品牌对应不同的目标市场，针对性强，利于进入、拓展各细分市场。

2．品牌给消费者带来的利益

（1）品牌便于消费者辨认、识别商品，有助于消费者选购商品

随着科学技术的发展，商品的科技含量日益提高，对消费者来说，同种类商品间的差别越来越难以辨别。由于不同的品牌代表着不同的商品品质、不同的利益，所以，有了品牌，消费者即可借助品牌辨别、选择所需商品或服务。

（2）品牌有利于维护消费者利益

有了品牌，企业以品牌作为促销基础，消费者认牌购物。企业为了维护自己品牌形象和信誉，都十分注意恪守对消费者的承诺，并注重同一品牌的产品质量水平同一化。如此消费者可以在厂商维护自身品牌形象的同时获得稳定的购买利益。

（3）品牌有利于促进产品改良，满足消费需求

由于品牌实质上代表着销售者（卖者）对交付给买者的产品特征和利益的承诺，所以，营销企业为了适应消费者需求变化，适应市场竞争的客观要求，必然会不断更新或研制新产品，以及变更或增加承诺。这是厂商的选择，也是消费者的期望。可见，迫于市场的外部压

力和企业积极主动迎接挑战的动力，品牌最终会带给消费者更多的利益。

品牌的积极作用，还表现在有利于市场监控、有利于维系市场运行秩序、有利于发展市场经济等方面。

10.1.3 品牌与商标的区别

品牌与商标是极易混淆的一对概念，两者既有联系，又有区别。两个概念有时可以等同替代，有时却不能混淆使用。品牌并不完全等同于商标，或者说有别于商标。

品牌与商标都是用以识别不同生产经营者的不同种类、不同品质产品的商业名称及其标志。尽管如此，品牌和商标的外延并不相同。品牌是市场概念，是产品和服务在市场上通行的牌子，它强调与产品及其相关的质量、服务等之间的关系，实质上是品牌使用者在产品特征、服务和利益等方面对消费者的承诺。而商标属于法律范畴，是法律概念，它是已获得专用权并受法律保护的品牌。商标无论其是否标在商品上被使用，也不管商标所标定的商品是否有市场，只要采用成本法对其评估，就必然有商标价值；而品牌则不同，不使用的品牌自然没有价值，品牌的价值是其使用中通过品牌标定的产品或服务在市场上的表现来评估的。

还需要说明的是，在我国，商标有“注册商标”与“非注册商标”之分。注册商标是指受法律保护、所有者享有专用权的商标。非注册商标是指未办理注册手续、不受法律保护的商标。国家规定必须使用注册商标，必须申请商标注册，未经核准注册的，不得在市场销售。可见，我国习惯上对一切品牌不论其注册与否，都称作商标。

商标是品牌的一部分，是经过注册获得商标专用权从而受到法律保护的品牌。

商标专用权也称商标独占使用权，是指品牌经政府有关主管部门核准后企业独立享有的使用权。这种经核准的品牌名称和品牌标志，受到法律保护，其他任何未经许可的企业不得使用。因此，企业欲使自己的产品品牌长久延续，必须通过国家许可的方式获得商标专用权，以求得法律的保护。

国际上对商标权的认定，有两个并行的原则，即“注册在先”和“使用在先”原则。

1．注册在先

注册在先是指品牌或商标的专用权归属于依法首先申请注册并获准的企业。在这种商标权认定原则下，某一品牌不管谁先使用，法律只保护依法首先申清注册该品牌的企业。中国、日本、法国、德国等国的商标权的认定即坚持这种原则。

2．使用在先

使用优先是指品牌或商标的专用权归属于该品牌的首先使用者。在品牌使用（必须是实际使用，而非象征性使用）所达到的地区，法律对其品牌或商标予以保护。美国、加拿大、英国和澳大利亚等国就是采用这种原则。

当然，在具体的商标权认定实践中，还有对以上两种原则主次搭配、混合使用的“使用优先辅以注册优先”和“注册优先辅以使用优先”两种原则。使用优先辅以注册优先是指采用使用优先原则的国家也办理品牌注册，但这种注册在一定期限内只起一种声明作用，如有首先使用人在此期限内提出首先使用的证明，则这种注册即被撤销。过了这一期限，任何人都不能再以首先使用人名义要求撤销这种注册。可见，在使用优先原则的国家里，品牌注册同样具有不可忽视的重要意义。因为这些国家大都有“仅限于使用所达到的范围内有效”的规定，他人可以在其未使用的地区抢先注册。注册优先辅以使用优先是指采用“注册优先”原则的国家一般也都规定在一定的期限内，其商标连续不使用又无正当理由者将被撤销，这就客观要求经注册获得商标专用权的企业要坚持不间断地使用已注册的品牌或商标，否则，亦会失掉商标专用权。

凡不拥有商标使用权，而是假冒他人商标（盗用一个已有的商标并将其贴在同类产品上出售）、仿冒他人商标（用鱼目混珠的方法模仿他人商标，造出近似的品牌，贴在同类产品上出售）、恶意抢注他人商标（非真正的商标所有者钻法律的空子，抢先注册他人商标取得商标所有权，然后再高价出售或勒索商标真正所有者）等行为，均构成侵权。所谓商标侵权即指在同一种商品或类似商品上使用与某商标雷同或近似的品牌，可能引起欺骗、混淆或讹误，损害原商标声誉的行为。

10.1.4 品牌资产

品牌资产是指与某一特定的品牌紧密联系，超过商品或服务本身利益以外，通过为消费者和企业提供附加利益来体现的价值。若某种品牌给消费者提供的超过商品或服务本身以外的附加利益越多，对消费者的吸引力就越大，品牌资产价值也就越高。如果该品牌的名称或标志发生变更，则附着在该品牌上的财产也将部分或全部丧失。品牌给企业带来的附加利益，最终源于对消费者的吸引力和感召力。也可以说，品牌资产是企业与消费者关系的反映而且是长期动态关系的反映。

品牌资产作为企业财产的重要组成部分，主要有以下几个基本特征：

1．无形性

品牌资产与厂房、设备等有形资产不同，它不能使人凭借眼（看）手（摸）等人们的感官直接感受到它的存在及大小。所以，品牌资产是一种特殊的资产，是一种无形资产。一方面，品牌资产的无形性增加了人们对它予以直观把握的难度；另一方面，由无形性所决定的品牌资产的所有权获得和所有权转移也与有形资产存在着差异。有形资产通常是通过市场交换的方式取得其所有权，而品牌资产则一般是经由品牌或商标使用者申请注册，由注册机关依照法定程序确立其所有权。

2．品牌资产在利用中增值

就一般有形资产而言，其投资与利用往往是泾渭分明，存在着明显的界限，投资会增加资产存量，利用则会减少资产存量。而品牌资产则不同，品牌资产作为一种无形资产，其投资与利用常常是交织在一起、难以截然分开。品牌资产的利用并不必然是品牌资产减少的过程，如果管理利用得当，品牌资产非但不会因利用而减少，反而会在利用中增值。例如，某企业对已成功的品牌不失时机地扩展到其他产品上，品牌的影响力扩大，品牌资产会有所增加。

3．品牌资产难以准确计量

产品品牌的重要价值已广泛为人们所认知，如何计量品牌资产是企业非常关心的问题。然而，品牌资产的计量却难于一般有形资产，甚至难以准确计量。一方面，品牌资产的特殊构成决定了品牌资产难以准确计量。我们知道，品牌反映的是一种企业与消费者之间的供需关系。

这种关系的深度与广度通常需要通过品牌知名度、品牌联想、品牌忠诚和品牌品质形象等多方面予以透视，而且，品牌资产的这些组成部分又是相互联系、相互影响、彼此交错而难以截然分开的。另一方面，反映品牌资产价值的品牌获利性（品牌未来获利能力）受许多不易计量因素的影响，如品牌在消费者中的影响力、品牌投资强度、品牌策略、产品市场容量、产品所处行业及其结构、市场竞争的激烈程度等。这也增添了准确计量品牌资产的难度。

4．品牌资产具有波动性

从品牌资产构成分析中可以看出，无论是品牌知名度的提高，还是品牌忠诚度的增强，或品牌品质形象的改善都不可能是一蹴而就的事。品牌从无到有，从消费者感到陌生到熟知并产生好感，是品牌运营者长期不懈努力的结果。尽管品牌资产是企业以往投入的沉淀与结晶，但这并不表明品牌资产只增不减。事实上，企业品牌决策的失误、竞争者品牌运营的成功，都有可能使企业品牌资产发生波动，甚至是大幅度下降。如胡佛公司的不合时宜的有奖销售使其品牌资产下降了79%。

5．品牌资产是营销绩效的主要衡量指标

由于品牌资产的实质是销售者（卖者）对交付给消费者的产品特征、利益和服务等方面的一贯性承诺，所以，为了维系和发展企业与消费者之间互惠互利的长期交换关系，需要积极开展营销活动履行各种承诺。可以说，品牌资产是企业不断进行营销投入或营销活动的结果，每一种营销投入或营销活动都或多或少地会对品牌资产存量的增减变化产生影响。正因如此，分散的单一的营销手段难以保证品牌资产获得增值，必须综合运用各种营销手段，并使之有机协调与配合。像奔驰、可口可乐、索尼等品牌之所以能够长盛不衰，与品牌运营者拥有丰富的营销经验和娴熟的营销技巧是密不可分的。如此说来，品牌资产的大小是各种营销技术营销手段综合作用的结果，它在很大程度上反映了企业营销的总体水平，是营销绩效的主要衡量指标。

10.2 品牌策略

做活、做大、做强品牌不可能仅仅是一项活动，而是一系列的品牌策略组成的品牌运营过程。品牌运营过程包括品牌定位、品牌设计、品牌传播、品牌组合、品牌更新、品牌扩展、品牌保护、品牌管理等品牌策略。本课题将对与品牌策略有关的内容逐一展开阐述和分析。

10.2.1 品牌有无

品牌运营的第一个作业环节就是决定企业生产经营的产品是否应该有品牌。拥有自己的品牌，必须付出相应的费用（包括包装费、法律保护费等），增加企业运营总成本，同时也承担一定的市场风险（若某品牌不受欢迎损失自负），但对消费者或者营销者的益处不可低估（本节“品牌的作用”中已有阐述）。品牌的有益作用是企业选用品牌策略的重要理由。

尽管品牌能够给品牌所有者、品牌使用者带来很多好处，但并不是所有的产品都必须有品牌，这要视品牌运营的投入产出测算而定。实践中，有的营销者为了节约包装、广告等费用，降低产品价格，吸引低收入消费者的购买力，提高市场竞争力，也常采用无品牌策略。

例如，在超市里就有许多无品牌产品，它们大多是包装简易且价格便宜的产品。

必须说明的是，商品无品牌也有对品牌认识不足、缺乏品牌意识等原因。当然，商品有无品牌不是一成不变的。近年来随着品牌意识的增强，我国企业品牌化程度不断提高，农产品品牌更是引人注目。

10.2.2 品牌设计

莎士比亚曾经说过“玫瑰无论取什么名字闻起来都是香的”。这话听起来似乎很有道理。殊不知莎翁忽视了一个重要的问题，若“玫瑰不叫玫瑰而是被叫做“刺儿玫”或“黑瑰”，还会有那么多的人去闻它吗？商品与玫瑰一样，为了吸引消费者认知，也需要取个动听、别致的名字。正因如此，有的企业不惜重金设计品牌。例如美国埃克森（XON）公司为了给自己的产品创出一个能够通行于全世界、能够为全世界消费者所接受的名称及标志，曾动员了心理学、社会学、语言学、统计学等各方面专家历时 6 年，耗资 12 亿美元，先后调查了 55 个国家和地区的风俗习惯，对约 1 万个预选方案几经筛选，最后定名为 EXXON，堪称是世界上最昂贵的品牌设计。这说明了生产经营者对品牌设计的重视，也反映了品牌设计中充满了艺术性和创造性。

在品牌设计过程中，一般应坚持以下几个基本原则：

1．简洁醒目，易读易记

心理学家的一项调查结果表明，人们接受到的外界信息中，83%的印象通过眼睛，11%借助听觉，3.5%依赖触摸，其余的源于味觉和嗅觉。为了便于消费者认知、传诵和记忆，品牌设计的首要原则就是简洁醒目，易读易记。不宜把过长的和难以诵读的字符串作为品牌名称，也不宜将呆板、缺乏特色感的符号、颜色、图案用作品标。例如，TRIO 这一名称作为音响的品名，虽然比较简洁但却存有明显的缺憾，主要表现在它的发音节奏性明显不强，从 TR 到 O 有头重脚轻之感，不能朗朗上口。将其改成 KENWOOD（健伍），就大不一样了。KEN 与英文 CAN（能够）谐音，WOOD（茂盛森林）又有短促音的和谐感，两者组合起来，读音响亮、节奏感强、朗朗上口，可谓上乘之作。再如“M”这个很普通的字母，对其施以不同的艺术加工，就形成表示不同商品的标记或标志。鲜艳的金黄色拱门“M”，是麦当劳（McDonald'e）的标记。由于它棱角圆润色调柔和，给人自然亲切之感。现如今，麦当劳这个“M”型标志已经出现在全世界 73 个国家和地区的数百个城市的闹市区，成为孩子以及成人们最喜爱的快餐标志。与麦当劳的设计完全不同，摩托罗拉（Motorola）的“M”虽然也只取头字母“M”，但是摩托罗拉充分考虑到自己的产品特点，把一个“M”设计得棱角分明，双峰突起，突出了自己在无线电领域的特殊地位和高科技的形象。此外，SONY 的品牌设计也以其新颖独特而著称于世。

2．构思巧妙，暗示属性

一个与众不同、充满感召力的品牌，在设计上还应该充分体现产品的优点和特性，暗示产品的优良属性。BENZ（本茨）先生作为汽车发明人，以其名字命名的奔驰（BENZ）车，100 多年来赢得了消费者的信任，其品牌一直深入人心。那个构思巧妙、简洁明快、特点突出的类似汽车方向盘的特殊标志，已经成了豪华优质高档汽车的象征。不仅暗示品牌所标定的商品是汽车，而且是可以“奔驰”的优质汽车。“方正”品牌设计也别具匠心，由中文、图形和英文三部分组成。首先，“方正”二字含义丰富。“方正”即一方之正、一方之中、一方之主，指北大方正电子系统为全球中文电子排版技术的主体和正宗，居世界领先地位；“方正”即方方正正、规规矩矩，体现了北大方正集团公司依法经营、诚实经商的经营之道，也反映了公司员工朴实、严谨、求实的科学精神；“方正”即八方之正，有吸纳各方优势之意，体现了公司博采众长、广招天下一流人才的博大胸怀；“方正”还有暗含基础雄厚、功底扎实、稳步发展之意。其次，“方正”的英文是 FOUNDER，其含义是“奠基者、创立者、缔造者”，表明北大方正是中文电子排版系统的开创者。其音译为“方的”，与汉字方正实现了有机配合。最后，再从“方正”，品牌的图标上看，其立体形状表现为中间的白色方框为正方形，分别与右上角和左下角的黑色部分构成正方体，与文字“方正”相一致；其平面形状表现为右上角和左下角的黑色部分像两个箭头，右上角向上的箭头表示科技顶天，左下角向下的箭头表示市场立地，意味着北大方正集团的高科技产业是顶天立地的事业。

3．内涵丰富，情深意重

品牌大多都有其独特的含义和释义。有的是一个地方的名称，有的是一种产品的功能，有的或者就是一个典故。内涵丰富、情深意重的品牌，因其能唤起消费者和社会公众美好的联想，而使其备受厂商青睐。

红豆是一种植物，是人们常用的镶嵌饰物，是美好情感的象征物（又称“相思子”或“相思豆”），同时，“红豆”也是江苏红豆集团的服装品牌和企业名称。红豆之所以具有较高的知名度，主要是因为“红豆”一词与爱情有关，其英文是 The seed of love（爱的种子）。提起它，会使人们想起唐代大诗人王维的千古绝句，会勾起人们的相思之情。红豆作为品牌，也表达了企业对消费者的关爱。借助“红豆”传情，年轻的情侣互赠“红豆”服装表示爱慕之意，离家的游子以红豆服装寄托思乡之情。红豆服装正是借“红豆”这一蕴涵中国传统文化的品牌“红”起来的。

“和路雪”作为世界冰淇淋第一品牌，其红黄搭配的“双心”标志非常有人情味，也是内涵丰富的佳作。红黄搭配的暖色调，给人以温暖亲切的感觉；双心体现了“和路雪”一贯倡导的珍爱生活、快乐共享的品牌理念，能够恰如其分地反映出企业对消费者的关爱之情。

4．避免雷同，超越时空

品牌设计的雷同，是实施品牌策略的大忌。因为品牌策略的最终目标是通过不断提高品牌竞争力而超越竞争对手。若品牌设计与竞争对手雷同，不仅使消费者难以识别，而且会增大品牌传播费用，降低传播效果（企业在宣传自己的品牌时，也为竞争者的品牌作了宣传），因而难以达到最终超越的目的。

在我国，由于企业品牌意识还比较淡薄，品牌运营的经验还比较少，品牌的雷同现象更为严重。据统计，我国以“熊猫”为品牌名称的有 311 家，“海燕”和“天鹅”两品牌分别有 193 家和 175 家。除重名以外，还有香烟市场上“凤凰”和“凤舞”，白酒市场上“五加鞭”和“五加白”等品名极其相近的品牌。

除避免雷同以外，为了延长品牌使用时间、扩大品牌的使用地域，在品牌的设计上还应注意尽可能超越时空限制。就时间限制来讲，用具有某一时代特征的词语作品牌名称并不一

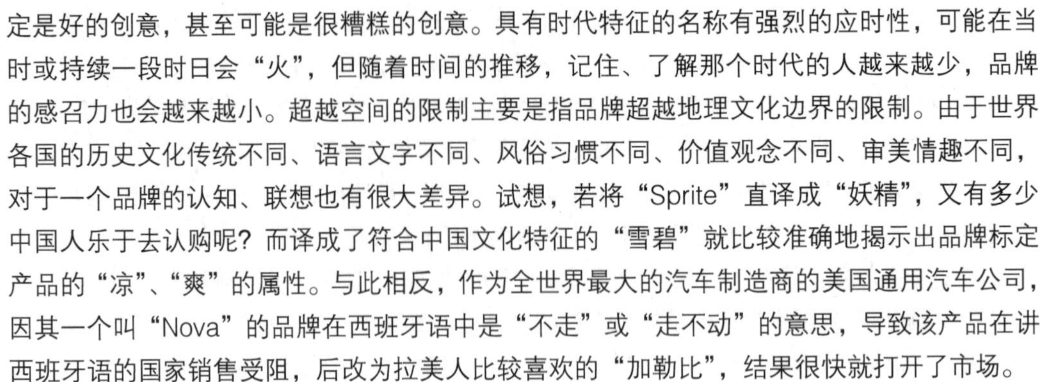

定是好的创意，甚至可能是很糟糕的创意。具有时代特征的名称有强烈的应时性，可能在当时或持续一段时日会“火”，但随着时间的推移，记住、了解那个时代的人越来越少，品牌的感召力也会越来越小。超越空间的限制主要是指品牌超越地理文化边界的限制。由于世界各国的历史文化传统不同、语言文字不同、风俗习惯不同、价值观念不同、审美情趣不同，对于一个品牌的认知、联想也有很大差异。试想，若将“Sprite”直译成“妖精”，又有多少中国人乐于去认购呢? 而译成了符合中国文化特征的“雪碧”就比较准确地揭示出品牌标定产品的“凉”、“爽”的属性。与此相反，作为全世界最大的汽车制造商的美国通用汽车公司，因其一个叫“Nova”的品牌在西班牙语中是“不走”或“走不动”的意思，导致该产品在讲西班牙语的国家销售受阻，后改为拉美人比较喜欢的“加勒比”，结果很快就打开了市场。

10.2.3 品牌组合

品牌组合涉及企业是自身品牌还是借用他人品牌、是采用统一品牌还是分类设计、一个产品上标一个品牌还是一个产品上标两个或两个以上品牌的品牌策略问题，因此，品牌组合是品牌运营中重要的策略。

1．品牌归属策略

对于如何抉择品牌归属，企业有3种可供选择的策略，其一是使用属于自己的品牌，这种品牌叫做企业品牌或生产者品牌；其二是将产品售给中间商，由中间商使用他自己的品牌将产品转卖出去，这种品牌叫做中间商品牌；其三是部分产品使用自己的品牌，部分产品使用中间商品牌。

在以往的品牌运营实践中，由于产品设计、产品质量水平和产品特色等都取决于制造者，加之市场供求关系对生产企业的压力还不太大，所以，品牌几乎都为生产者或制造商所有。可以说，品牌是由制造商设计的制造标记。但是，随着市场经济的发展，市场竞争日趋激烈，品牌的作用日益为人们所认知，中间商对品牌的拥有欲望也越来越强烈。近年来，中间商品牌呈明显的增长之势，许多市场信誉较好的中间商（包括百货公司、超级市场、服装商店等）都争相设计并使用自己的品牌。中间商品牌的出现与发展掀起了新一轮更宽范围的品牌战。

企业选择生产者品牌或中间商品牌，即品牌归属生产者还是中间商，要全面考虑各相关因素，最关键要看生产者和中间商谁在这个产品分销链上居主导地位，拥有更好的市场信誉和拓展市场的潜能。一般来讲，在生产者或制造商的市场信誉良好、企业实力较强、产品市场占有率较高的情况下，宜采用生产者品牌；相反，在生产者或制造商资金拮据、市场营销薄弱的情况下，不宜选用生产者品牌，而应以中间商品牌为主，或全部采用中间商品牌。必须指出，若中间商在某目标市场拥有较好的品牌忠诚度及庞大而完善的销售网络，即使生产者或制造商有自造品牌的能力，也应考虑采用中间商品牌。这是在进占海外市场的实践中常用的品牌策略。

2．品牌统分策略

品牌无论归属于生产者还是归属于中间商，或者是两者共同拥有品牌使用权，都必须考虑对所有的产品如何命名问题。是大部分或全部产品都使用一个品牌，还是各种产品分别使用不同的品牌，如何决策，事关品牌运营成败。通常有以下几种可供选择的策略：

（1）统一品牌

统一品牌即是企业所有的产品（包括不同种类的产品）都统一使用一个品牌。例如，飞利浦公司的所有产品（包括音响、电视、灯管、显示器等）都以“PHILIPS”为品牌，佳能公司生产的照相机、传真机、复印机等所有产品都统一使用“Canon”品牌。企业采用统一品牌策略，能够降低新产品宣传费用，可在企业的品牌已取得良好市场信誉的情况下顺利推出新产品，也有助于显示企业实力，塑造企业形象。不过，若某一种产品因某种原因（如质量）出现问题，就可能影响全部产品和整个企业的信誉，还存在着易于相互混淆、难以区分产品质量档次等令消费者不便的缺憾。

（2）个别品牌与多品牌

个别品牌是指企业对各种不同的产品分别使用不同的品牌。多品牌是指企业同时为一种产品设计两种或两种以上互相竞争的品牌。个别品牌与多品牌两者具有很强的关联性。多品牌是个别品牌策略实施的结果，是个别品牌策略的一种具体做法或表现形式。

运用多品牌策略能够避免统一品牌下的株连效应；可以在产品分销过程中占有更大的货架空间，压缩或挤占竞争者产品的货架面积，为获得较高的市场占有率奠定基础；多种品牌代表了不同的产品特色，可吸引多种不同需求的消费者，提高市场占有率。

由于多种不同品牌同时并存，必然使企业的促销费用升高且存在自身竞争的风险，所以，运用多品牌策略时要注意各品牌市场份额的大小及变化趋势，适时撤销市场占有率过低的品牌，以免造成自身品牌过度竞争。

（3）分类品牌

分类品牌是指企业在分类的基础上对各类产品使用不同的品牌。如将产品分为器具类、妇女服装类、主要家庭设备类等，并分别赋予不同的品牌名称及品牌标志。这是对前两种做法的一种折中。

分类品牌可以按产品分类，也可以按市场分类。

3．复合品牌策略

所谓复合品牌是指对同一种产品赋予两个或两个以上品牌，是一品两牌或一品多牌策略。多牌主推一品，不仅集中了一品一牌策略的优点，而且还有增加宣传效果等增势作用。

按照复合品牌的地位或从属程度来划分，复合品牌策略一般可以分为主副品牌策略与品牌联合策略两种。

（1）主副品牌策略

主副品牌策略是指同一产品使用一主一副两个品牌的做法。涵盖企业若干产品或全部产品的品牌做主品牌，借其品牌之势，同时给各个产品设计不同的副品牌（专属于特定产品的品牌）以突出不同产品的个性。

主副品牌策略兼容了统一品牌策略与个别品牌策略的优点，是对统一品牌策略和个别品牌策略的必要补充。它既可以像统一品牌策略那样实现优势共享，使企业产品均在主品牌下借势受益；又能达到像个别品牌策略那样比较清晰地界定不同副品牌产品的差异性特征，避免因个别品牌的失败而给整个品牌带来负面影响。

不容忽视的是，欲使主副品牌策略的优势能够得到充分发挥，还需在实践中注意副品牌的设计、适应性以及品牌宣传的重点等问题。

对副品牌的设计，首先应突出各种产品的特色，从而使副品牌具有比较明显的个性；其次要考虑与消费者的情感沟通；此外还应注意通俗且有特定内涵。

主副品牌策略一般适合于企业同时生产两种或两种以上性质不同或质量有别的产品，同时还要求拟议中的主品牌应有较高的知名度与较好的市场声誉。如果产品性质相同或质量一致，那也就没必要设置副品牌；主品牌知名度不高或市场声誉不佳，也无势可借，进而也难以带活副品牌。

（2）品牌联合策略

品牌联合策略是指对同一产品使用不分主次的两个或两个以上品牌的做法。品牌联合可以使两个或更多个品牌有效地协作、联盟，相互借势来提高品牌的市场影响力与接受程度。品牌联合所产生的传播效应是整体效应。可以说，品牌联合的扩散效应要比单独品牌要大得多。依据联合品牌的隶属关系，品牌联合策略又可大致分为“自有品牌联合并用”与“自有品牌与他人品牌联合并用”两种做法。

10.2.4 品牌更新

品牌更新作为全部或部分调整或改变品牌原有形象的过程，实际是对品牌重新定位、重新设计、塑造品牌新形象的过程。一个品牌能否久远，不仅仅取决于最初的品牌定位和品牌设计（当然，品牌定位和品牌设计在品牌运营全过程中的重要性是不容忽视的），而且还取决于品牌的阶段性调整。适时、适当的品牌阶段性调整是非常必要的。

品牌重新定位策略也称再定位策略，是指全部或部分调整或改变品牌原有市场定位的做法。虽然品牌没有市场生命周期，但这决不意味着品牌设计出来就一定能使品牌持续到永远。为使品牌能持续到永远，在品牌运营实践中还必须适时、适势地做好品牌重新定位工作。“七喜”的“非可乐”定位是品牌重新定位的成功范例。

受竞争者品牌逼近（竞争者品牌定位于本企业品牌附近，侵占了本企业的品牌市场份额）和部分消费者偏好的变化（消费者改变对本企业品牌的信任转购竞争者品牌的商品，使本企业品牌的市场占有率下降）等原因影响，即使某一品牌在市场上的最初定位很好，随着时间的推移也需要重新定位。品牌重新定位的目的是使现有产品具有与竞争者产品不同的特点，与竞争产品拉开距离，以诱发消费需求，增强品牌竞争力。

企业在进行品牌重新定位时要综合考虑两方面影响，一方面，要考虑再定位成本，即把企业自己的品牌从一个市场定位点转移到另一个市场定位点所支付的成本费用，包括改变产品品质费用、包装费用和广告费用等。一般认为，重新定位的距离越远，其再定位成本就越高。另一方面，要考虑再定位收入，即把企业品牌定在新位置上所增加的收入。

10.2.5 品牌扩展

品牌扩展也叫品牌延伸，是指企业利用其成功品牌的声誉来推出改良产品或新产品。例如，海尔集团成功地推出了海尔（Haier）冰箱之后，又利用这个品牌及其图样特征，成功地推出了洗衣机、电视机等新产品。

自20世纪80年代以来，品牌扩展受到西方企业的特别厚爱。许多企业都把品牌扩展看做是一种有效的营销手段。有资料表明，1991年大约有16 000项新产品投入美国的超级市场、药店和百货店，它们当中有相当一部分是采用品牌扩展策略进入市场的。据统计，跨国公司中有 2/3 以上采用品牌扩展来拓展市场，如“三菱”、“惠普”、“Canon”、“SONY”和“PHILIPS”等。在我国，“海尔”、“娃哈哈”、“TCL”等一些知名品牌也先后运用品牌扩展策略获得了理想的营销业绩。

品牌扩展可使品牌在利用中获得增值。实践证明，品牌扩展有利于降低新产品的市场导入费用、可以使新产品借助成功品牌的市场信誉在节省促销费用的情况下顺利地进占市场。原品牌的良好声誉和影响，可以对扩展产品产生波及效应，从而有助于消费者对扩展产品产生好感。心理学研究表明，人对某些事物的偏好、好恶具有传递性，即所谓爱屋及乌。对品牌而言，消费者通过对品牌标定下的产品的认可到对品牌产生好感，甚至是忠诚，由此使品牌成为有较强竞争力的品牌，这是品牌能成为扩展品牌的重要条件。当某一受消费者欢迎和依赖的、具有较高忠诚度的品牌“放大”或“复制”、“克隆”到新产品上就会使消费者在短期内消除对新产品的排斥、生疏和疑虑心理，进而以较短的时间接受新产品。

值得注意的是，品牌扩展策略是一把双刃剑。若利用已成功的品牌开发并投放市场的新产品不尽如人意，消费者不认可则会影响该品牌的市场信誉。

10.2.6 品牌保护

品牌是一种无形资产，如不能很好地保护，就会使其资产价值流失，降低品牌资产的增值能力，严重者还会使品牌资产价值荡然无存。有鉴于此，有效地对品牌进行保护是品牌运营的重要保障。

1．注册商标

（1）商标的法律属性

众所周知商标权是一种知识产权。它具有知识产权的独占性、时效性、地域性和与商品的不可分割性等基本特征。

① 独占性。

商标权是商标申请人依照一定的申请、审查、注册等法定程序而获得的对商标使用、转让、许可等方面的特殊权利。商标权一经取得就具有了独占性。商标权的独占性又称专用性或垄断性，即指某注册商标的使用权只能归该商标所有者独家占有、使用。而且，在行使商标权时还具有排他性，即指只有商标所有人才能享有商标使用权，未得到商标所有人许可，其他任何人不得擅自使用。独占性或专用性是商标权最主要的特征，其他特征都是围绕这一特征引发的。正因为商标权具有专用性，所以才常把商标权称作商标专用权。

② 时效性。

商标权作为知识产权、它具有严格的时间效力。商标经核准注册之后，在正常使用情况下，可以在某一法定的时间内有效使用，受到法律保护。这一法定时间称为注册商标的有效期。绝大多数国家都规定了商标注册的有效期，即商标的保护期限。我国的《商标法》规定的有效期为10年。有效期满后，商标权人可以按照法定程序，进行“续展”。依法获得续展的商标，每次续展的有效期也是 10 年，并且可以无限期地续展下去。

③ 地域性。

商标权的地域性是指在一国核准注册的商标，其有效范围或受保护的范围只在该国领域内，超出注册国或注册地域，商标的专用权则不发生效力。也就是说，经过一个国家注册的商标，仅在该国法律管辖的范围内受到该国法律的保护，其他国家对这一商标权没有保护的义务。这对于要开拓国外市场的品牌来说，要获得目标市场所在国的法律保护，还必须按照规定到目标市场所在国及时申请注册，取得在该国地域受到法律保护的商标专用权。

④ 与商品的不可分割性。

依照《商标法》的规定，核准注册的商标必须具有商标权的客体——专指商品，没有专指商品的商标无法表现商标权利。核准注册的商标与核定使用的商品是组成商标专用权的一个整体，两者不能分割也不能改变，在两者同时具备的情况下，商标注册人才享有商标专用权，并且受到法律保护。这就是说商标专用权以核准注册的商标及其核定使用的商品为限，或者说，法律保护的商标专用权范围仅限于该商标和登记在注册簿上的该商标的指定使用商品。

（2）及时注册勿忘续展

商标的法律属性决定了及时注册商标，使品牌转化为商标是品牌保护的重要而有效的手段。也就是说，能否受到法律保护，竞争对手的“干扰”能否得到惩治，关键要看品牌是否拥有商标权，竞争对手的“干扰”行为是否构成侵权，所以，为了使企业自身品牌能及时有效地得到合理的保护，必须及时注册商标，并不要忘记续展。

商标申请人按照《商标法》规定的法定程序，将自己已使用或将要使用的商标向商标局申请注册，经商标局审查核准，发给商标注册证，缴纳规费后，商标申请注册人就获得了商标专用权，同时也受到《商标法》的保护。任何人未经商标权人许可，都不得使用该商标，否则即构成商标侵权行为，受到法律制裁。

依据《商标法》的要求，企业通过注册获得商标专用权必须具备以下 3 个条件：一是有一个具备法定构成要素和具有显著性的商标；二是向商标局提出注册申请；三是必须经商标局对其商标核准注册，并发给商标注册证。这 3 个条件缺一不可。

必须指出，法律保护的商标权不是没有时间限制的，各国的法律规定不尽相同。在英国及沿袭英国法律制度的一些国家，商标权的保护期限为 7 年。古巴、斯里兰卡、坦桑尼亚等国的保护期限为 15 年；而美国、意大利、瑞士、菲律宾等国的保护期限长达 20 年。我国现行的《商标法》规定，我国注册商标的有效期为 10 年，自核准注册之日起计算。

如果商标的有效期即满，则应当在期满前 6 个月（按我国《商标法》规定，最迟不超过有效期满后的 6 个月，即宽展期）内申请续展注册（注册商标有效期限按法定程序延续），每次续展注册的有效期为 10 年。

2．申请认定驰名商标

驰名商标是指国际上通用的为相关公众所熟知的享有较高声誉的商标。驰名商标起源于《保护工业产权巴黎公约》，现已为世界上大多数国家所认同。我国也是该公约签约国。根据《保护工业产权巴黎公约》的规定，我国于 1996 年 8 月 14 日由国家工商行政管理局发布并实施了《驰名商标认定和管理暂行规定》。

（1）驰名商标的法律特征

驰名商标虽为世界多数国家和地区所公认，但什么是驰名商标却未形成一致的概念，《保护工业产权巴黎公约》中没有明确规定，各国赋予驰名商标的法律含义和保护措施也不尽相同。我国的《驰名商标认定和管理暂行规定》第二条给驰名商标下了定义，即“驰名商标是指在市场上享有较高声誉并为相关公众所熟知的注册商标”。这表明，在我国，驰名商标必须是注册商标，而且应是在市场上享有较高声誉并为相关公众所熟知的商标。未经注册或不为相关公众所熟知，就不能成为驰名商标。

与一般的商标相比，驰名商标有其独特的特征。主要表现为以下两个方面：

① 驰名商标的专用权跨越国界。

驰名商标的专用权不同于一般法律意义的有严格的地域性的商标专用权，而是超越本国范围、在《保护工业产权巴黎公约》成员国范围内得到保护的商标权。如果某一商标在注册国或使用国获得商标主管机关或其他权威组织（如最高法院或其法律机关）认定为驰名商标，即表明该商标得到《保护工业产权巴黎公约》的保护。按照该公约对驰名商标专用权的规定，若某一商标构成对该驰名商标的仿造、复制或翻译而且用于相同或类似商品上，则应禁止其使用该商标（拒绝或取消其注册）。这些规定，还适用于主要部分系伪造、仿冒或模仿驰名商标而易于造成混淆的商标撤销。这种做法常被称为“相对保护主义”，在大陆法系统国中多被采用。在英美等国，驰名商标所有人不仅有权禁止其他任何人在未经许可的情况下在相同或类似商品上使用其驰名商标，甚至有权将这一禁止使用其驰名商标的范围扩大到其他一切商品上。

② 驰名商标的注册权超越优先申请原则。

世界上许多国家都实行品牌注册及优先注册（同一品牌，给予先申请者注册）的原则，我国也是如此。就一般品牌来说，只有注册后才受到法律的保护，不注册的品牌则不受法律保护。但是，驰名商标则不同，如果某品牌被商标主管机关认定为驰名商标，那么，按照《保护工业产权巴黎公约》的规定即使驰名商标未注册，也在巴黎公约成员国内受到法律保护。即对驰名商标而言，他人虽申请在先，只要其申请注册的商标是对驰名商标的复制、仿造或翻译而且用于相同或类似商品上，就不得给予注册；不仅如此，驰名商标注册的优先权还表现在即使他人经申请已获准注册，驰名商标所有权人也有权在5年内请求撤销该注册商标。这个5年期限是《保护工业产权巴黎公约》的规定，也是我国《驰名商标认定和管理暂行规定》中的规定。如果他人以欺诈手段恶意取得或使用驰名商标，则驰名商标所有者的撤销请求权的期限无限制。

（2）驰名商标的认定

由于驰名商标在国际国内市场上享受特殊的法律保护，所以，积极努力争取获准驰名商标认定是企业在开拓国际国内市场过程中获得竞争优势的重要选择。在我国，驰名商标的认定是由国家商标局负责。凡在市场上有较高知名度和较高市场占有率的商标都可以申请认定驰名商标。

国际上通行的驰名商标认定的一个最基本原则是驰名商标是一种个案认定，不是批量评选而且这种个案认定常常是由于某个商标在市场上遭受到假冒、仿制等行为的侵权时，在商标所有者向有关主管机关提出的法律请求下，由有关部门依法给予被侵害商标以驰名商标认定。在不同的国家，驰名商标的认定机关也不同。大多数国家（包括我国）是由本国的商标主管机关来组织认定，也有一些国家是由最高法院或其他法律主管机关来认定。

根据我国《驰名商标认定和管理暂行规定》的规定，企业在申请认定驰名商标时应当提交“使用该商标的商品在中国的销售量及销售区域”、“使用该商标的商品近三年来的主要经济指标（年产量、销售额、利润、市场占有率等）及其在中国同行业中的排名”、“使用该商标的商品在外国（地区）的销售量及销售区域”、“该商标（品牌）的广告发布情况”、“该商标最早使用及连续使用的时间”、“该商标在中国及其外国（地区）的注册情况、“该商标驰名的其他证明文件”等证明文件。

3．注册互联网域名

域名作为互联网的单位名称和在 INTERNET 网络上使用网页所有者的身份标识，它不仅能给人传达很多重要信息（如单位属性、业务特征等），而且还具有商标属性。域名之所以具有商标属性，是因为域名的所有权属于注册者，若某企业的商标由另一不同行业的企业抢先注册，那么，该企业就可能水远失去了注册与自己产品的商标名称相一致的域名。然而，域名的传播和使用范围却是全社会的，一个域名用得久了，人们对它有了特殊的感觉与记忆。企业一旦有了域名，就表明企业在互联网上拥有自己的门牌号码，有了通往网络世界把握商机的一把钥匙。正因如此，许多企业都把知名商标注册成域名。许多人所知道的驰名商标，几乎都成了互联网上的域名。如麦当劳的“巨无霸”商标就注册成了域名。

需要说明的是，办理域名注册获得域名使用权的规则与一般商品商标注册相同，仍然采用注册在先的原则，谁先注册，谁就拥有了该域名的使用权。从目前来看，注册域名有两种做法：一是在国内注册二级域名，二是在国际上注册一级域名。随着世界经济全球化进程的加快，拟进占海外市场的发达国家企业争先恐后地注册国际域名，例如，美国 99%以上的企业都在互联网上注册一级域名。一级域名不是美国域名，而是国际域名。企业进占国际市场就应注册国际域名。此外，还应注意相关法规对此的禁用规定。如《中国互联网域名注册暂行管理办法》中规定，未经国家有关部门正式批准，不得使用含有“CHINA”、“CHINESE”、“CN”和“NATIONAL”等字样的域名；不得使用公众知晓的其他国家或者地区的名称、外国地名、国际组织名称；未经各级地方政府批准，不得使用县级以上（含县级）行政区划名称的全称或者缩写；不得使用对国家、社会或者公共利益有损害的域名，等等。这些都是企业在注册互联网域名时应予以注意的。

4．打假

假冒商标行为作为一种商标侵权行为，是指以盈利或者以获取其他非法利益为目的，故意侵犯他人注册商标专用权的行为。这种侵权行为不同于一般的侵犯他人注册商标专用权的行为。假冒商标行为是主观上故意的假冒他人注册商标和销售假冒商品，制造、销售他人注册商标标志的行为，是在同一种商品上使用与他人注册商标相同商标的行为，而不是在同一种商品上使用与他人注册商标相近似商标的行为，也不是在类似商品上使用与他人注册商标相同商标的行为。一般的商标侵权行为既可以是主观上故意的，也可以是无意的，而假冒常常是故意的。

假冒商标行为的表现形式主要有：第一，故意在同一种商品上使用与他人注册商标相同的商标，并标明商标注册人的名义地址。第二，故意在同一种商品上使用与他人注册商标相同的商标，但又标明了自己的厂名地址。第三，故意经销假冒商标商品以牟取非法高额利润。第四，故意向他人提供生产、销售假冒商标商品的方便条件，包括场地、工具、仓储、运输、银行账号、发票等。第五，伪造、擅自制造和销售他人注册商标标志等。

在中国目前法制不健全、全民商标意识尚不到位以及地方保护主义尚存的情况下，具有知名品牌的企业，应重视假冒现象。我们在呼吁社会加强打击力度的同时，也要提请企业加强自我防护意识。当然，打击假冒活动，仅靠企业自己的力量是十分有限的，但是，没有企业的积极参与也是万万行不通的，它需要企业、政府和全社会的共同努力，综合治理。从企业角度讲，企业除了树立正确的品牌保护意识，做好前面提及的品牌设计、品牌注册和品牌宣传过程中的品牌保护的各种防范工作以外，还要积极主动地投身到打假行动中去，绝不能等闲视之。一方面，企业要教育消费者识假，与消费者结成保护联盟。尽管消费者不可能成为鉴别商品真伪的专家，但普及最常用的识别知识还是必要的，企业应注重与消费者沟通，鼓励广大消费者揭露假冒。企业不应担心打假会影响自己的声誉而一味放任假冒行为，因为最终受害的是被假冒的品牌、企业以及消费者。另一方面，企业要密切配合工商行政管理机关和公检、司法部门做好打假工作，以保护自己的合法权益。当然，打假需要经济支持，但打假的社会经济意义，远远大于政府和企业为之付出的费用。

10.2.7 品牌管理

品牌是企业重要的无形资产，品牌管理实质就是品牌资产管理。品牌管理水平的高低直接关系到品牌资产投资和利用效果的好坏。一般而言，企业品牌管理的主要任务包括监控品牌运营状况，设计或参与设计品牌，申请注册商标，管理品牌或商标档案，管理商标标签的印制、领用与销毁，处理品牌纠纷，维护商标权，协助打假，品牌全员管理教育等。

品牌管理的组织形式作为企业在分析、计划、组织、协调与品牌运营相关的各项活动时所作的制度安排，反映了在品牌运营活动中企业内部各部门、各机构的权力与责任及相互关系。从现阶段看，全球企业品牌管理的组织形式主要有职能管理制和品牌经理制两种。

1．管理制

职能管理制是在西方盛行于20世纪20～50年代的品牌管理制度。品牌管理制度的主要做法是，在企业统一领导、组织与协调下，品牌管理的职责主要由企业各职能部门分别承担，各职能部门在各自的权责范围内行使权力、承担义务。亦即在品牌职能管理制度下，有关品牌的决策与计划都由各职能管理部门的负责人或主管人员共同参与研究制订，分别执行。

实践中，为了提高整个企业管理（包括品牌管理）效果，执行职能管理制的企业纷纷聘请受过专门训练的专业管理人员负责对各业务单位的监督和协调，包括品牌运营业务的监督与协调。如果企业内部分工合理、权责明晰，在职能管理制下就会相当程度地消除凭经验管理的弊端，并极大地提高工作效率，进而有利于品牌形象和企业形象的提高。不仅如此，各职能部门的建立以及分工与权责的确认，使企业领导能摆脱很多在实行职能管理制以前所摆脱不掉的具体事务的纠缠，可以集中精力思考、解决企业发展中的重大问题；同时，使企业管理包括品牌管理由传统的直觉与经验型管理向科学管理转变，从而提高企业管理水平，这是品牌管理制所显现的重要特点或者说优点。

在品牌管理制度下，当企业拥有的品牌比较少时，企业高层管理者对每一品牌运营及发展的调控能力还比较强，品牌的具体运营交由负责营销的主管及各职能部门共同承担，虽然会产生矛盾，出现分歧，但毕竟所引发的问题相对较少；而当企业的品牌数目较多时，企业高层管理者不得不将越来越多的品牌决策权力下放，此时，拥有较大决策权彼此平行的各职能部门之间的难以协调矛盾会进一步加剧。改革这种品牌管理制度就成了有远见的企业必须解决的现实同题。宝洁公司的积极探索，诞生了新的品牌管理制度——品牌经理制。

2．经理制

品牌经理制诞生在美国宝洁（P&C）公司。宝洁产品在全世界得到多数消费者的认同，成功的原因除了 160 多年来一直恪守产品质量原则之外，品牌经理制的灵活而有效运用也是其获得成功的重要因素之一，甚至可以说，宝洁公司品牌管理系统是宝洁公司品牌运营的重要基石。

品牌经理制问世于 1931 年，创始者是美国宝洁公司当时负责“佳美”（Camay）品牌广告业务的尼尔·麦克罗伊（Neil McElroy）。1926 年，宝洁公司推出“佳美”肥皂时，公司的一些经理人员已经开始意识到原有的“品牌职能制”对多品牌的不适应性，认为有必要对此加以改进。20 世纪 20 年代中后期，麦克罗伊被公司派往英格兰负责“Oxydol”品牌的市场开发。在欧洲，麦克罗伊发现，几个人负责同一品牌产品的广告宣传与销售，不仅造成人力与广告费用的浪费，而且容易给消费者造成混乱，这是宝洁公司肥皂竞争效率低下的重要成因。经过调研分析，他向公司提交一份报告，建议为每一个品牌设立一名经理和一批助手，由他们全权负责该品牌的广告及营销活动。1931 年 5 月，宝洁公司采纳了麦克罗伊的建议，于是诞生了品牌经理制。到第二次世界大战结束以后，品牌经理制几乎被认为是从事多品种经营的消费品生产企业的规范组织形式，许多消费品生产企业（尤其是耐用消费品的生产企业）都学习宝洁公司，纷纷采用品牌经理制。到 1967 年，采用品牌经理制的主要耐用品生产企业已达到该类企业总数的 84%。

美国庄臣公司、美国家用品公司等世界范围内的众多大公司都先后采用了品牌经理制，主要是因为品牌经理制有许多“职能制”所不具备的优点。第一，品牌经理制比职能制具有较强的品牌运作协调性，进而有利于提高品牌运营的业绩。在品牌经理制下，企业委任品牌经理负责某品牌运营全过程，具体负责该品牌标定下的产品的开发、生产与销售，协调该品牌产品的开发部门、生产部门和销售部门的工作。承担品牌经理工作的管理人员熟悉企业生产经营活动全过程及各环节衔接的业务经理，他们从品牌和企业整体利益出发，并借助制度的力量围绕品牌运营，坚持整合运作原则，协调各职能部门矛盾与利益。这就在很大程度上消除了部门之间的互相扯皮、推诿，减少因未能考虑整体利益、不熟悉整体情况而产生的盲目性和分散性。第二，品牌经理制有利于达到品牌定位目标，快速实现品牌个性化。在职能制下，常因互相扯皮、办事拖拉而致使品牌运营各环节不能很好地衔接，而品牌经理制在相当大的程度上克服了这些弊端，从而保证品牌定位目标的实现，并成功地塑造品牌的整体形象。第三，品牌经理制有助于长期维系品牌整体形象。由于品牌经理是专司品牌运营之职，监控品牌运营状况与市场变化是其重要职责，加之品牌经理制下协调性增强，使得品牌运营活动适应市场变化的能力大大加强。

品牌经理制固然有许多优点，但它也存在着一些有待完善的地方，例如，品牌经理及品牌管理部门与生产、销售和财务等职能部门的权责划分问题。实践中，由于职权定位不清晰，很多品牌经理对自己的角色认识比较模糊，进而招致责难，使品牌经理的作用受到限制。可以说企业的原有组织结构可能并没有给品牌经理足够的权力空间，如果赋予品牌经理的权力太小或权力不足，就会无法保证品牌运营具有较强的协调性；相反若权力过大，则可能使品牌经理的权力与企业高层主管（财务副总、营销副总）的权力发生冲突。此外，对品牌经理的业绩考评也是比较棘手的问题。这实际上涉及品牌、企业近期利益与长远利益问题。由于品牌运营事关企业长远利益而企业职能及员工的业绩评价又需具有阶段性、短期性，通常按季、按年来考评。这就使品牌运营工作的性质与实际运作出现了矛盾，因而就难免不出现品牌经理行为的短期性，也难免不在一定程度上影响或减损品牌整体形象，降低品牌运营效果。由此可见，品牌经理制也并非是完美无缺的品牌管理组织形式。

10.3 包装策略

包装是商品生产的继续，商品只有经过包装才能进入流通领域，实现其价值和使用价值。商品包装可以保护商品在流通过程中品质完好和数量完整，同时，还可以增加商品的价值，此外，良好的包装还有利于消费者挑选、携带和使用。产品包装在营销实践中已成为赢得竞争胜利的一种重要手段。本课题将分析和探讨如何进行包装设计以及决策。

10.3.1 包装的含义、种类与作用

1．包装的含义

包装是指对某一品牌商品设计并制作容器或包扎物的一系列活动。也可以说，包装有两方面含义，其一，包装是指为产品设计、制作包扎物的活动过程；其二，包装即是指包扎物。

一般说来，商品包装应该包括商标或品牌、形状、颜色、图案和材料等要素。

（1）商标或品牌

商标或品牌是包装中最主要的构成要素，应在包装整体上占据突出的位置。

（2）包装形状

适宜的包装形状有利于储运和陈列，也有利于产品销售，因此包装形状是包装中不可缺少的组合要素。

（3）包装颜色

颜色是包装中最具刺激销售作用的构成要素。突出商品特性的色调组合，不仅能够加强品牌特征，而且对顾客有强烈的感召力。

（4）包装图案

图案在包装中如同广告中的画面，其重要性、不可或缺性不言而喻。

（5）包装材料

包装材料的选择不仅影响包装成本，而且也影响商品的市场竞争力。开发和选用新型材料是包装设计中的一项重要工作。

（6）产品标签

在标签上一般都印有包装内容和产品所包含的主要成分、品牌标志、产品质量等级、生产厂家、生产日期和有效期、使用方法等。有些标签上还印有彩色图案或实物照片，以促进销售。

2．包装的种类

包装是产品生产过程在流通领域的延续。产品包装按其在流通过程中作用的不同，可以分为运输包装和销售包装两种。

（1）运输包装

运输包装又称外包装或大包装，主要用于保护产品品质安全和数量完整。运物包装可细分为单件运输包装和集合运输包装。

① 单件运输包装是指商品在运输过程中以箱、桶、袋、包、坛、罐、篓、笼、筐等单件容器对商品进行的包装。按其使用的包装材料，又可分纸、木、金属、塑料、化学纤维、棉麻织物等制成的容器和绳索；按其包装造型又可细分为箱、桶、袋、包、捆、瓶、罐、篓等。

② 集合运输包装是指将一定数量的单件包装组合在一件大包装容器内而合成的大包装。这种包装方法，适应运输、装卸现代化的要求，可以实现货物整批包装，有利于降低成本，提高工作效率。

目前常用的集合运输包装有集装包（或集装袋）、托盘和集装箱等。

（2）销售包装

销售包装又称内包装或小包装，它随同产品进入零售环节，与消费者直接接触。销售包装实际上是零售包装，因此，销售包装不仅要保护产品，而且更重要的是要美化和宣传商品，便于陈列展销吸引消费者，方便消费者认识、选购、寄带和使用。

在市场竞争日益激烈的今天，厂商竞相以日新月异的包装装潢作为吸引消费者的手段，借以达到开创市场、拓宽销路的目的。近些年来，随着超市的发展，销售包装日益呈现出小包装大幅度增加，透明包装日益发展，金属和玻璃容器趋向安全轻便，贴体包装、真空包装的应用范围越来越广泛，包装容器器材的造型结构美观、多样、科学，包装画面更加讲究宣传效果等发展趋势。这些都是营销企业应研究的内容。

3．包装的作用

包装作为商品的重要组成部分，其营销作用主要表现在以下几个方面：

（1）保护商品

包装保护商品的作用主要表现在两个方面：一是保护商品本身。有些商品怕碰、怕压，需要包装来保护。有些商品怕风吹、日晒、雨淋、虫蛀等，也需要借助包装物来保护；二是安全（环境）保护。有些商品属于易燃、易爆、放射、污染或有毒物品，对它们必须进行包装，以防泄漏造成危害。

（2）便于储运

有的商品外形不固定，或者是液态、气态，或者是粉状，若不对此进行包装，则无法运输和储藏。所以，良好的包装有助于储藏和运输，从而使商品保值同时加快交货时间。

（3）促进销售

商品给消费者的第一印象，不是来自产品的内在质量，而是它的外观包装。产品包装美观大方、漂亮得体，不仅能够吸引消费者，而且还能激发消费者的购买欲望。据美国杜邦公司研究发现，63%的消费者根据商品包装作出购买决定。可以说，包装是无声的推销员。

（4）增加盈利

由于装潢精美、使用方便的包装能够满足消费者的某种心理要求，消费者乐于按较高的价格购买，而且，包装材料和包装过程本身也包含着一部分利润。因此，适当的、好的包装能够增加企业利润。

10.3.2 包装标签与包装标志

包装标签是指附着或系挂在商品销售包装上的文字、图形、雕刻及印刷的说明。标签可以是附着在商品上的简易签条，也可以是精心设计的作为包装的一部分图案。标签可能仅标有品名，也可能载有许多信息能用来识别、检验内装商品，同时也可以起到促销作用。

商品标签主要包括制造者或销售者的名称和地址、商品名称、商标、成分、品质特点、包装内商品数量、使用方法及用量、编号、储藏应注意的事项、质检号、生产日期和有效期等内容。值得提及的是，印有彩色图案或实物照片的标签有明显的促销功效。

包装标志是指在运输包装的外部印制的图形、文字和数字以及它们的组合。包装标志主要有运输标志、指示性标志、警告性标志 3 种。运输标志又称为唛头（Mark），是指在商品外包装上印制的反映收货人和发货人、目的地或中转地、件号、批号、产地等内容的几何图形、特定字母、数字和简短的文字等。指示性标志是指根据商品的特性，对一些容易破碎、残损、变质的商品，用醒目的图形和简单的文字做出的标志。指示性标志指示有关人员在装卸、搬运、储存作业中引起注意，常见的有“此端向上”“易碎”、“小心轻放”、“由此吊起”等。警告性标志是指在易燃品、易爆品、腐蚀性物品和放射性物品等危险品的运输包装上印制的特殊文字，以示警告常见的有“爆炸品”、“易燃品”、“有毒品”等。

10.3.3 包装的设计原则

“人要衣装，佛要金装。”商品要包装。重视包装设计是企业市场营销活动适应竞争需要的理性选择。一般说来，包装设计还应遵循以下几个基本原则。

1．安全

安全是产品包装（包括运输包装和销售包装）最核心的作用之一，也是最基本的设计原则之一。在包装活动过程中，包装材料的选择及包装物的制作必须适合产品的物理、化学、生物性能，以保证产品不损坏、不变质、不变形、不渗漏等。一方面，产品包装保证商品质量完好、数量完整，另一方面，保护环境安全。

2．适于运输，便于保管与陈列，便于携带和使用

在保证产品安全的前提下，应尽可能缩小包装体积，以利于节省包装材料和运输、储存费用。销售包装的造型结构，一方面应与运输包装的要求相吻合，以适应运输和储存的要求，另一方面要注意货架陈列的要求。此外，为方便消费者和满足消费者的不同需要，包装的体积、容量和形式应多种多样；包装的大小、轻重要适当，便于携带和使用（例如在保证包装封口严密的条件下，要容易被打开）；为适应不同需要，还可采用单件、多件和配套包装等多种不同的包装形式。

3．美观大方，突出特色

包装具有促销作用，主要是因为销售包装具有美感。美观大方的包装给人以美的感受，有艺术感染力，进而使其成为刺激消费者购买欲望的主要诱因。这些，客观要求包装设计要注重艺术性。与此同时，包装还应突出产品个性。这是因为，包装是产品的组成部分，追求不同产品之间的差异化是市场竞争的客观要求，而包装是实现产品差异化的重要手段。富有个性、新颖别致的包装更容易满足消费者的某种心理要求。例如 20 世纪初鲁德先生依其女友裙子造型为基础设计出的可口可乐瓶子就是妙笔之作。

4．包装与商品价值、质量水平相匹配

包装作为商品的包扎物，尽管有促销作用，但也不可能成为商品价值的主要部分。因此，包装应有一个定位。一般说来，包装应与所包装的商品的价值和质量水平相匹配。经验数字告诉我们，包装不宜超过商品本身价值的 13%～15%。若包装在商品价值中所占的比重过高，会产生不名符其实之感而使消费者难以接受；相反，价高质优的商品自然也需要高档包装来烘托商品的高雅贵重。

5．尊重消费者的宗教信仰和风俗习惯

由于社会文化环境直接影响着消费者对包装的认可程度，所以，为使包装收到促销效果，在包装设计中，必须注重不同国家和地区的宗教信仰和风俗习惯等社会文化环境下消费者对包装的不同要求，切忌出现违反党的宗教政策、有损消费者宗教情感、容易引起消费者忌讳的颜色、图案和文字。应该深入了解分析消费者特性，区别不同的宗教信仰和风俗习惯设计不同的包装，以适应目标市场的要求。

6．符合法律规定，兼顾社会利益

法律是市场营销活动的边界。包装设计作为企业市场营销活动的重要环节，在实践中必须严格依法行事。例如，应按法律规定在包装上表明企业名称及地址；对食品、化妆品等与消费者身体健康密切相关的产品，应标明生产日期和保质期等。不仅如此，包装设计还应兼顾社会利益，努力减轻消费者负担，节约社会资源，禁止使用有害包装材料，实施绿色包装战略。

此外，包装还应注意满足不同运输商、不同分销商的特殊要求。

10.3.4 包装策略

品牌与包装都是产品整体概念下“形式产品”或“有形产品”的重要组成部分，符合设计要求的包装才是“形式产品”和“有形产品”的良好包装。而良好的包装只有同科学的包装决策结合起来，才能发挥包装应有的作用。可供企业选择的包装策略主要有以下几种。

1．类似包装策略

类似包装策略是指企业生产经营的所有产品，在包装外形上都采取相同或相近的图案、

色彩等共同的特征，使消费者通过类似的包装联想起这些商品是同一企业的产品，具有同样的质量水平。类似包装策略不仅可以节省包装设计成本，树立企业整体形象，扩大企业影响，而且还可以充分利用企业已有的良好声誉，消除消费者对新产品的不信任感，带动新产品销售。它适用于质量水平相近的产品，但由于类似包装策略容易对优质产品产生不良影响，所以，大多数不同种类、不同档次的产品不宜采用。

2．等级包装策略

等级包装策略是指企业对自己生产经营的不同质量等级的产品分别设计和使用不同的包装。显然，这种依产品等级来配备设计包装的策略可使包装质量与产品品质等级相匹配，对高档产品采用精致包装，对中、低档产品采用简略包装，其做法适应不同层次消费者的购买心理，便于消费者识别、选购商品，从而有利于全面扩大销售。当然该策略的实施成本高于类似包装策略。

3．分类包装策略

分类包装策略是指根据消费者购买目的的不同，对同一种产品采用不同的包装。如购买商品用做礼品赠送亲友，则可精致包装；若购买者自己使用，则用简单包装。此种包装策略的优缺点与等级包装策略相同。

4．配套包装策略

配套包装是指企业将几种有关联性的产品组合在一起，使用同一包装物的做法。这种策略能够节约交易时间，便于消费者购买、携带与使用，有利于扩大产品销售，还能够在将新旧产品组合在一起时，使新产品顺利进入市场。但在实践中，还须注意市场需求的具体特点、消费者的购买能力和产品本身的关联程度大小，切忌任意配套搭配。

5．再使用包装策略

也称双重用途包装策略，即指包装物在被包装的产品消费完毕后还能移作他用的做法。我们常见的果汁、咖啡等的包装即属此种方式。由于这种包装策略增加了包装物的用途，可以刺激消费者的购买欲望，有利于扩大产品销售，同时也可使带有商品商标的包装物在再使用过程中起到延伸宣传的作用。

6．附赠品包装策略

附赠品包装策略是指在包装物内附有赠品以诱发消费者重复购买的做法。包装物中的附赠品可以是玩具、图片，也可以是奖券。该包装策略对儿童和青少年以及低收入者比较有效。这也是一种有效的产品推广（促进销售）方式。

7．更新包装策略

更新包装就是改变原来的包装。更新包装策略是指企业包装策略随着市场需求的变化而改变的做法。一种包装策略无效，依消费者的要求更换包装，实施新的包装策略，可以改变商品在消费者心目中的地位，进而收到迅速恢复企业声誉之佳效。

【小　　结】

（1）品牌策略和包装策略是企业产品策略的重要内容。

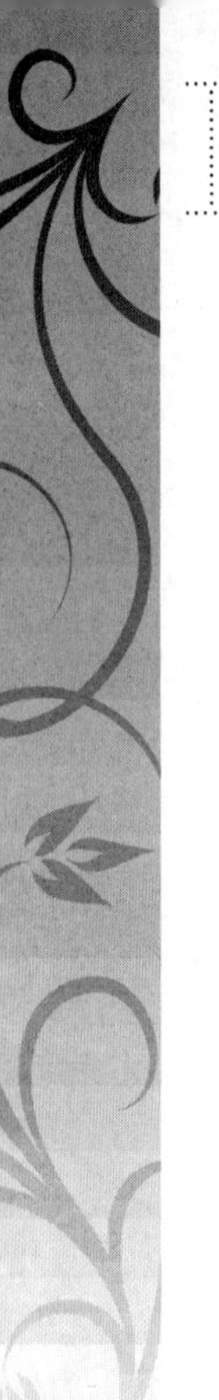

（2）品牌策略是指品牌运营与技巧运用的策略。包括品牌定位、品牌设计、品牌传播、品牌组合、品牌更新、品牌扩展、品牌保护、品牌管理等品牌策略。

（3）品牌定位是品牌运营的基本前提与直接结果。

（4）品牌组合是指企业品牌是自营品牌还是借用他人品牌；是采用统一品牌还是分类、分品设计品牌；一个产品上标一个品牌还是一个产品上标两个或两个以上的品牌等。

（5）品牌更新是指全部或部分调整或改变原有品牌形象，使品牌具有新形象的过程，它实际是对品牌重新定位、重新设计、塑造品牌新形象的过程。

（6）品牌扩展是指企业利用其成功品牌的声誉，推出改良产品或新产品的过程，当然品牌扩展策略是一把双刃剑。有效地对品牌进行保护是品牌扩展策略的核心目的。为此，要在注册商标、申请认定驰名商标、注册互联网域名和打假等方面努力。

（7）品牌管理实质就是品牌资产管理，品牌管理的组织形式主要有职能管理制和品牌经理制两种。

（8）包装是产品生产过程在流通领域的延续，它主要有运输包装和销售包装两大类。包装的营销作用主要表现在：保护商品、便于储运、促进销售和增加盈利。包装设计还应遵循保证安全、适于运输、便于保管与陈列、便于携带和使用、美观大方、突出特色、包装与商品价值和质量水平相匹配、尊重消费者的宗教信仰和风俗习惯、符合法律规定、兼顾社会利益等原则。实践中，可供企业选择的包装策略主要有类似包装策略、等级包装策略、分类包装策略、配套包装策略、再使用包装策略、附赠品包装策略、更新包装策略等。

第三部分　课题实践页

一、选择题

（1）美国桂格麦片公司成功推出桂格超脆麦片后，又利用这一品牌及其图样特征，推出雪糕、运动衫等产品，其使用了（　　）。

A. 品牌质量策略　　B. 品牌延伸策略

C. 家庭品牌策略　　D. 品牌重新定位策略

（2）商品包装的最基本功能是（　　）。

A. 保护商品，便于运输　　B. 美化商品，促进销售

C. 提供方便，易于使用　　D. 辨别商品，刺激需求

（3）品牌中可以被认出但不能用语言称呼的部分叫做（　　）。

A. 品牌标志　　B. 商标　　C. 品牌名称　　D. 品牌延伸

（4）有些大公司在一个市场上往往有多个品牌，比如宝洁公司的洗发水就有“飘柔”、“潘婷”、“海飞丝”等，这种做法属于（　　）。

A. 品牌扩展决策　　B. 多品牌决策

C. 统一品牌决策　　D. 品牌更新定位决策

二、判断题

（1）品牌仅在一定时间和地域受法律保护。（　　）

（2）包装属于整体产品的延伸层。（　　）

（3）商标具有促销作用，任何企业的产品都应使用商标。（　　）

（4）企业为保护其合法权益，所有商品都应使用品牌。（　　）

（5）商标是经注册、取得专用权的品牌。（　　）

三、简答题

（1）品牌对营销企业有何作用?

（2）简述品牌资产的基本特征。

（3）设计品牌应遵循哪些原则?

四、课堂讨论

（1）如何认知品牌？品牌与商标有何区别?

（2）结合我国品牌运作实践，谈谈如何进行品牌扩展。

五、实训操作

选择几种当地产品，要求学生为这些产品设计品牌。要求有图示、文字说明。

实训目标：训练学生品牌设计和创意的能力。

实训组织：学生分组，集体讨论，然后分工为美工组和文案组。

实训成果：作品展示，学生介绍，师生互评。

课题十一 价格策略

技能目标	知识目标	建议学时
➢ 定价准备	（1）能分析影响产品定价的因素 （2）能选择定价目标 （3）会设计定价程序	2
➢ 测算价格	（1）熟悉成本导向定价法 （2）熟悉需求导向定价法 （3）熟悉竞争导向定价法	4
➢ 制订价格策略	熟悉折扣定价策略、地区定价策略、心理定价策略、差别定价策略、新产品定价策略、产品组合定价策略	2
➢ 进行价格调整	（1）理解企业降价与提价的原因 （2）熟悉消费者、竞争者对企业变价的反应 （3）熟悉企业对竞争者变价的反应	2

第一部分 案例与讨论

案例1：价格战如何打——国内杀毒软件渠道的价格策略

虽然各杀毒软件厂家力图回避价格大战，但事实证明价格战往往成为竞争取胜的利器。

1998年是杀毒软件市场的一个分水岭，这一年，瑞星开始介入杀毒市场，而这时候江民已稳占80%的市场份额。

瑞星瞅准机会，当时江民的杀毒软件零售价为260元，出厂价定在90元。瑞星突出奇招，将产品的出厂价定在20元，零售价为230元。与江民相比，瑞星的经销商可获得更多的差价。

同时瑞星借机大肆宣扬瑞星8.0杀毒软件对泛滥成灾的宏病毒的杀毒奇效。

在高额差价的引诱下，经销商开始大量购进瑞星产品。高额利润的诱惑，使一些江民的代理商也倒戈奔向瑞星。

瑞星的知名度渐渐上升，并开始了下一轮的价格策略——涨价战。瑞星煞有介事，提前通知经销商一周后涨价，出厂价为48元。经销商因为担心涨价而失去市场，又开始向瑞星订货。涨价战又大获全胜，瑞星如法炮制，没过多久，又将价格涨到68元。

瑞星不断吞食江民的市场份额。这时候，江民已真正感到了对手的威胁，于是组织反击。江民把出厂价降到70元，而且其价格策略与瑞星相同，“KV本周是70元，下周还是70元。”毕竟江民是老大，轻轻一击，瑞星的日子就不好过。一看到江民跟着降价，本来想再涨价的瑞星，只得放弃。

这时，CIH病毒的出现，无疑对瑞星是一个福音。瑞星又趁势出击，宣布“下周从68元涨到88元”。瑞星巧妙地实施“价格涨降大战”，这一战直到2000年才结束，结果是瑞星与江民面对面地谈论“江湖大事”了，再不是任由江民发号施令。

就在瑞星与江民之间的战事刚刚平息时，金山杀了进来。杀毒软件市场顿时风声鹤唳。

对任何一个市场的新进入者来说，低价策略都是极具杀伤力也是立竿见影的方法。2001年8月，金山挟5元的体验版杀毒产品冲向市场，一下子就撞开了一个市场大洞，代理商一口气订了15万套货。这个时候，瑞星几乎卖不动，江民的KV也不那么畅销了。谁都知道，这一次价格大战将是刺刀见红的。

如果不针对金山进行阻击，市场将可能会被一点点吞噬掉。在激烈的竞争中，昔日的杀毒老大江民也挺不住了，2001年9月底，江民应声而降，代理商的批发价下降20%，产品的零售价也从178元降至128元。江民把这个策略描述为：“以前我吃肉别人吃菜，现在我要改吃菜让别人喝汤。”

这场价格大战，连杀毒市场价格战的始作俑者瑞星也没反应过来，急匆匆地推出了历时两年开发出来的“瑞星杀毒软件2002版”，才稳住阵脚。就在金山和江民大打降价战时，瑞星不降反升，零售价由原来的188元上涨为198元，好像要游离于这场价格战之外。

（资料来源：郭国庆. 中国人民大学工商管理MBA案例（市场营销卷）. 北京：中国人民大学出版社，1999年版. 经本书作者重新整理）

案例讨论

（1）瑞星的价格策略是什么样的策略？这一策略是否成功？为什么？

（2）面对金山的价格进攻战略，你认为江民和瑞星应该如何应对？为什么？

案例2：伟达公司的定价策略

伟达公司是隶属北京市某局生产矿泉水的一家中型企业。其产品主要以中低档为主，销售方式主要以人员推销为主。

1994年经市场调查，公司发现矿泉水的市场潜力很大，于是决定贷款5 000万元引进一条年产1.2万吨的生产线。经过两年努力，公司按预定规模正常运转，500毫升瓶装水成本也由0.95元降到0.65元。但其却追求高价位、高品质，结果，该公司新产品线上的产品大量积压，大量广告费也打了水漂。

伟达公司在对矿泉水产品销售特性没有充分了解和科学预测的基础上盲目定价是失败的主要原因。首先，矿泉水市场产品多，竞争激烈，价格成为产品销售最敏感的因素，高定价必将促使消费者购买其他产品；其次，矿泉水替代品很多，供需交叉弹性较大，产品定价过高人们会购买其代用品；另外，伟达公司制订的价格没有针对市场进行细分，没有考虑消费对象的承受能力。

（资料来源：郭国庆. 中国人民大学工商管理MBA案例（市场营销卷）. 北京：中国人民大学出版社，1999年版. 经本书作者重新整理）

案例讨论

（1）伟达公司与康师傅、乐百氏这样的纯净水生产厂家相比有何优劣势？应采取何种定价策略来发挥优势，避开劣势？

（2）伟达公司在装配了新的生产线后定价策略应做何调整？

（3）矿泉水市场是否存在高档品市场？在北京地区开拓高品质、高价位的市场是否可行？

第二部分　课题学习引导

11.1　定价环境、目标与程序

价格是企业市场营销的重要因素之一。商品价格的变化直接影响着消费者的购买行为，影响着生产经营者盈利目标的实现，是市场竞争的重要手段。那么企业在定价过程中需要考虑哪些因素？选择什么样的定价目标？以及如何定价？本课题将讨论阐述这些内容。

11.1.1　影响企业产品定价的因素

1．产品成本

产品价格是根据成本、利润和税金三部分因素制订的。但这个成本，不是指企业生产该产品的个别实际成本，而是该产品的平均成本或社会成本，企业在实际定价中，首先要考虑的是产品成本，它是产品定价的基础因素。产品成本是企业经济核算的盈亏临界点，产品定价必须至少能够补偿产品成本，这是企业再生产的最基本条件。只有这样，企业才能在原有规模上从事生产营销。否则，企业将由于亏本而倒闭，连简单再生产也无法维持。因此，产品成本是定价的基本因素和第一个依据。企业在定价时，不应当将成本孤立地对待，而应将产量、销量、效率、价格、成本综合起来考虑。同时，还应与其他不同产品的价格进行比较，合理地确定不同产品间的比价，反映它们社会价值之间的比例关系，使其符合等价交换的原则。

研究成本因素，应区别以下各种成本概念。

（1）固定成本

固定成本是指为组织一定范围内的生产经营所支付的固定因素的费用，即不随产销量的变动而变化的成本，如固定资产折旧、租金、财产税、产品设计费、管理人员工资等，不论产生多少，都必须支出。

（2）变动成本

变动成本是指在同一范围内支付变动因素的费用，即随产销量的变动而变化的成本，如原材料、生产工人工资、销售税金及商品运输费用等。

（3）总成本

总成本即固定成本与变动成本之和。当产量等于零时，总成本等于固定成本。

（4）平均固定成本

平均固定成本是指总固定成本除以产量所得商数。固定成本不随产量的增加而变动，但是平均固定成本必随着产量的增加而减少。

（5）平均变动成本

平均变动成本是指总变动成本除以产量所得商数。当生产有了一定程度的发展，由于工人熟练程度提高，批量采购原材料价格优惠，变动成本呈递减趋势。但达到某一程度以后某些费用，如设备维修费、累进计件工资等费用比产量增长更快，平均变动成本又可回转趋于上升。

（6）平均总成本

平均总成本是指将总成本除以产量所得的商数，简称平均成本。因固定因素逐渐被利用，生产效率逐渐提高，且变动因素也因产量增加而能发挥大量采购和加工的优势，故平均成本一般随产量的增加而逐渐减少。

（7）边际成本

边际成本是指每增加或减少一个单位产量所造成变动的数额，如数增加，可称新增成本。由于生产者所关心的是找到一个能获得最大利润的产量，故对产量变动所发生的新增成本比对平均成本更为重视，边际成本的变动与固定成本无关，初期呈下降趋势，低于平均成本，导致平均成本下降，但超过一定限度，则高于平均成本，又导致平均成本上升。

（8）制造成本和使用成本

以上是企业在产品销售之前所发生的成本费用，即制造成本；而消费者在使用产品时的花费，如汽油费、电费、维修费等，被称为使用成本，制造成本和使用成本也是影响价格和需求的重要因素。

（9）机会成本

机会成本是指企业从事某一项经营活动而放弃另一项经营活动的机会，另一项经营活动所应取得的收益即为某项经营活动的机会成本。研究机会成本的实践意义在于，企业经营活动中，应就各种可能的经营途径，选择其中的最佳途径，以便使有限的资源得到最合理的利用。

2．供求关系

产品价格除受成本影响外，还受该产品的供求关系影响。市场上的产品供求关系平衡总是暂时的、相对的。一般情况是，当产品供大于求时，价格下降；当产品供不应求时，价格上升。但对于不同产品，由于其需求弹性大小不一，其供求关系对价格的影响也是不相同的。需求弹性小的产品，其供求关系对价格的影响较小；需求弹性大的产品，其供求关系对价格的影响较大。因此，企业必须预先测定产品的供求状况，作为产品定价的依据。

3．货币价值与货币流通量

首先，货币价值量对产品价格的影响表现为：如果产品价值量不变，产品价格与货币价值量成反比，即货币价值量提高，产品价格下降；反之，则产品价格上升。如果产品价值量与货币价值量同时向同方向、同比例变化，则产品价格不变。如果货币价值量没有发生变化，产品价格则随着产品价值量的变化而发生正比例的变化。用公式表示为：

产品的价格=产品的价值/货币的价值

其次，货币流通量对产品价格变化的影响是：在纸币流通的条件下，纸币所代表的价值取决于纸币发行的数量，如果纸币的发行量超过了商品流通的正常需要，就意味着通货膨胀，产品的价格必然上涨，而币值就会下降，所以，产品的价格与货币流通量成正比。

在一定时期内，流通领域中所需要的货币量与产品价格总额成正比，与同一货币单位的平均流通次数成反比。用公式表示为：

流通中需要的货币量=产品价格总额/同一货币单位的平均流通次数

因此，一定时期内，货币发行量和货币流通量必须与产品流通量保持适当的正比例关系，与单位货币的平均流通次数保持适当的反比例关系，只有这样，才能保持币值的稳定，保持市场上产品价格的稳定。

4．国家的物价政策

随着社会主义市场经济的建立，除少数关系国计民生的重要产品，国家仍然制订其指令性价格或指导性价格外，绝大多数的产品采用市场价格，但是，为了指导生产和消费，控制物价的增长，调整和调节市场物价，国家必然会制订一系列有关物价的方针政策，这是企业制订产品价格时必须遵循的准则，企业不仅不能违反国家的有关物价政策，还要自觉地使产品定价同国家物价政策相吻合。

11.1.2 定价目标

企业在定价以前，先要考虑一个与企业总目标、市场营销目标相一致的定价目标，作为确定价格策略和定价方法的依据。

一般来讲，企业可供选择的定价目标有以下 5 大类。

1．利润导向的定价目标

许多企业都把利润作为重要的定价目标，这样的目标主要有 3 种。

（1）利润最大化目标

以最大利润为定价目标，指的是企业期望获取最大限度的销售利润。这几乎是所有企业的共同愿望。很多企业就是在面临严峻的价格竞争时，也还在力争最大利润。小企业，尤其是那些成功地打开销路的中小企业，最常用这种定价目标。

追求最大利润并不是追求最高价格，当一个企业的产品在市场上处于某种绝对优势地位时，如有专卖权或形成垄断等，固然可以实行高价策略，以获得超额利润，但由于市场竞争的结果，使任何企业要想在长时期内维持一个过高的价格几乎是不可能的，必然会遭到来自各方面的抵制。例如，需求减少，代用品出现，竞争者增多；购买行为推迟，甚至会引起公众的不满而招致政府干预等。

（2）目标利润

以预期的利润作为定价目标，就是企业把某项产品或投资的预期利润水平，规定为销售额或投资额的一定百分比，即销售利润率或投资利润率。产品定价是在成本的基础上加上目标利润，根据实现目标利润的要求，企业要估算产品按什么价格销售、销售多少才能达到利润目标，一般来说，预期销售利润率或投资利润率要高于银行存款利率。

以目标利润作为定价目标的企业，应具备以下两个条件：该企业具有较强的实力，竞争力比较强，在行业中处于领导地位；采用这种定价目标的多为新产品、独家产品以及低价高质量的标准化产品。

（3）适当利润目标

也有些企业为了保全自己，减少市场风险，或者限于实力不足，以满足于适当利润作为定价目标，例如，按成本加成方法来决定价格，就可以使企业投资得到适当的收益。而它的限度，则可以随着产销量的变化、投资者的要求和市场可接受的程度等因素有所变化。这种情况多见于处于市场追随者地位的企业。

2．销量导向目标

这种定价目标是指企业希望获得某种水平的销售量或市场占有率而确定的目标。

（1）保持或扩大市场占有率

市场占有率是企业经营状况和企业产品在市场上的竞争能力的直接反映，对于企业的生存和发展具有重要意义。所以，有时企业把保持或扩大市场占有率看得非常重要。因为，市场占有率一般比最大利润容易测定，也更能体现企业努力的方向。一个企业在一定时期的盈利水平高，可能是由于过去拥有较高的市场占有率，如果市场占有率下降，盈利水平也会随之下降。因此，许多资金雄厚的大企业，喜欢以低价渗透的方式来建立一定的市场占有率。一些中小企业为了在某一细分市场获得一定优势，也十分注重扩大市场占有率。一般来讲，只有当企业处于以下几种情况下，才适合采用该种定价目标。

① 该产品的价格弹性较大，低价会促使市场份额扩大；

② 产品成本随着销量增加呈现逐渐下降趋势，而利润有逐渐上升的可能；

③ 低价能阻止现有和可能出现的竞争者；

④ 企业有雄厚的实力能承受低价所造成的经济损失；

⑤ 采用进攻型经营策略的企业。

（2）增加销售量

这是指以增加或扩大现有销售量为定价目标，这种方法一般适用于企业产品的价格需求弹性较大，企业开工不足，生产能力过剩，只要降低价格，就能扩大销售，使单位固定成本降低，企业总利润增加的情况。

3．以竞争为导向的定价目标

这是指企业主要着眼于在竞争激烈的市场上应付或避免以竞争为导向的定价目标。在市场竞争中，大多数竞争对手对价格都很敏感，在定价以前，一般要广泛搜集信息，把自己产品的质量、特点和成本与竞争者的产品进行比较，然后制订本企业的产品价格。通常采用的方法有：（1）与竞争者同价；（2）高于竞争者的价格；（3）低于竞争者的价格。

当市场存在领导者价格时，新加入者要想把产品打入市场，争得一席之地，只能采取与竞争者相同的价格。一些小企业因生产、销售费用较低，或某些企业扩大市场份额，定价会低于竞争者。只有在具备特殊优越条件，诸如资金雄厚、拥有专有技术、产品质量优越、推销服务水平高等情况下，才有可能把价格定得高于竞争者。

企业在遇到同行业的价格竞争时，常常会被迫采取相应对策。例如，竞相削价，压倒对方；及时调价，价位对等；提高价格，树立威望。在现代市场竞争中，许多企业经营者认识到，价格战容易使双方两败俱伤，风险较大，所以悄然地开展非价格竞争，如在产品质量、促销等方面苦下功夫，以巩固和扩大自己的市场份额。

4．产品质量导向目标

这是指企业为在市场上树立产品质量领先地位的目标而在价格上做出的反应。优质优价是一般的市场供求准则，研究和开发优质产品必然要支付较高的成本，自然要求以高的价格得到回报。从完善的市场体系来看，高价格的商品自然代表着或反映着商品的质量及其相关的服务质量。

采取这一目标的企业必须具备以下两个条件：一是高质的产品；二是提供优质的服务。如果企业不具备以上条件，而采取高价位策略，只会吓跑消费者，失去市场。

5．生存导向目标

当企业遇到生产能力过剩或激烈的市场竞争或者要改变消费者的需求时，它要把维持生存作为自己的主要目标。为了保持工厂继续开工和使存货减少，企业必然要制订一个低的价格，并希望市场是价格敏感型的。生存比利润更重要，不稳定的企业一般都求助于大规模的价格折扣，为的是能保持企业的活力。对于这类企业来讲，只要它们的价格能够弥补变动成本和一部分固定成本，即单价大于单位变动成本，它们就能够维持住企业生存。

6．分销渠道导向目标

对于那些需经中间商推销产品的企业来说，保持分销渠道畅通无阻是保证企业获得良好经营效益的重要条件之一。为了使分销渠道畅通，企业必须研究价格对中间商的影响，充分考虑中间商的利益，保证中间商有合理的利润，促使中间商有充分的积极性去推销商品。在现代市场经济中，中间商是现代企业营销活动的延伸，对宣传产品、提高企业知名度有十分重要的作用。

企业在激烈的市场竞争中，有时为了保住完整的销售渠道，促进销售，不得不让利于中间商。例如，1974 年的石油危机发生后，国际汽车市场受到严重冲击，因而汽车市场竞争异常激烈，为了推销产品，日本的马自达公司规定每推销一辆汽车给予中间商 500 美元的回扣奖励。这一政策的执行，使该公司保持了完整的销售渠道，保证了在 1976 年向市场投放新型车时获得了成功。

11.1.3 定价程序

企业在新产品投放市场或者在市场环境发生变化时，需要制订或调整价格，以利于企业营销目标的实现。由于价格涉及企业、竞争者、购买者三者之间的利益，因而为产品定价既重要又困难，掌握定价的一般程序，对于制订合理的价格是十分必要的。定价程序通常可分为以下几个步骤。

1．明确目标市场

定价的第一步，首先要明确目标市场，目标市场是企业产品所要进入的市场。具体来讲，就是谁是本企业产品的购买者和消费者。目标市场不同，定价不同。分析目标市场一般要分析该市场消费者的基本特征、需求目标、需求强度、需求潜量、购买力水平和风俗习惯等情况。

2．分析影响产品定价的因素

（1）产品特征

产品是企业整个营销活动的基础，在产品定价前，必须对产品进行具体分析。主要分析产品的生命周期、产品的功能对消费者的吸引力、产品成本水平和需求弹性等。

（2）市场竞争状况

在竞争的市场中，任何企业为产品定价或调价时，必然会引起竞争者的关注，为使产品价格具有竞争力和盈利能力，产品定价或调价前，对竞争者产品及其价格进行分析是十分重要的。对竞争者进行分析，主要包括同类市场中主要的竞争者是谁，其产品特征与价格水平如何，各类竞争者的竞争实力等。

（3）货币价值

价格是价值的货币表现，商品价格不仅取决于商品价值量的大小，而且还取决于货币价值量的大小。商品价格与货币价值量成反比例关系。在分析货币价值量对定价的影响时，主要分析通货膨胀的情况，一般是根据社会通货膨胀率的大小对价格进行调整，通货膨胀率高，商品价格也应随之调高。

（4）政府的政策和法规

一定的经济政策和法规对企业定价有约束作用，因此，企业在定价前一定要了解政府对商品定价方面的有关政策和法规。

为产品定价不仅要了解一般的影响因素，更重要的是要善于分析不同经营环境下，影响商品定价的最主要因素的变化状况。

3．确定定价目标

定价目标是在对目标市场和影响定价因素综合分析的基础上确定的。定价目标是合理定价的关键。不同企业，在不同的经营环境和不同的经营时期，其定价目标是不同的。在某个时期，对企业生存与发展影响最大的因素，通常会被作为定价目标。

4．选择定价方法

定价方法是在特定的定价目标指导下，根据对成本、供求等一系列基本因素的研究，运用价格决策理论，对产品价格进行计算的具体方法。定价方法一般有3种，即以成本为中心的定价方法，以需求为中心的定价方法和以竞争为中心的定价方法。这3种方法能适应不同的定价目标，企业应根据实际情况择优使用。

5．最后确定价格

确定价格要以定价目标为指导，选择合理的定价方法，同时也要考虑其他因素，如消费者心理因素，产品新老程度等。最后经过分析、判断以及计算活动，为产品确定合理的价格。

11.2 定价方法

虽然了解了影响产品定价的因素，但实际生活中有很多产品在不同地区的价格不一样，还有些产品在生活中面对不同的消费者价格也不一样，本课题将对不同的定价方法展开详细分析和阐述。

定价方法是指企业为了在目标市场上实现定价目标，而给产品制订一个基本价格或浮动范围的方法。影响价格的因素比较多，然而在制订价格时主要考虑的因素是产品成本、市场需求和竞争情况。产品成本规定了价格的最低基数，竞争者的价格和代用品的价格提供了企业在制订其价格时必须考虑的参照点，在实际操作中往往从众多影响因素中选定若干个定价方法，以解决定价问题。

11.2.1 成本导向定价法

成本导向定价法是指以成本为中心，按卖方意图定价的方法。其主要理论依据是，在定价时，首先要考虑收回企业在生产经营中投入的全部成本，然后再考虑获得一定的利润。产品的成本包括企业在生产经营过程中所发生的一切费用。定价中考虑的成本是按照成本习性进行分类和应用的。为了便于叙述，先解释几个成本的概念。

1．成本的概念

（1）变动成本

这是指在一定时期，随着产销量变动而变化的成本。例如，直接材料、直接人工费用等。

（2）固定成本

这是指在一定时期，不随产销量变动而变化的成本。例如，折旧费、保险费、企业管理人员的工资等。

（3）单位变动成本

这是指单位产品的变动成本部分。单位变动成本在既定的技术经济条件下是不变的。

（4）单位固定成本

这是指单位产品分摊的固定成本。单位固定成本随月销量的增加而相应减少。

（5）总成本

这是指变动成本与固定成本之和。当产销量为零时，变动成本为零，因而总成本就等于固定成本。

（6）平均成本

这是指单位产品的总成本，亦即单位产品的变动成本与固定成本之和。

（7）边际成本

这是指每增加或减少一个单位生产量所引起总成本的变化量。其计算公式为：

边际成本=总成本每一次增加的差额/总产量每次增加差额

一般说来，边际成本的变化规律是先下降后上升，即在一定的产销量限度以内是下降的，而超过一定的限量又呈上升趋势。边际成本在企业决定其产销量时起着关键作用。完全竞争性的企业面对市场上已确定的价格，可以增加其产销量，直到边际成本等于价格，这时的产销量就是企业取得的最佳利润点。不完全竞争性企业，则通过边际成本等于边际收入来取得最高利润。

2．定价方法

以成本为中心的定价方法主要有以下 3 种：

（1）成本加成定价法

这是一种最简单的定价方法，就是在单位产品成本的基础上，加上一定比例的预期利润作为产品的售价。售价与成本之间的差额即为利润（这里的成本中包含了税金）。由于利润的多少是按一定比例反映的，这种比例习惯上称为“几成”，所以这种方法称为成本加成定价法。其计算公式为：

单价产品价格=单位产品成本×（1+加成率）

其中，加成率即为预期利润占产品成本的百分比。

例如，某种产品的单位产品成本为 100 元，加成率为 20%，则：

单位产品价格=100×（1+20%）=120 元

这种方法的优点是简便易行，因为确定成本要比确定需求容易，价格盯住成本，企业可简化定价工作，也不必经常依据需求情况而作调整；采用这种方法可以保证各行业取得正常的利润，从而可以保障生产经营的正常进行；如果同行都采取此种方法定价，价格竞争就会大大削弱。

这种方法在西方国家广为应用，尤其在零售业中，大都采用加成定价。它们对各种商品加上预先规定的不同幅度的加成。比如，百货商店一般对烟类加成 20%，照相机 28%，书籍 34%，衣物 41%，珠宝饰品 46%，等等。

这种方法的不足是，它是从卖方的利益出发进行定价的，其基本原则是将本求利和水涨船高，没有考虑市场需求和竞争因素的影响，因而这是一种卖方市场条件的产物。另外，加成率是一个估计数，缺乏科学性，由此计算出来的价格，很难说一定能为顾客所接受，更谈不上在市场上具有竞争能力，同时此种方法过分强调了历史实际成本在定价中的作用。因此，在应用这种方法时，应当根据市场需求、竞争情况等因素的变化作必要的调整。

（2）目标收益定价法

这种方法又称目标利润定价法，或投资收益率定价法。它是在成本的基础上，按照目标收益率的高低计算价格的方法。其计算步骤如下：

① 确定目标收益率。目标收益率可以表现为几种形式，投资利润率、成本利润率、销售利润率和资金利润率等；

② 确定目标利润。根据目标收益率表现形式不同，目标利润的计算也不同。计算公式分别为：

目标利润=总投资额×目标投资利润率

目标利润=总成本×目标成本利润率

目标利润=销售收入×目标销售利润率

目标利润=资金平均占用额×目标资金利润率

③ 计算单价：

单价=（总成本+目标利润）/预计销售量

或单价=单位变动成本+单位贡献毛益

【例】 某企业年生产能力为 100 万件 A 产品，估计未来市场可接受 80 万件，其总成本为 1 000 万元，企业的目标收益率即成本利润率为 20%，问单价应为多少？

解：

目标利润=总成本×利润率

=1 000 万元×20%

=200 万元

单位产品成本=单价=（总成本+目标利润）/预计销售量

=15（元）

因此，该企业产品的定价应为 15 元。

目标收益定价法的优点是，可以保证企业既定目标利润的实现；缺点是，这种方法只是从卖方的利益出发，没有考虑竞争因素和市场需求情况。这种方法是先确定销量以后，再确定和计算出产品的价格，这在理论上是说不通的。因为，对于任何商品而言，一般是价格影响销售，而不是销售决定价格。因此，按此种方法计算出来的价格，不可能保证预计销售量的实现。尤其是那些价格弹性较大的商品，不同的价格，有不同的销售量，而不是先有销售量，然后再确定价格。

所以，目标收益定价法，一般适用于需求价格弹性较小、在市场中有一定影响力、市场占有率较高或具有垄断性质的企业，对于大型的公用事业单位更为适用。因为这类企业的投资大，业务具有垄断性，又和公众利益息息相关，需求弹性较小。政府通常为保证其有一个稳定的收益率，常允许这类企业采用目标收益进行定价，而政府则只对其目标收益率进行限制和控制。

（3）售价加成定价法

这是一种以产品的最后销售价为基数，按销售价的一定百分率来计算加成率，最后得出产品售价的方法。其计算公式为：

单位产品价格=单位产品总成本/（1–加成率）

【例】 某种产品的单位产品成本为 100 元，加成率为 20%，则单价为：

单价=100/（1–20%）=125（元）

这种定价方法，多为商业部门，尤其是零售部门采用。因为，对零售商来说，此种方法更容易计算出商品销售的毛利率；而对于消费者来说，在售价相同的情况下，用这种方法计算出来的加成率较低，更容易接受。

以上几种定价方法的共同特点是：以产品的成本为基础，在成本的基础上加上一定的利润。所不同的只是对利润的确定方法略有差异。它们的共同缺点是没有考虑市场需求和市场竞争情况。

11.2.2 需求导向定价法

这是一种以需求为中心，以顾客对商品价值的认识为依据的定价方法。

1. **认知价值定价法**

这种方法的基本指导思想是，决定商品价格的关键因素是顾客对商品价值的认知水平，而不是卖方的成本。因此，在定价时，先要估计和测量在营销组合中的非价格变量在消费者心目中建立起来的认知价值，然后根据消费者对商品的认知价值，制订出商品的价格。

一般说来，每一种商品的性能、用途、质量、外观及其价格等在消费者心目中都有一定的认知和评价。当卖方的价格水平与消费者对商品价值的认知水平大体一致时，消费者才能接受这种价格。

认知价值定价法与现代产品定位思想很好地结合起来，成为当代一种全新的定价思想和方法，被越来越多的企业所接受。其主要步骤如下：

（1）确定消费者的认知价值

即确定消费者对企业产品的性能、用途、质量、外观及市场营销组合因素等在其心目中的认识程度。

（2）确定商品初始价格

根据确定的认知价值，决定商品的初始价格。

（3）预测商品的销售量

即在估计初始价格的条件下，可能实现的销售量。

（4）预测目标成本

公式如下：

目标成本总额=销售收入总额−目标利润总额−税金总额

单位产品目标成本=单位产品价格−单位产品目标利润−单位产品税金

（5）将预测目标成本与实际成本对比

当实际成本低于目标成本时，这说明，在确定初始价格的前提下，目标利润可以实现，因而初始价格就可定为商品的实际价格。

当实际成本高于目标成本时，这说明，在确定初始价格的前提下，目标利润不能保证实现，需要进一步作出选择，要么降低目标利润，要么设法进一步降低实际成本，使初始价格继续付诸实施；否则，只能放弃原有方案。

（6）判定消费者的认知度

认知价值定价法的关键是准确地确定消费者对所提供商品价值的认知程度。对自己提供的商品价值产生夸张自满看法的卖主，会令他们的产品定价过高。对购买自己产品的消费者认知价值估价过低，所定产品价格就可能低于他们能够达到的价值。为了建立起市场的认知价值，进行市场调研是必不可少的。正确判断消费者对商品价值的认知程度，目前采用的办法主要有以下3种：

① 直接评议法

即邀请有关人员，如消费者、中间商及有关人士等，对商品的价值进行直接评议，得出商品的认知价值。

② 相对评分法

又称直接认知价值评比法，即请消费者等有关人员用某种评分方法对多种同类产品进行评分，然后再按分值的相对比例和现行平均市场价格推算评定产品的认知价值。

③ 诊断评议法

即用评分法对产品的功能、质量、外观信誉、服务水平等多项指标进行评分，找出各因素指标的相对认知价值，再用加权平均方法计算出产品总的认知价值，见表 11-1。

【例】 设有 A、B、C 三家企业制造同一种开关，抽样选出一组工业消费者为对象，邀请这些消费者的采购员来检查和评价这三家企业产品的价值。这里有 3 种可供选择的方法。

第一种方法是直接评议法。在这种情况下，采购员们为他们认定的每种开关估计一个能反映从这些企业购买这种开关的价格。他们评议的结果是：A、B、C 三家企业开关的价格分别为 2.55 美元、2.00 美元和 1.52 美元。

第二种方法是相对评分法。在这种情况下，采购员们给三家企业的产品以百分制来评分，依此来反映购买每家企业开关的总价值。假设 A、B、C 三家企业分别获得 42 分、33 分、25 分。如果一只开关的平均市场价格为 2 美元，三家企业分别收取的价格就是 2.55 美元、2 美元和 1.52 美元，以反映认知价值的变化。

第三种方法是诊断评议法。在这种情况下，采购员们对三家企业提供的一组产品属性进行百分制评分，以反映各属性的相关重要性。

假如三家企业都按其认知价值的比例定价，则每家企业都可享受到部分市场占有率，因为它们提供的价值与价格之比均相等。

表 11-1 诊断法定价

重要性权数	属　　性	A 企业产品	B 企业产品	C 企业产品
25	产品耐用性	40	40	20
30	产品可靠性	33	33	33
30	交货可靠性	50	25	25
15	服务质量	45	35	20
100	认知价值	41.65	32.65	24.90

把对每家企业的评分乘以重要性权数，然后相加，我们可以发现，A 开关的认知价值为 42 分，高于平均分；B 开关的认知价值等于平均分；C 开关的认知价值低于平均分。

显然，在消费者眼里，A 企业产品有更高的认知价值，可以定较高的价格。如果 A 企业希望按其认知价值成比例定价，它可以定价为 2.55 美元（2×42／33），其中，2 美元为平均价格。

如果三家企业都按其产品的认知价值成比例地定价，那么，每家企业都可得到相应的市场占有率。因为它们各自的认知价值对价格的比例相等。如果一家企业的定价低于其认知价值，它就会得到较高的市场占有率。因为，在消费者看来，付同样的钱，可以得到更多好处。相反，如果一个企业的定价高于其认知价值，它就会得到较低的市场占有率，或者根本得不到市场的认可。

2．差别定价法

这种方法又称为区分需求定价法，是指在给产品定价时可根据不同需求强度、不同购买力、不同购买地点和不同购买时间等因素，采取不同的价格。

（1）以消费者为基础的差别定价

这是指对不同的消费者，采用不同的价格。例如，对老消费者和新消费者，采用不同价格，对老消费者给予一定的优惠；同一产品卖给批发商、零售商或消费者，采用不同的价格，等等。

（2）以产品销售地区为基础的差别定价

例如，对于不同地区的消费者采用不同的价格；同一地区或城市的影剧院、运动场、球场或游乐场等因地点或位置的不同，价格也不同。

（3）以时间为基础的差别定价

不同季节、不同日期，甚至在不同时点的商品或劳务可以制订不同的价格。例如，旅游宾馆、饭店在旅游旺季和淡季的收费标准不同；公用事业如电话、电报等在不同时间（白天、夜晚、节假日、平日等）的收费标准不同；出租小摊贩车在白天和夜晚的收费标准不同，等等。

采用差别定价法，要具备一定的前提条件。首先是要分析需求差别，搞好市场细分；其次要防止引起消费者反感和敌意。

11.2.3 竞争导向定价法

这种方法是指企业为了应付市场竞争需要而采取的特殊定价方法。

1．随行就市定价法

所谓随行就市定价法是指企业按照行业的平均现行价格水平来定价。在以下情况下往往采取这种定价方法：

① 难以估算成本；

② 企业打算与同行和平共处；

③ 如果另行定价，很难了解消费者和竞争者对本企业的价格反应。

不论市场结构是完全竞争的市场，还是寡头垄断的市场，随行就市定价都是同质产品市场的惯用定价方法。

在完全竞争的市场上，销售同类产品的各个企业在定价时实际上没有多少选择余地，只能按照行业的现行价格来定价。某企业如果把价格定得高于时价，产品就卖不出去；反之，如果把价格定得低于时价也会遭到降价竞销。

在寡头垄断的条件下，企业也倾向于和竞争对手价格相同。这是因为，在这种条件下市场上只有少数几家大公司，彼此十分了解，消费者对市场行情也很熟悉，因此，如果各大公司的价格稍有差异，消费者就会转向价格较低的企业。所以，按照现行价格水平，在寡头垄断的需求曲线上有一个转折点。如果某公司将价格定得高于这个转折点，需求就会相应减少，因为其他公司不会随之提价（需求缺乏弹性）；相反，如果某公司将其价格定得低于这个转折点，需求则不会相应增加，因为其他公司可能也降价（需求有弹性）。总之，当需求有弹性时，一个寡头企业不能通过提价而获利；当需求缺乏弹性时，一个寡头企业也不能通过降价而获利。

在异质产品市场上，企业有较大的自由度决定其价格。产品差异化使购买者对价格差异的存在不甚敏感。企业相对于竞争者总要确定自己的适当位置，或充当高价企业角色，或充当中价企业角色，或充当低价企业角色。总之，企业总要在定价方面有别于竞争者，其产品策略及市场营销方案也尽量与之相适应以应付竞争者的价格竞争。

2．倾销定价法

这是指一国企为了进入或占领国际市场排斥竞争对手，以低于国内市场价格，甚至低于生产成本的价格向国外市场抛售商品而制订的价格。

采用这种定价法制订的价格，一般使用的时间比较短，一旦达到预期目的，占领了国外市场后，企业就会及时提高价格，以收回在倾销中的损失，并获得应得的利润或垄断利润。但是，采用这种方法制订的价格，易受反倾销法的限制和制裁，因而风险比较大。

3．垄断定价法

这是指垄断企业为了控制某项产品的生产和销售，在价格上做出的一种反应。垄断定价法分为垄断高价定价法和垄断低价定价法。垄断高价定价法是指几家大的垄断企业，通过垄断协议或默契方式，使商品的价格大大高于商品的实际价值，获得高额垄断利润。垄断低价定价法是指垄断企业在向非垄断企业及其他小企业购买原料或配件时，把产品的价格定得很低。

4．保本定价法

这是指企业在市场不景气和特殊竞争阶段，或者在新产品试销阶段所采用的一种保本定价方法。它是在保本产销量的基础上制订的价格，即保本价格。其计算公式是：

单位保本成本=（企业固定成本/保本产销量）+单位变动成本

一般来讲，在成本不变的情况下，价格定在保本价格以上，企业就可以盈利，而定在保本价格以下，必然出现亏损。

很显然，这种方法只说明了企业在产量为多少时什么价格是保证不亏本的最低限度，但是并没有考虑在这种价格水平上这个产量能否销售出去。

5．变动成本定价法

又称为边际贡献定价法，是一种以变动成本为基础的定价方法。其计算公式为：

单位产品价格=单位变动成本+单位边际贡献

或者

单位产品价格>单位变动成本

单位产品价格大于单位变动成本出现的余额，称为单位边际贡献。而边际贡献=固定成本+利润。当利润为零时，边际贡献=固定成本。因此，只要单位产品价格大于单位变动成本就可以补偿一部分固定成本。

企业在市场竞争激烈、产品供过于求、订货不足时，为了增强企业竞争和生存能力，采用变动成本定价法是非常灵活和有效的。

【例】 某企业A产品的生产能力为每年1 000台，全年固定成本总额为50万元，单位变动成本为1 000元，单位成本为1 500元，每台售价为2 000元，已有订货量600台，生产能力有40%的闲置。现有一家外商提出订购400台，但每台出价只有1 200元，问：外商的订购是否可以接受?

如果按照以往的定价水平，外商的出价显然不能接受，但是，如果采用变动成本定价法的思想，这批订货就完全可以接受。因为，如果不接受，企业的利润为：

利润=销售收入–变动成本–固定成本

=120万元–60万元–50万元=10万元

如果接受，

利润=120 万元+48 万元−60 万元−40 万元−50 万元=18 万元

即接受订货比不接受多挣 8 万元。

应当注意的是，固定成本作为期间成本不随着业务量的变化而变动，这时只要单位售价大于单位变动成本，新订单的边际贡献即为企业的新增利润。

6．密封投标定价法

这也是一种依据竞争情况来定价的方法，是招标人通过引导卖方竞争的方法来寻找最佳合作者的一种有效途径。它主要用于建筑包工、产品设计和政府采购等方面。其基本原理是，招标者（买方）首先发出招标信息，说明招标内容和具体要求。参加投标的企业（卖方）在规定期间内密封报价和其他有关内容，参与竞争。其中，密封价格就是投标者愿意承担的价格。这个价格主要考虑竞争者的报价，而不能只看本企业的成本。在投标中，报价的目的是中标，所以报价要力求低于竞争者。

7．拍卖定价法

这是指卖方委托拍卖行，以公开叫卖方式引导买方报价，利用买方竞争求购的心理，从中选择高价格成交的一种定价方法。这种方法历史悠久，常见于出售古董、珍品、高级艺术品或大宗商品的交易中。

11.3 定价的基本策略

前述定价方法是依据成本、需求和竞争等因素决定产品基础价格的方法。基础价格是单位产品在生产地点或者经销地点的价格，尚未计入折扣、运费等对价格的影响。但在市场营销实践中，企业还需考虑或利用灵活多变的定价策略，修正或调整产品的基础价格。

11.3.1 折扣定价策略

企业为了鼓励消费者及早付清货款、大量购买、淡季购买，可以酌情降低其基本价格。这种价格调整叫做价格折扣。

1．价格折扣的主要类型

（1）付款折扣

指对按约定日期付款或提前付款的消费者给予一定的折扣。例如，消费者在 30 天内必须付清货款，如果 10 天内付清货款，则给以 2%的折扣。这有利于加速资金周转，减少坏账损失。

（2）数量折扣

指按购买数量的多少，分别给予不同的折扣，购买数量愈多，折扣愈大，鼓励消费者购买更多的物品。因为大量购买能使企业降低生产、销售、储运、记账等环节的成本费用。例如消费者购买某种商品 100 单位以下，每单位 10 元；购买 100 单位以上，每单位 9 元。这就是数量折扣。

（3）功能折扣

又称贸易折扣。功能折扣是制造商给某些批发商或零售商的一种额外折扣，促使它们执行某种市场营销功能（如推销、储存、服务）。

（4）季节折扣

生产季节性产品的企业对销售淡季来采购的消费者，给予折扣优待；零售企业对那些购买过季商品或服务的消费者给予一定的折扣，均属季节折扣。这有利于企业的生产和销售在一年四季保持相对稳定。例如，羽绒服制造商在春夏季给零售商以季节折扣，以鼓励零售商提前订货；旅馆、航空公司等在营业额下降时给旅客以季节折扣。

（5）促销折让

这是另一种类型的价目表价格的减价。例如，一台冰箱标价为 3 000 元，消费者以旧冰箱折价之 200 元购买，只需付给 2 800 元。这叫做以旧换新折让。如果经销商同意参加制造商的促销活动，则制造商卖给经销商的物品可以打折扣，这叫做促销折让。

2．影响折扣策略的主要因素

折扣被用在战术上和策略发展上会表现出不同特点，其原因主要有以下 3 个：

（1）竞争对手以及联合竞争的实力

市场中同行业竞争对手的实力强弱会威胁到折扣的成效，一旦竞相折价，要么两败俱伤，要么被迫退出竞争。

（2）折扣的成本均衡性

销售中的折价并不是简单地遵循单位价格随订购数量的上升而下降这一规律。对生产厂家来说有两种情况是例外的：一是订单量大小很难看出连续订购的必要性，企业扩大再生产后，一旦下季度或来年订单骤减，投资难以收回；二是订单达不到企业的开机指标，开工运转与分批送货的总成本有可能无法用增加的订单补偿。

（3）市场总体价格水平下降

由于折扣策略有较稳定的长期性，当消费者利用折扣超需购买后，再转手将超需的那部分商品以低于折扣价卖给第三者，这样即会扰乱市场，导致市场总体价格水平下降，给采取折价策略的企业带来损失。

企业实行折扣策略时，除考虑以上因素外还应该考虑企业流动资金的成本、金融市场汇率变化、消费者对折扣的疑虑等因素。目前在我国商界，总代理、总经销方式愈来愈普遍。折扣在经销方式中的运用也非常普遍。有一种现象极为突出，即厂家和大的经销商注意在地区影响范围内消除折扣的差异性，因为市场内同一厂商的同种商品折扣标准混乱，会使消费者难以确定应该选择哪一种价格，结果使折扣差异性在自己市场内形成了冲抵，影响了经销总目标的实现。

11.3.2　地区定价策略

一般地说，一个企业的产品，不仅卖给当地消费者，而且同时卖给外地消费者，把产品从产地运到消费者所在地，需要装运费用。所谓地区性定价策略就是指企业要决定对于卖给不同地区（包括当地和外地不同地区）消费者的某种产品，是分别制订不同的价格还是制订相同的价格。也就是说，企业要决定是否制订地区差价。

地区性定价的形式有以下几种。

1．FOB 原产地定价

所谓 FOB 原产地定价就是指买方按照出厂价购买某种产品，卖方只负责将这种产品运到产地，在某种运输工具（如卡车、火车、船舶、飞机等）上交货后，从产地到目的地的一切风险和费用概由消费者承担。如果按产地某种运输工具上交货定价，那么每一个消费者都各自负担从产地到目的地的运费，这样定价对企业也有不利之处，即远地的消费者有可能不愿购买这个企业的产品，而购买其附近企业的产品。

2．统一交货定价

这种形式和前者正好相反。所谓统一交货定价就是指企业对于卖给不同地区消费者的某种产品，都按照相同的厂价加相同的运费（按平均运费计算）定价，也就是说对全国不同地区的消费者，不论远近，都实行一个价。因此，这种定价又叫邮资定价。

3．分区定价

这种形式介于前二者之间。所谓分区定价就是指企业把全国（或某些地区）分为若干价格区，对于卖给不同价格区消费者的某种产品，分别制订不同的地区价格。距离企业远的价格区，价格定得较高；距离企业近的价格区，价格定得较低，在各个价格区范围内实行一个价。企业采用分区定价也存在问题：

① 在同一价格区内，有些消费者距离企业较近，有些消费者距离企业较远，前者就不合算。

② 处在两个相邻价格区界两边的消费者，他们相距不远，但是要按高低不同的价格购买同一种产品。

4．基点定价

所谓基点定价是指企业选定某些城市作为基点，然后按一定的厂价从基点城市到消费者所在地的运费来定价，而不管货实际上是从哪个城市起运的。有些公司为了提高灵活性，选定许多个基点城市按照消费者最近的基点计算运费。

5．运费免收定价

有些企业因为急于和某些地区做生意，负担全部或部分实际运费。这些企业认为，如果生意扩大，其平均成本就会降低，因此足以抵偿这些费用开支。采取运费免收定价，可以使企业加深市场渗透，并且能在竞争日益激烈的市场上站住脚。

11.3.3 心理定价策略

1．声望定价

声望定价是指企业利用消费者仰慕名品名店声望的心理采用的一种定价方法。因名品名店使消费者产生了信任感，一般是故意把价格定成整数或高价，基本上不影响销售。质量不易鉴别的商品定价适宜采用此法，因为消费者有崇尚名牌的心理，往往以价格判断质量，认为高价代表高质量。但价格也不能高得离谱，使消费者不能接受。有报道称，在美国市场上，手工做的布鞋很受欢迎。但质量好、价格低的中国货却竞争不过质量相对差、价格却高的韩国货，其原因是由于在美国人眼里，低价就意味着低档次。

在现代社会，消费高价位的商品往往被认为是财富、身份和地位的象征。因此，对于非生活必需品及具有民族特色的手工产品，应采取极品价格形象。强调产品品牌的著名，质量的上乘，包装的精美与豪华以及给消费者精神上的高度满足。提到领带，人们都会想到金利来；提到旅游鞋，人们会想到阿迪达斯、耐克；而提到服装，人们又会想到皮尔·卡丹。这些名牌产品不仅以优质高档而闻名于世，更以其价格昂贵而引人注目。

2．尾数定价

所谓尾数定价是指利用消费者数字认知的某种心理，尽可能在价格数字上不进位，而保留零头，使消费者产生价格低廉和卖主经过认真的成本核算才定价的感觉，从而使消费者对企业产品及其定价产生信任感。

3．招徕定价

所谓招徕定价是指零售商利用部分消费者求廉的心理，特意将某几种商品的价格定得较低以吸引消费者。某些商店随机推出降价商品，每天、每时都有一至两种商品降价出售，吸引消费者经常来采购廉价商品，同时也选购了其他正常价格的商品。

11.3.4 差别定价策略

所谓差别定价就是指上节提到的需求差异定价，它是指企业按照两种或两种以上不反映成本费用的比例差异的价格销售某种产品或服务。

1．差别定价的主要形式

(1) 顾客差别定价

即企业按照不同的价格把同种类产品或服务卖给不同的消费者。例如，某汽车经销商按照价目表价格把某种型号汽车卖给消费者 A，同时按照较低价格把同一种型号汽车卖给消费者 B。这种价格歧视表明消费者的需求强度和商品知识有所不同。

(2) 产品形式差别定价

即企业对不同型号或形式的产品分别制订不同的价格。但是，不同型号或形式产品的价格之间的差额和成本费用之间的差额并不成比例。

(3) 产品部位差别定价

即企业对于处在不同位置的产品或服务分别制订不同的价格，即使这些产品或服务的成本费用没有任何差异。例如剧院，虽然不同座位的成本费用都一样，但是不同座位的票价有所不同，这是因为人们对剧院不同座位的偏好有所不同。

(4) 销售时间差别定价

即企业对于不同季节、不同时期甚至不同钟点的产品或服务分别制订不同的价格。例如，美国公用事业对商业用户（如旅馆、饭馆等）在一天中某些时间、周末和平常日子的收费标准有所不同。

2．差别定价的适用条件

企业采取差别定价策略必须具备以下条件：

① 市场必须是可以细分的，而且各个市场部分须表现出不同的需求程度；

② 以较低价格购买某种产品的消费者没有可能以较高价格把这种产品倒卖给别人；

③ 竞争者没有可能在企业以较高价格销售产品的市场上以低价竞销；

④ 细分市场和控制市场的成本费用不得超过因实行价格歧视而得到的额外收入，这就是说，不能得不偿失；

⑤ 价格歧视不会引起消费者反感放弃购买，不能影响销售；

⑥ 采取的价格歧视形式不能违法。

11.3.5　新产品定价策略

新产品定价是定价策略中的一个重要问题。产品初上市定价多少，将决定其能否在市场上站住脚，也将影响到企业的前途。一般来讲，新产品定价有两种策略可供选择：

1．撇脂定价

撇脂定价是指在产品生命周期的最初阶段，把产品的价格定得很高，以获取最大利润，有如从鲜奶中撇取奶油。企业所以能这样做，是因为有些消费者主观认为某些商品具有很高的价值。从市场营销实践看，在以下条件下企业可以采取撇脂定价：

① 市场有足够的购买者，他们的需求缺乏弹性，即使把价格定得很高，市场需求也不会大量减少。

② 高价使需求减少一些，因而产量减少一些，单位成本增加一些，但这不致抵消高价所带来的利益。

③ 在高价情况下，仍然独家经营，无别的竞争者，有专利保护的产品即是如此。

④ 某种产品的价格定得很高，使人们产生这种产品是高档产品的印象。

2．渗透定价

渗透定价是指企业把其创新产品的价格定得相对较低，以吸引大量顾客，提高市场占有率。从市场营销实践看，企业采取渗透定价需具备以下条件：

① 市场需求显得对价格极为敏感，因此，低价会刺激市场需求迅速增长。

② 企业的生产成本和经营费用会随着生产经营经验的增加而下降。

③ 低价不会引起实际和潜在的竞争。

11.3.6　产品组合定价策略

当产品只是某一产品组合的一部分时，企业必须对定价方法进行调整。这时候，企业要研究出一系列价格，使整个产品组合的利润实现最大化。因为各种产品之间存在需求和成本的相互联系，而且会带来不同程度的竞争，所以定价十分困难。

1．产品大类定价

通常企业开发出来的是产品大类，而不是单一产品。当企业生产的系列产品存在需求和成本的内在关联性时，为了充分发挥这种内在关联性的积极效应，需要采用产品大类定价策略。在大类定价时，首先，确定某种产品的最低价格，它在产品大类中充当领袖价格，以吸引消费者购买产品大类中的其他产品；其次，确定产品大类中某种商品的最高价格，它在产品大类中充当品牌质量和收回投资的角色；再者，产品大类中的其他产品也分别依据其在产品大类中的角色不同而制订不同的价格。例如，松下公司设计出 5 种不同的彩色立体声摄像机，简单型的只有 4.6 磅（注：1 磅=0.4536 千克），复杂型的有 12.3 磅，包括自动聚焦、明暗控制、双速移动目标镜头等。产品大类上以摄像机依次增加新功能来获取高价。管理部门要确定各种摄像机之间的价格差距。制订价格差距时要考虑摄像机之间的成本差额、消费者对不同特征的评价以及竞争对手的价格。如果价格相差很大，消费者就会购买价格低的摄像机。在许多行业，营销者都为产品大类中的某一种产品事先确定好价格点。例如，男士服装店可能经营 3 种价格档次的男士服装：150 美元、250 美元和 350 美元。消费者会从 3 个价格点上联系到高、中、低 3 种质量水平的服装。即使这 3 种价格同时提高，男士们仍然会按照自己偏爱的价格来购买服装。营销者的任务就是确立认知质量差别，使价格差别合理化。

2．选择品定价

许多企业在提供主要产品的同时，还会附带一些可供选择的产品或特征。汽车用户可以订购电子开窗控制器、扫雾器和减光器等。但是对选择品定价却是一件棘手的事。汽车公司必须确定价格中应包括哪些产品，又有哪些产品可作为选择对象。汽车制造商只希望对简便型汽车做广告来吸引人们到汽车展示厅参观，而将展示厅的大部分空间用于展示昂贵的特征齐全的汽车。饭店也面临同样的定价问题。其消费者除了定购饭菜外也买酒类。许多饭店的酒价很高，而食品的价格相对较低。食品收入可以弥补食品的成本和饭店其他的成本，而酒类则可以带来利润。这就是为什么服务人员极力要求消费者买饮料的原因。也有饭店会将酒价制订得较低，而对食品制订高价，为的是吸引爱饮酒的消费者。

3．补充产品定价

有些产品需要附属或补充产品。例如打印机墨盒、剃须刀片和胶卷。制造商经常为主要产品（打印机、剃须刀架和照相机）制订较低的价格，而为附属产品制订较高的价格。例如，柯达照相机的价格很低，原因是它从销售胶卷上盈利。而那些不生产胶卷的照相机生产商为了获取同样的总利润，不得不对照相机制订高价。但如果补充产品的定价过高，就会出现问题。例如卡特匹勒公司对其部件和服务制订了高价格，以便在售后市场中获取高额利润。该公司设备的加成率为 30%，而部件的加成率有时候达到 300%。这就给“非法仿制者”带来了机会。它们仿制这些部件，然后将它们销售给某些不诚信的安装技师。这些技师仍以原价计算，而不把节省的成本转让给消费者。这样，卡特匹勒公司的销售额下降了很多。卡特匹勒公司为了控制这种情况，劝说设备所有者只从被许可的经销商处购买部件，以保证设备的性能。但是，很显然，该问题是由于制造商对售后市场的产品定价过高造成的。

4．分部定价

服务性企业经常收取一笔固定费用，再加上可变的使用费用。例如，电话用户每月都要支付一笔最少的使用费，如果使用次数超过规定，还要再交费。游乐园一般先收门票费，如果游玩的地方超过规定，就再交费。在新加坡，新车的价格包括两个部分，第一部分是包括进口税在内的汽车成本；第二部分是获取驾驶执照的价格费用——拥有新车的权利。后者在拍卖行可以购买到那种每月都能提供一定数量的用于不同车辆的驾驶执照。成功的驾车执照购买人要为享有买车的权利支付费用。服务性公司面临着和补充产品定价同样的问题，即应收多少基本服务费和可变使用费。固定成本应较低，以推动人们购买服务，而利润可以从使用费中获取。

5．副产品定价

在生产加工肉类、石油产品和其他化工产品的过程中，经常有副产品。如果副产品价值很低，处理费用昂贵，就会影响到主产品的定价。制造商确定的价格必须能够弥补副产品的处理费用。如果副产品对某一消费者群有价值，就应该按其价值定价。副产品如果能带来收入，将有助于公司在迫于竞争压力时制订较低的价格。

6．产品组合定价

企业经常以某一价格出售一组产品，例如化妆品、计算机、旅游公司为消费者提供的一系列假期旅游方案。这一组产品的价格低于单独购买其中每一产品的费用总和。因为消费者可能并不打算购买其中的所有产品，所以这一组合价格必须有较大的降幅，以此来推动消费者购买。假设一家医疗设备公司免费提供送货上门和培训服务。某一消费者可能要求免去送货和培训服务，以获取较低的价格。有时，消费者要求将产品组合拆开，在这种情况下，如果企业节约的成本大于向消费者提供其所需商品的价格损失，则公司的利润会上升。例如，供应商不提供送货上门可节省100元，这时向消费者提供的价格的减少额为80元，则它的利润就增加了20元。

11.4　价格变动反应及价格调整

实际生活中，经常会看到讨价还价的现象，如何应对这种讨价还价行为。企业处在一个不断变化的市场环境之中，为了生存和发展，有时候需要主动降价或提价，有时候又需要对竞争者的变价作出适当的反应。本课题将深入分析和研究一些应对价格变动的技巧。

11.4.1　企业降价与提价

有几种情况会促使企业考虑降低原价。

① 生产能力过剩，需要扩大销售量，但企业又没有能力通过产品改进和加强销量来扩大销售，在这种情况下企业就需考虑降价。

② 在强大竞争者的压力之下，企业的市场占有率下降。例如，1996年彩电行业出现降价风潮，当时长虹的降价幅度高达30%，TCL曾试图以保持原有价格，提高产品质量，加大宣传力度，扩大与竞争者的策略来应对，但因产品的价格弹性较强，未能奏效。为保持其市场占有率，TCL也被迫采取了降价策略。

③ 企业的成本费用比竞争者低，企图通过降价来控制市场或提高市场占有率，从而达到扩大生产和销售量，降低成本费用的目的。在这种情况下，企业也往往发动降价攻势。

在市场营销实践中，有实力的企业率先降价往往能给弱小的竞争者以致命的打击。例如，1920年，刘鸿生在苏州创建鸿生火柴厂，日产“宝塔”牌火柴100箱。1927年，李益石在苏州创设民生火柴厂，日产“中山”牌火柴10箱。鸿生厂为了挤垮民生厂，在其对面创办一家苏州火柴厂，生产“吉祥”、“多福”牌火柴，其目的就是以最低的销价来搞垮民生厂。民生厂的生意做到哪里，苏州厂的廉价火柴也跟到哪里，民生厂终因不能力敌而关门。而鸿生厂的利润大大增加。

企业提价的主要原因与方法如下：

1．物价上涨

企业的成本费用提高，因此不得不提高产品价格。在通货膨胀条件下，许多企业往往采取种种方法来调整价格。诸如：

（1）采取推迟报价定价的策略

即企业暂时不规定最后价格，等到产品制成或交货时再规定最后价格。工业建筑和重型设备制造等行业一般采取这种定价策略。

（2）在合同上规定调整条款

即企业在合同上规定在一定时期内（一般到交货时为止），可按某种价格指数来调整价格。

（3）采取不包括某些服务的定价策略

即在通货膨胀、物价上涨的条件下，企业决定产品价格不动，但原来提供的某些服务要计价，这样一来，原来提供的产品的价格实际上提高了。

（4）降低价格折扣

即企业决定削减正常的现金和数量折扣，并限制销售人员以低于价目表的价格拉生意。

（5）取消低利产品

（6）降低产品质量，减少产品特色和服务

企业采取这种策略可保持一定的利润，但会影响其声誉和形象，失去忠诚的顾客。

2．产品供不应求，不能满足其所有顾客的需要

提价方式包括取消价格折扣，在产品大类中增加价格较高的项目。或者开始提价，为了减少消费者的不满，企业提价时应当向消费者说明提价的原因，并帮助消费者寻找节约途径。

3．尽量不直接提价，采用其他方法来弥补增加的成本和满足增加的需求

如按件定价的糖果、饼干，减少产品的实际数量；以便宜的配料代替价格上涨的配料；去掉产品的某些特色或服务等。

11.4.2 消费者对企业变价的反应

企业无论提价或降价，这种行动必然影响到消费者、竞争者、经销商和供应商，而且政府对企业变价也不能不关心。在这里，首先分析消费者对企业变价的反应。

1．消费者对企业降价的反应

消费者对于企业的产品降价消费者可能会这样理解：

① 这种产品的式样老了，将被新型产品所代替；

② 这种产品有某些缺点，销售不畅；

③ 企业财务困难，难以继续经营下去；

④ 价格还要进一步下跌；

⑤ 这种产品的质量下降了。

2．消费者对企业提价的反应

企业提价通常会影响销售，但是消费者对企业的某种产品提价也可能会这样理解：

① 这种产品很畅销，不赶快买就买不到了；

② 这种产品很有价值；

③ 卖主想尽量取得更多的利润。

一般地说，消费者对于价值高低不同的产品价格的反应有所不同。对于那些价值高、经常购买的产品价格变动较敏感，而对于那些价值低、不经常购买的小商品，即使单位价格较高，消费者也不大注意。此外，消费者虽然关心产品价格变动，但是通常更关心取得、使用和维修产品的总费用。因此，如果卖主能使消费者相信某种产品取得、使用和维修的总费用较低，那么，它就可以把这种产品的价格定得比竞争者高，以取得较多的利润。

11.4.3　竞争者对企业变价的反应

企业在考虑改变价格时，不仅要考虑消费者的反应，而且必须考虑竞争对手的反应。当某一行业中企业数目很少，产品同质性强，消费者颇具辨别力与知识时，竞争者的反应就愈显重要。

1．了解竞争者反应的主要途径

企业了解竞争者的反应可以通过以下两种方法：一是通过内部情报；二是借助统计分析。获取内部情报的方法有好几种，有些是可接受的，有些则近乎刺探。有一种方法是从竞争者那里挖来经理，以获得竞争者决策程序及反应模式等重要情报。此外，还可以雇用竞争者以前的职员专门成立一个部门，其工作就是模仿竞争者的立场、观点、方法思考问题。类似的情报也可以由其他渠道如消费者、金融机构、供应商、代理商等处获得。

2．预测竞争者反应的主要假设

企业可以从以下两个方面来估计、预测竞争者对本企业产品价格变动的可能反应。

① 假设竞争对手采取老一套办法来对付本企业的价格变动。在这种情况下，竞争对手的反应是能够预测的。

② 假设竞争对手把每一次价格变动都看做是新的挑战，并根据当时自己的利益做出相应的反应。在这种情况下，必须断定当时竞争对手的利益是什么。企业必须调查清楚竞争对手目前的财务状况。近来的销售和生产能力情况，消费者忠诚情况以及企业目标等。如果竞争者的企业目标是提高市场占有率，它就可能随着本企业的产品价格变动而调整价格。如果竞争者的企业目标是取得最大利润，它就会采取其他对策，如增加广告预算，加强广告促销或者提高产品质量等。总之，企业在实施价格变动时，必须善于利用企业内部和外部的信息来源，观测出竞争对手的思路，以便采取适当的对策。

实际问题是复杂的。假如本企业降价，竞争者就可能有种种不同理解，如可能认为企业想偷偷地侵占市场阵地；或者认为企业经营不善，力图扩大销售；还可能认为企业想使整个行业的价格下降，以刺激整个市场需求。

上面假设的前提是企业只面临着一个大的竞争者。如果企业面对着若干个竞争者，在变价时就必须估计每一个竞争者的可能反应。如果所有的竞争者反应大体相同，就可以集中力量分析典型的竞争者，因为典型的竞争者反应可以代表其他竞争者的反应。如果由于各个竞争者在规模、市场占有率及政策等重要问题上有所不同，因此它们的反应也有所不同，在这种情况下，就必须分别对各个竞争者进行分析；如果某些竞争者随着本企业的价格变动而变价，那么就有理由预料其他的竞争者也会这样。

11.4.4　企业对竞争者变价的反应

企业经常也会面临竞争者变价的挑战。如何对竞争者的变价做出及时、正确的反应，是企业定价策略的一项重要内容。

1．不同市场环境下的企业反应

在同质产品市场上，如果竞争者降价，企业必须随之降价，否则消费者就会购买竞争者的产品，而不购买本企业的产品；如果某一个企业提价，且提价会使整个行业有利，其他企业也会随之提价，但是如果某一个企业不随之提价，那么最先发动提价的企业和其他企业也不得不取消提价。

在异质产品市场上，企业对竞争者变价的反应有多重的选择余地。因为在这种市场上，消费者选择卖主时不仅考虑产品价格因素，还要考虑产品的质量、服务、性能、外观、可靠性等多方面的因素。因而在这种产品市场上，消费者对于较小的价格差异并不在意。

面对竞争者的变价，企业必须认真调查研究如下问题：

① 为什么竞争者变价；

② 竞争者打算暂时变价还是永久变价；

③ 如果对竞争者变价置之不理将对企业的市场占有率和利润有何影响；

④ 其他企业是否会做出反应；

⑤ 竞争者和其他企业对于本企业的每一个可能的反应又会有什么反应。

2．市场领导者的反应

在竞争性的市场上，市场领导者往往遭到其他企业的进攻。这些企业的产品可与市场领导者的产品相媲美，它们往往通过进攻性的降价来争夺市场领导者的市场阵地。在这种情况下，市场领导者有以下几种策略可供选择：

（1）维持价格不变

因为市场领导者认为，如果降价就会减少利润收入。而维持价格不变，尽管对市场占有率有一定影响，但以后还能恢复市场阵地。当然，维持价格不变的同时，还要改进产品质量、提高服务水平、加强促销沟通等，运用非价格手段来反击竞争者。许多企业的市场营销实践证明，采取这种策略比降价和低利经营更合算。

（2）降价

市场领导者采取这种策略是因为：

① 降价可以使销售量和产量增加，从而使成本费用下降；

② 市场对价格很敏感，不降价就会使市场占有率下降；

③ 市场占有率下降之后，很难恢复。但是，企业降价以后仍应尽力保持产品质量和服务水平。

（3）提价

提价的同时，还要致力于提高产品质量，或推出某些新品牌，以便与竞争对手争夺市场。

3．企业应变需要考虑的因素

受到竞争对手进攻的企业必须考虑：

① 产品在其生命周期中所处的阶段及其在企业产品投资组合中的重要程度；

② 竞争者的意图和资源；

③ 市场对价格和价值的敏感性；

④ 成本费用随销量和产量的变化而变化的情况；

⑤ 中国企业价格战的形式与效果。

面对竞争者的变价，企业不可能花很多时间来分析应采取的对策。事实上，竞争者很可能花了大量的时间来准备变价，而企业又必须在数小时或几天内明确果断地做出明智反应。缩短价格反应决策时间的方针与途径是：预料竞争者的可能价格变动，并预先准备适当的对策。

【小 结】

（1）价格构成的4个要素是生产成本、流通费用、税金和利润。商品成本、消费者需求、商品特征、竞争者行为、市场结构等都将对价格产生影响。

（2）定价的程序通常分为明确目标市场、分析影响因素、确定定价目标、选择定价方法，最后确定价格。

（3）定价的方法包括成本导向定价法、需求导向定价法、竞争导向定价法。

（4）定价策略多种多样，新产品定价时可以考虑撇脂定价法、渗透定价法和满意定价法；产品组合定价时考虑产品大类定价、任选品定价、连带产品定价等；修订价格时则可考虑现金折扣、数量折扣等；竞争中的价格调整可考虑主动调整和被动调整两种方法。

第三部分 课题实践页

一、选择题

（1）成本加成定价是在下列哪一项的基础上加一定百分比来制订产品的销售价格（ ）。

A. 边际成本 B. 边际可变成本 C. 平均成本 D. 单位成本

（2）下列哪一项是市场营销组织中唯一能产生收入的因素（ ）。

A. 产品 B. 渠道 C. 价格 D. 促销

（3）企业产品的成本水平取决于产品的（ ）函数和投入要素的价格。

A. 销售 B. 生产 C. 市场 D. 收入

（4）在（ ）市场结构中，卖主和买主只能是价格的接受者。

A. 垄断竞争 B. 寡头垄断 C. 完全竞争 D. 纯粹垄断

（5）在企业定价方法中，差别定价法属于（ ）。

A. 成本导向定价 B. 需求导向定价 C. 竞争导向定价 D. 市场导向定价

（6）（ ）定价就是企业把全国（或某些地区）划分为若干价格区，对于卖给不同价格区顾客的某种产品，分别制订不同的地区价格。距离企业远的价格区，价格定得较高；距离企业近的价格区，价格定得较低。在各个价格区范围内实行一个价。

A. 基点 B. 邮资 C. 统一交货 D. 分区

（7）（ ）是制造商给某些批发商或零售商的一种额外折扣，促使他们愿意执行某种市场营销职能（如推销、储存、服务）。

A. 现金折扣　　B. 数量折扣　　C. 职能折扣　　D. 季节折扣

（8）企业提高价格的原因是（　　）。

A. 企业生产能力过剩　　B. 成本膨胀

C. 企业市场占有率下降　　D. 库存积压

二、判断题

（1）无论何时商品的单位成本都是其定价的最低经济界限。（　　）

（2）企业以追求最大利润为目标时应采取高位定价策略。（　　）

（3）交易折扣是企业在交易过程中给消费者的价格折让。（　　）

（4）当企业以公开技术大量生产新产品时应采用渗透定价策略。（　　）

（5）需求弹性大的产品价格与销售收入反向变化。（　　）

三、简答题

（1）影响商品价格的因素有哪些，作为营销者应该如何去把握？

（2）可供企业选择的定价目标有哪些？它对于正确定价有什么作用？

（3）什么叫撇脂定价策略，应该如何操作？

（4）什么叫心理定价策略，主要有哪几种？

四、实训操作

选择几个校企合作企业的产品为样本，调查其成本状况，分析其价格模式和策略。

实训目标：训练学生价格策略制订能力。

实训组织：学生分组，分头收集资料并分析，写出分析报告。

实训成果：报告展示，师生点评。

课题十二　渠道策略

技能目标	知识目标	建议学时
➢ 渠道概述	（1）掌握渠道概念 （2）熟悉渠道功能 （3）掌握渠道模式	2
➢ 渠道设计与管理策略	（1）掌握影响渠道选择的因素 （2）熟悉渠道的管理策略	4
➢ 选择中间商	（1）能选择批发商 （2）会选择零售商	2

第一部分　案例与讨论

案例1：分销渠道的"顽疾"——串货

串货猛于虎。串货是一种极易被忽视，但对品牌和企业经营杀伤力很强的营销病症，特别是对有深厚品牌积累的企业，忽视串货，有可能导致"千里之堤，溃于蚁穴"。

什么是串货？经销商不经公司销售中心和销入地区的经销商同意，擅自将公司产品销售到非辖区，此即为串货。对企业而言，串货从某种程度上说是好事，说明其产品有市场，但如果不及时制止，则可能导致企业全军覆没。

串货的危害主要有以下5种：

一是造成市场价格混乱。渠道管理的一个关键是维护合理的价格体系，确保每个层面价格的稳定，杜绝和限制任何有可能引起价格混乱的行为。而串货会从根本上扰乱企业整个经销网络的价格体系，引发价格战。

二是导致生产厂家利润下滑。经销商向辖区以外倾销产品最常用的方法是降价销售，低于厂家规定的价格。这势必影响到厂家的利润水平。

三是使经销商积极性受挫。经销商销售某品牌产品的最直接动力是利润，一旦出现价格混乱，经销商的正常销售就会受到严重干扰，利润的减少会使经销商对品牌失去信心，丧失积极性并最终放弃经销该产品。

四是降低消费者忠诚度。混乱的价格将导致企业的产品失去消费者的信任与支持。

五是侵蚀品牌。在品牌消费时代，消费者购买商品的前提是对品牌的信任。由于串货导致的价格混乱会损害品牌形象，一旦品牌形象不足以支撑消费信心，企业通过品牌经营的战略将会受到灾难性的打击。

在治理串货的问题上，企业界既有正面经验，也有反面教训。如娃哈哈通过要求经销商交保证金、实行级差价格体系管理、给产品包装打编号、成立专门的反串货机构、以合同为依据严厉惩罚串货行为等办法，整治了分销渠道的串货“顽疾”。

与此形成对照的是，金利来通过大量广告宣传和优质的产品，成功地塑造了“男人的世界”的良好形象，但由于它在早期对假货和串货现象管理不严，造成地区差价达到一倍甚至几倍，其后果严重抵消了它的品牌努力。消费者惧怕买到假货，以至于不敢放心购买金利来产品，金利来的品牌形象因此大为失色。

所以，我们说，串货是一种极易被忽视，但对品牌和企业经营杀伤力很强的营销病症，特别是对有深厚品牌积累的企业，忽视串货，有可能导致千里之堤，毁于蚁穴。

（资料来源：胡泳. 成功营销，2004，(11). 经本书作者重新整理）

案例讨论

（1）何谓串货？有何危害？

（2）如何预防与治理串货？

第二部分　课题学习引导

12.1 渠道概述

在商品经济条件下，生产者与消费者之间的供求关系，存在时间、地点、数量、品种、信息、产品估价和所有权等多方面的差异和矛盾。一个企业的产品，要经过一定的方式、方法和路线，才能在适当的时间、地点，以适当的价格和方式提供给消费者或用户，满足市场需要，实现企业的营销目标。如何将产品由生产地点向销售地点运动是本课题要讨论的内容。

12.1.1 渠道概念与功能

1．概念

在现代社会，绝大多数生产企业并不是直接把生产出来的产品输送到最终消费者的手上，而是需要一系列中间组织的配合，最终使产品所有权与产品实体发生转移。但是，商品实体转移的动向和经过的环节并不一定与商品所有权转移的动向和经过的环节相一致。例如，商品从生产者到零售商可能有两家批发商参与了交易，但是这些批发商可能并没有参加商品实体的转移，即没有运送或保管过该商品。因此在定义分销渠道时，一般指的是参与了商品所有权转移或商品买卖交易的中间商构成的通道。

分销渠道也称作营销渠道或配销通路，是指某种产品从生产者向消费者或用户转移过程中所经过的各中间商连接起来形成的通道。它由位于起点的生产者和位于终点的消费者，以及位于二者之间的中间商构成。

2．功能

分销渠道对产品从生产者转移到消费者的过程中所必须完成的工作加以组织，其目的在于消除产品（或服务）与使用者之间分离的矛盾。分销渠道的职能包括：

① 分销渠道是连接生产者与消费者的桥梁；

② 分销渠道可以减少生产者与消费者之间的交易次数，节约交易费用；

③ 分销渠道中的中间商代替生产企业完成市场营销的许多功能；

④ 分销渠道可以为生产者搜集和提供市场信息。

12.1.2　渠道模式

1．层次

分销渠道可根据其渠道层次分类。在产品从生产者转移到消费者的过程中，任何一个对产品拥有所有权或负有推销责任的机构，就成为一个渠道层次。由于生产者和消费者都参与了将产品及其所有权转移到消费者的工作，因此他们也包括在分销渠道中。但是市场营销学以中间机构层次的数目，确定渠道的长度，如图 12–1 所示。

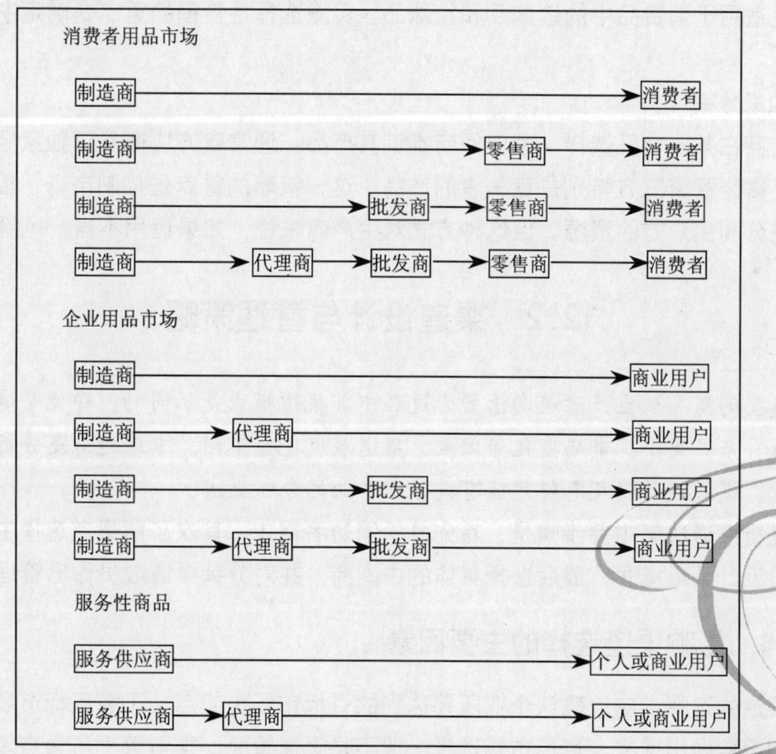

图 12-1　营销渠道模式

① 零层渠道也叫直销渠道。即制造商的产品直接到达消费者手中，没有中间商的参与，是生产者市场等组织机构市场常见的渠道。

② 一层渠道在制造商与消费者之间，有零售商的参与。

③ 二层渠道制造商把产品出售给批发商，由批发商转卖给零售商，最后由零售商销往消费者，是消费者市场最普遍的一种渠道；或由代理商代为联系零售商，再由零售商购进产品卖给消费者。代理商并不取得产品所有权，它只为买卖双方牵线搭桥，撮合成交以后按比例收取佣金。规模较小的生产者，其销售渠道常有代理商的参与。

④ 三层渠道制造商经由代理商与批发商发生联系，产品再通过批发商、零售商销往消费者。

当然，渠道层次还可以更多，但是多过三层渠道的在现实中已不多见。

2．宽度

分销渠道的宽度是指渠道的每个层次使用的同类型中间商的多少，通常分为以下 3 种。

（1）密集性分销

指制造商尽可能通过许多负责任的、适当的批发商、零售商推销其产品。消费品中的便利品和产业用品中的供应品，通常喜欢密集性分销，以便于广大消费者和用户随时随地买到。这种策略的重心是扩大市场覆盖或加快进入一个新市场的速度。

（2）选择性分销

指制造商在某一地区仅仅通过少数精心挑选的、最合适的中间商推销产品。相对而言选择性分销更适用于消费品中的选购品和特殊品。实施选择性分销的重点是确定中间商选择的标准。

（3）独家分销

指制造商在某一地区选择一家中间商推销其产品。通常双方协商签订独家经销合同，规定经销商不得经营第三方特别是竞争者的产品。这一策略的重点是控制市场、控制中间商，或者彼此充分利用双方的资源。但这种方式对生产商来说，如果运用不当，风险较大。

12.2　渠道设计与管理策略

不同类型的商品从生产者流向消费者过程中其渠道模式是不同的。即便是消费品也会因其价格高低、产品大小、市场变化等因素，渠道层次也会不同。本课题就是分析研究如何进行渠道层次、模式设计以及怎样才能有效管理企业的分销渠道。

企业进行渠道决策主要步骤是，首先分析消费者需求，其次了解渠道选择中的各种限制因素，第三设计渠道模式，最后选择具体的中间商，并对分销渠道成员作出管理决策。

12.2.1　影响渠道选择的主要因素

分销渠道的选择，应以确认企业所要达到的目标市场为起点。了解目标市场的需求，然后根据限制因素做出选择。目标市场选择一般不是渠道策略、渠道管理所重点考虑的问题。然而在实践中，目标市场选择与分销渠道选择是相互依存的，企业只有明确了自己的目标市场，才能根据目标市场的需求做出有利的渠道选择决策。有利的市场加上有利的渠道，才能使企业获得理想的利润。

分销渠道选择决策的中心问题，是如何确定到达目标市场的最佳途径。所以，选择渠道必须充分考虑以下因素的影响。

1．产品因素

（1）产品的耐久性

通常，容易腐烂的产品为了避免拖延时间及重复处理，需要直接营销。

（2）产品大小和重量

那些与其价值相比体积较大的产品，如建筑材料、软性材料等，需要通过生产者到最终消费者搬运距离最短、搬运次数最少的渠道。

（3）定制品和标准品

非标准化产品如消费者订制的机器和专业化商业表格，由于不易找到具有该类知识的中间商，通常由企业派出推销员直接销售。

（4）技术性和售后服务

需要安装、维修的产品，经常由企业自己或授权独家特许商负责销售和保养。

（5）产品单位价值

单位价值高的产品，一般多由企业的推销员而不是通过中间商销售。

2．市场因素

市场因素主要考虑目标市场的各种情况。

（1）潜在消费者数量和销售量的大小

消费者人数多时，生产者倾向于每一层次都有较多中间商参与的较长渠道。

（2）市场地区分布情况

如果生产者面对的是集中在同一地区的 1 000 个消费者，其渠道和费用肯定要比销售给分散在 100 个地区的 1 000 个消费者要少，这是地理分布因素的影响。

（3）消费者的购买习惯

消费者的购买方式如何，对于渠道选择也很重要。如果消费者经常小批量购买，就需要较长的渠道供货。因此，少量而频繁的订货使五金器具、烟草、药品等产品的制造商依赖批发商为其销货。同时，这些相同的制造商可能越过批发商，直接向订货量大且订货次数少的消费者供货。此外，消费者对不同促销方式的敏感性，也会影响渠道的选择。例如，越来越多的家具零售商喜欢在产品展销会上出售家具，从而使这种销售渠道迅速发展。

3．企业本身的因素

（1）企业规模大小

企业的声誉高、财力雄厚，在选择中间商方面就有更大的主动权，而且它们往往具备经营管理销售业务的经验和能力，因此与其支付给中间商各种佣金，不如自己组织销售业务，既可以与消费者加强联系，又可多获利润。所以这类企业选择的渠道一般是“短而窄”；而财力弱的企业只能依靠中间商，销售渠道势必长些。

（2）产品组合宽窄

一个企业的产品组合宽度越大，与消费者直接打交道的能力越大，只凭借自己的销售力量就可以提供不同种类的产品，渠道可以“短而窄”；产品组合的深度越大，则使用独家专售或选择性代理商就越有利，即适于“窄渠道”；产品组合的关联性越强，则应使用性质相同或相似的渠道。

（3）企业的营销策略

企业现行的营销策略，也会影响渠道的选择。如果企业奉行对终端消费者快速交货服务的政策，会影响生产者对中间商所执行的职能、最终经销商的数目与存货水平以及所采用的运输系统的要求。如果企业希望完全控制其产品的定位、价格和形象，就应该建立专卖店或专卖柜，反之就可以通过较多的中间商分销。

4．环境因素

从微观环境看，企业大多数尽量避免使用与竞争对手相同的分销渠道，但也不是绝对的。如一些消费者参与程度较小而品牌差别却较大的产品，企业却希望将自己的产品与竞争对手的产品摆在一起出售。

从宏观环境看，经济形势对渠道选择有较大影响。当经济萧条时，企业想要尽量控制和降低产品的最终价格，因此必须尽量减少流通环节，取消非必要的加价。另外，政府有关商品流通的政策、法规也是影响企业进行渠道选择的重要因素。

12.2.2 渠道的管理策略

1．分销渠道设计

（1）明确渠道目标与限制

每个生产者都必须在如上所述的产品、市场、企业自身和环境等所形成的限制中，确定其渠道目标，即确定企业预期达到的消费者服务水平及中间商应执行的职能等。

（2）确定渠道模式

即确定渠道长度。企业渠道目标决定采用何种类型的分销渠道，是直接渠道还是间接渠道，是长渠道还是短渠道。

（3）确定中间商数目

即确定渠道宽度，确定每一层次分销商的数量。决定是采用密集分销、选择分销还是独家分销。

（4）规定渠道成员的权利与责任

使用中间商，会增加控制上的难度。代理商是独立的企业，所关心的是自己如何取得最大利润。它的一些决定可能与生产者的策略相违背，比如它可能更多的关注一些能够给他带来利润的消费者，而对生产者构成长期影响的消费者却被忽视了。那么生产者需要对代理商的行为进行规范与管理。而中间商为了保证自己的利润也需要生产商的承诺。

企业在选择好经销商之后就会规定渠道成员的权利与责任。如生产企业给予中间商的供货保证、产品质量保证、换退货保证以及广告促销协助等；经销商向生产企业提供市场信息和各种业务统计资料，保证实行价格策略等。

2．渠道管理实施策略

渠道管理实施策略包括3方面的内容：一是选择渠道成员；二是激励中间商并处理好与他们的关系；三是评价渠道成员并适时调整。

(1) 选择渠道成员

生产者招募中间商时有易有难，其难易度主要取决于生产者的实力与信誉。产品畅销，信誉度高的企业毫不费力地找到特定的商店，并使之加入渠道系统。在某些情况下，独家分销或选择性分销的“特权”，也会吸引大量中间商加入渠道。但在有些国家独家分销是不允许的，因为他们认为，独家分销影响公平竞争。对于这些毫不费力得到所需数目中间商的生产者来讲，所要做的工作只是甄选适合自己的中间商。而有些是生产者费尽心血才能找到期望数量的中间商。不管怎样，生产企业在选择中间商之前都应该明确它的选择条件与标准，比如中间商的声誉、人员素质、偿付能力以及协作精神和发展潜力等。

(2) 激励渠道成员

中间商选定后生产商还要经常激励中间商，使之尽职。因为生产者不仅通过中间商销售产品，而且要把产品销售给中间商。中间商不仅与生产商有利益一致的方面，更重要的是中间商作为独立的企业，有他自己的利润追求。这就使得激励中间商的工作不仅十分必要，而且非常复杂。

促使中间商进入渠道的因素和条件，本身就是一种激励因素，但是，生产者仍需从其他方面不断监督、指导与鼓励。例如，中间商一般更加倾向于消费者，他们认为自己首先是消费者的采购商，然后才是生产者的销售商。中间商一般都希望同时经营多种相互竞争的产品，为消费者提供更多选择的机会，从而吸引消费者。而生产商一般都希望中间商能够全力推销本企业的产品。因此要激励渠道成员使其具有良好表现，首先必须从了解中间商的心理状态与行为特征入手。了解中间商的需要与愿望，了解其利益所在，然后尽量提出能够加强合作的方案。

(3) 评估渠道成员

生产者除了选择和激励渠道成员，还必须定期评估它们的绩效。这些评价标准主要是销售指标完成情况，平均存货水平，向消费者交货快慢程度以及对损失和遗失商品的处理等。如果某一渠道成员的绩效过分低于既定标准，则需找出主要原因，同时还应考虑可能的补救方法。放弃或更换中间商会导致更坏的结果时，生产者更多的只能容忍这种令人不满的局面。当不至于出现更坏的结果时，生产者应要求成绩或表现欠佳的中间商，在一定时期内有所改进，否则就要取消它的资格。

12.3 中 间 商

实际生活当中，我们所消费的商品绝大多数都不是直接从生产厂家购买的，而是从一些超市或者是零售商店，或者是批发商处购买，那么批发商与零售商就是分销渠道的中间商。本课题侧重对批发商、零售商的营销方式进行分析研究。

12.3.1 批发与批发商

1．功能

批发是指一切将产品或服务售给为了转卖或者商业用途而购买的组织或个人的活动。批发商是那些主要从事批发业务的公司。其内涵不仅排除了主要从事生产的制造商和农场主，也排除了零售商。

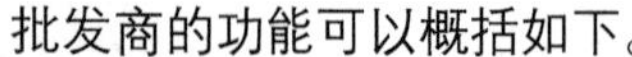

批发商的功能可以概括如下。

（1）沟通信息

批发商把来自生产者和零售商的购销信息汇集到一起，成为信息沟通的中枢，提高市场在价格以及需求偏好等方面的透明度，有利于生产者的推销以及零售商的采购。还能为供应者与消费者提供有关市场竞争、新产品开发等方面的信息。

（2）结合功能

将生产者的供给与零售商的需求结合在一起，减少生产者与零售商的交易次数。

（3）实体分配

批发商采购商品后将商品按照消费者或零售商要求的花色品种组合起来，再供应给零售商。还通过仓储、运输等使不同时间不同地区的商品供求达到平衡，调节了生产与消费之间客观存在的空间与时间的矛盾。

（4）风险承担

独立批发商在转卖过程中获得了商品的所有权，从而也就承担了这部分商品在此期间相应的市场以及破损、失窃等风险。

（5）融资

批发商向零售商提供商业信贷为其融通资金，另外，他还可以通过向生产者预定产品提前付款为生产者融通资金。

2．批发商的类型

根据不同的标准批发商可以划分为不同的类型。

（1）根据批发商所经营的商品种类划分

批发商可以划分为综合批发商与专业批发商。综合批发商经营许多种商品，经营范围广泛；专业批发商所经营的产品种类单一，经营范围窄。

（2）根据批发商所在的地区划分

批发商可以划分为产地批发商、中转地批发商、进口商品接受地批发商和销地批发商。产地批发商，顾名思义设在产品生产地，主要是工业中心和农村集镇，通过收购当地产品供应给销地批发商或当地的零售商。中转地批发商一般设在交通枢纽城市，主要是从产地批发商买进商品专销给销地批发商或零售商。进口商品接受地批发商设在进出口口岸。销地批发商设在消费者比较集中的地方。

（3）根据批发商服务的地区范围划分

批发商可以划分为全国批发商、区域批发商和地方批发商。

（4）承运批发商与现货自运批发商

承运批发商是根据零售商和用户的订单，从生产企业取得货物后直接运给购买者，只设营业所，不设仓库。现货自运批发商是用低价售货，但商品由消费者自行运输。

（5）根据批发商是否拥有产品所有权划分

批发商可以划分为经销批发商和代理批发商。拥有所有权的批发商称为经销批发商，在西方国家又被称为“商人批发商”。不拥有产品所有权的批发商称为代理批发商，他们不通过商品买卖获得利润，而是根据事先的协议，按交易额的一定比例收取佣金。

12.3.2 零售与零售商

零售商是指主要将产品直接卖给城乡居民满足其生活消费需要，或卖给社会集团满足其非生产性消费需要的流通企业。换言之，零售就是面向最终消费者消费的活动。任何从事这种销售活动的机构，不论是制造商、批发商还是零售商，也不论这些产品和服务是如何销售（经由个人、邮寄、电话或自动售货机）或在何处（在商店、在街上或在消费者家中）销售，都属于“零售”这一范畴。

随着中国零售业的迅速发展，新的零售业态不断出现，我国商务部在 2004 年将零售业商店分为 17 种，零售业态从总体上可以分为有店铺零售业态和无店铺零售业态两类。

1．有店铺零售（Store-based Retailing）

指有固定的进行商品陈列和销售所需要的场所和空间，并且消费者的购买行为主要在这一场所内完成的零售业态。

（1）食杂店（Traditional Grocery Store）

以香烟、酒、饮料、休闲食品为主，独立、传统的无明显品牌形象的零售业态。位于居民区内或传统商业区内。辐射半径 0.3 公里，目标消费者以相对固定的居民为主。营业面积一般在 100 平方米以内。柜台式和自选式相结合，营业时间 12 小时以上。

（2）便利店（Convenience Store）

以满足消费者便利性需求为主要目的。位于商业中心区、交通要道以及车站、医院、学校、娱乐场所、办公楼、加油站等公共活动区。营业面积 100 平方米左右，利用率高。营业时间 16 小时以上，提供即时性食品的辅助设施，开设多项服务项目。

（3）折扣店（Discount Store）

指店铺装修简单，提供有限服务，商品价格低廉的一种小型超市业态。一般位于居民区、交通要道等租金相对便宜的地区。营业面积 300～500 平方米。商品平均价格低于市场平均水平，自有品牌占有较大的比例。

（4）超市（Supermarket）

指开架售货，集中收款，满足社区消费者日常生活需要的零售业态。根据商品结构的不同，可以分为食品超市和综合超市。一般位于市、区商业中心、居住区，营业面积在 6 000 平方米以下，营业时间 12 小时以上。

（5）大型超市（Hypermarket）

实际营业面积 6 000 平方米以上，品种齐全，满足消费者一次性购齐的零售业态。根据商品结构，可以分为以经营食品为主的大型超市和以经营日用品为主的大型超市。一般位于市、区商业中心、城郊结合部、交通要道及大型居住区。实际营业面积 6 000 平方米以上，一般设有不低于营业面积 40%的停车场。

（6）仓储会员店（Warehouse Club）

以会员制为基础，实行储销一体、批零兼营，以提供有限服务和低价格商品为主要特征的零售业态。一般位于城乡结合部的交通要道。营业面积 6 000 平方米以上。以大众化衣、食、用品为主，自有品牌占相当部分，商品在 4 000 种左右，实行低价、批量销售。设相当于营业面积的停车场。

（7）货店（Department Store）

在一个建筑物内，经营若干大类商品，实行统一管理，分区销售，满足消费者对时尚商品多样化选择需求的零售业态。一般是市、区级商业中心、历史形成的商业集聚地。营业面积 6 000～20 000 平方米。采取柜台销售和开架面售相结合方式，注重服务，设餐饮、娱乐等服务项目和设施。

（8）专业店（Speciality Store）

以专门经营某一大类商品为主。例如办公用品专业店（Office Supply）、玩具专业店（Toy Stores）、家电专业店（Home Appliance）、药品专业店（Drug Store）、服饰店（Apparel Shop）等。一般位于市、区级商业中心以及百货店、购物中心内，营业面积根据商品特点而定，从业人员具有丰富的专业知识。专业店以销售某类商品为主，体现专业性、深度性，品种丰富，选择余地大。

（9）专卖店（Exclusive shop）

以专门经营或被授权经营某一主要品牌商品为主的零售业态。主要位于市、区级商业中心、专业街以及百货店、购物中心内。采取柜台销售或开架面售方式，商店注重陈列、照明、包装、广告等。其注重品牌声誉，从业人员具备丰富的专业知识，提供专业性服务。

（10）家居建材商店（Home Center）

以专门销售建材、装饰、家居用品为主的零售业态。主要位于城乡结合部、交通要道或消费者自有房产比较高的地区。营业面积 6 000 平方米以上，采取开架自选方式。提供一站式购足和一条龙服务，停车位 300 个以上。

（11）购物中心（Shopping Center/Shopping Mall）

指多种零售店铺、服务设施集中在由企业有计划地开发、管理、运营的一个建筑物内或一个区域内，向消费者提供综合性服务的商业集合体。

① 社区购物中心（Community Shopping Center）

指在城市的区域商业中心建立的，面积在 50 000 平方米以内的购物中心。一般有 20～40 个租赁店，包括大型综合超市、专业店、专卖店、饮食服务及其他店。各个租赁店独立开展经营活动。

② 市区购物中心（Regional Shopping Center）

指在城市的商业中心建立的，面积在 100 000 平方米以内的购物中心，40～100 个租赁店。

③ 城郊购物中心（Super-regional Shopping Center）

指在城市郊区建立的，面积在 100 000 平方米以上的购物中心，200 个租赁店以上。

（12）厂家直销中心（Factory Outlets Center）

由生产商直接设立或委托独立经营者设立，专门经营本企业品牌商品，并且多个企业品牌的营业场所集中在一个区域的零售业态。一般远离市区，单个建筑面积 100～200 平方米。

2．无店铺零售（Non-store Selling）

不通过店铺销售，由厂家或商家直接将商品递送给消费者的零售业态。

（1）电视购物（Television Shopping）

以电视作为向消费者进行商品推介展示的渠道，并取得订单的零售业态。利用广告介绍产品，消费者可写信或打电话订货。订购的物品一般通过邮寄交货，用信用卡付款。直复营销者可在一定广告开支允许的情况下，选择可获得最大订货量的传播媒体。使用这种媒体是为了扩大销售，而不是普通广告那样，刺激消费者偏好和树立品牌形象。

（2）邮购（Mail Order）

以邮寄商品目录为主向消费者进行商品推介展示的渠道，并通过邮寄的方式将商品送达给消费者的零售业态。

（3）网上商店（Shop on Network）

通过互联网络进行买卖活动的零售业态。例如，淘宝网、易趣网等包括众多的网上店铺。

（4）自动售货亭（Vending Machine）

通过售货机进行商品售卖活动的零售业态。使用硬币控制的机器自动售货，是第二次世界大战后出现的一个主要的发展领域。自动售货已经被用在相当多产品上，包括经常购买的产品，如香烟、软饮料、糖果、报纸和热饮料等；也包括其他产品，如袜子、化妆品、点心、热汤和食品、书、唱片、胶卷、T 恤、保险和鞋油等。售货机被广泛安置在工厂、办公室、大型零售商店、加油站、街道等地方。自动售货机向消费者提供 24 小时售货、自我服务和无需搬运产品等便利条件。

（5）电话购物（Tele-Shopping）

主要通过电话完成销售或购买活动的一种零售业态。

【小 结】

（1）分销渠道也译作分配渠道或配销通路，是指某种产品从生产者向消费者或用户转移过程中所经过的一切取得所有权（或协助所有权转移）的商业组织和个人。即产品所有权转移过程中所经过的各个环节连接起来形成的通道。分销渠道的起点是生产者，终点是消费者或用户，中间环节包括各种批发商、零售商、商业中介机构（交易所、经纪人等）。

（2）分销渠道按其有无中间环节和中间环节的多少，也就是按渠道的长度不同，可分为直接渠道，一层渠道，二层渠道，三层渠道 4 种基本类型。

（3）渠道的宽度主要是指产品的销售区域和销售的布点密度。其决策包括密集性分销、独家分销、选择性分销。

（4）对渠道设计方案的评估，主要从渠道的经济效益、企业对渠道的控制力、渠道的适应性 3 方面进行。

（5）分销渠道的管理有以下几个步骤：选择渠道成员、激励渠道成员、协调产销关系、评估渠道成员。

第三部分　课题实践页

一、选择题

（1）接受用户订货是一种（　　）。

A. 直接渠道　　B. 间接渠道　　C. 长渠道

（2）分销渠道所涉及的是商品实体和商品（　　）从生产向消费转移的整个过程。

A. 使用权　　B. 支配权　　C. 所有权

（3）生产企业的商品经过中间环节，利用中间商销售给消费者的，称为（　　）。

A. 直接渠道　　B. 间接渠道　　C. 短渠道

（4）双向交流的流程为（　　）。

A. 实物流　　B. 付款流　　C. 信息流

（5）按照经营范围分，买卖批发商可分为综合批发商、产品线批发商和（　　）。

A. 专业商品批发商　　B. 进出口批发商　　C. 现购自运批发商

（6）（　　）对商品没有所有权。

A. 买卖批发商　　B. 经纪人　　C. 邮购批发商

（7）消费者在当当网上购物属于（　　）的范畴。

A. 直接推销　　B. 直复营销　　C. 购物服务

（8）雅芳产品的销售属于（　　）。

A. 有店铺零售　　B. 无店铺零售　　C. 无店铺、有店铺相结合

（9）廉价零售商有三种主要形式，是指工厂门市部、独立的廉价零售商和（　　）。

A. 样品目录陈列室　　B. 折扣商店　　C. 仓库俱乐部

（10）如果生产者要求严格控制产品的零售价格或产品的新鲜程度，宜采用（　　）。

A. 长渠道、窄渠道　　B. 窄渠道、短渠道　　C. 短渠道、宽渠道

（11）工业用机械应该采用（　　）。

A. 长渠道　　B. 短渠道　　C. 宽渠道

（12）渠道方案评估标准中，（　　）是衡量每种渠道方案在渠道运行过程中的应变能力。

A. 经济性　　B. 可控制性　　C. 适应性

（13）珠宝、金器等贵重物品多采用（　　）。

A. 选择性分销　　B. 专营性分销　　C. 密集型分销

（14）某产品由于武汉、南京价格差额较大，引起地区间的串货，扰乱武汉市场产品的销售，属于（　　）。

A. 垂直渠道冲突　　B. 水平渠道冲突　　C. 多渠道冲突

二、判断题

（1）分销渠道是指产品从生产领域向消费领域实体流转所经通道。（　　）

（2）价值高体积重大的产品宜采用短渠道策略。（　　）
（3）企业有意控制渠道时，宜采用窄渠道策略。（　　）
（4）便利品通常采用广泛分销策略。（　　）
（5）某企业选择本埠市场为目标市场相应采用短渠道策略。（　　）

三、简答题

（1）市场营销条件下，分销渠道对企业有何重大意义?
（2）如何处理渠道成员之间的利益冲突?

四、实训操作

选择服装、红酒、水泥、海鲜等产品，要求学生为上述产品设计营销渠道。
实训目标：训练学生渠道选择和策略制订能力。
实训组织：学生分组，讨论写出渠道设计方案。
实训成果：方案展示汇报，师生点评。

课题十三 促销策略

技能目标	知识目标	建议学时
➢ 选择促销组合模式	（1）掌握促销的概念和作用 （2）掌握促销组合的概念 （3）熟悉促销组合策略	2
➢ 制订促销策略	（1）熟悉广告的原则和种类及广告决策 （2）掌握营业推广的形式 （3）熟悉推销人员的选择 （4）理解公共关系的作用和主要活动方式	4

第一部分 案例与讨论

案例1：关于游击营销

1．什么是游击营销

（1）游击营销的提出

1984年，Jay Conrad Levinson发表了著名的《游击营销：小企业创造高额利润的秘诀》一书，正式提出了“游击营销”这一名词。Jay Conrad Levinson是美国最著名的营销专家之一，他最为人熟知的案例就是为菲利普·莫利斯公司策划了“Marlboro Country”的营销活动，塑造了万宝路的烟草品牌，使之上升为美国最畅销的烟草品牌。

（2）游击营销的特征

游击营销包含以下几个特征：注重与消费者建立个性化的联系；大多不借助单向的、被动式的传统传播媒介，而是采用具有互动性的传播路径；强调体验；营销费用低。

2．科宁广告：见证游击营销的兴起

1998年，卡罗斯与同为资深广告人的丈夫约翰·卡弗和几个朋友一起创建了英国科宁广告公司（Cunning，原名Cunning Stunts广告公司，2004年初正式更名），专门从事游击营销活动，卡罗斯担任了公司的董事兼总经理。经过6年的发展，科宁已经成为英国乃至全球最知名的游击营销公司。

（1）良好开端：一场6 000英镑的公关

科宁公司成立之初的首要任务是要说服客户，让他们相信游击营销是一个非常值得投资的新兴领域。科宁公司的第一个工作是为金色图书家庭娱乐公司（Golden Books Family

Entertainment）推销新版的《灵犬莱西》电视剧系列。

金色图书家庭娱乐公司已经将这套节目卖给了英国的《第五频道》，并且正准备参加一年一度的戛纳 MIP 国际电视节。为了更好地推广这套电视剧，他们希望在英国范围内开展一场公关活动，但是预算经费只有 6 000 英镑。在这样的预算下，科宁公司只能设计一次能让媒体自动上钩、自愿来报道的公关活动。

科宁公司将小狗“莱西”设计成了一位明星，为它安排了一天“明星式”的活动。公司租了一架最小型的喷气式飞机和几条小型的飞机跑道，“莱西”穿着 Tommy Hilfiger 品牌的服装，从喷气式飞机上缓步走下，接受了它的崇拜者们（包括 20 多条狗和附近一些学校的小学生）的欢呼。在接受了新闻媒体的拍照后，“莱西”在伦敦街头漫步了一会儿，并参观了著名的“巴特西犬类之家”，光顾了著名的 Harrods 百货公司的宠物部门，在 Waldorf 饭店预定了房间，游览了海德公园，晚上还在著名的 The Met Bar 喝了一杯鸡尾酒。这场旋风式的明星旅程先后被《泰晤式报》、《Heart FM》、《第五频道》等大众媒体报道，甚至还有记者提出希望能采访“莱西”。

这次公关活动对于科宁公司来说的确是一个良好的开端，显示出了他们将最新的概念与实际执行力相结合的能力，也让客户开始接受了游击营销这种最新的手段。

（2）一炮走红：3 000 英镑制造“最大噱头”

一年之后，科宁公司被邀请为《男人帮》杂志举办的“100 位最性感的女人”策划一场公关活动，活动的预算为 3 000 英镑。科宁公司的创意人员在白金汉宫的对岸架起了一座巨大的投影仪，把英国性感女星盖尔·波特的全裸照片投射到了白金汉宫正对着泰晤士河的墙上，照片旁边还写着“通过《男人帮》投盖尔一票”。

那是一个寒冷的星期天夜晚，路上行人寥寥，科宁公司的职员十分担心能看到这则广告的人太少了。但是，仅仅两天以后，英国几乎所有的小报和电台都在谈论这则广告，一两年之后各大媒体还在转载这幅图片。这则广告还被一些媒体评为了“20 世纪最有噱头的活动”，科宁公司开始为大众所熟知。

科宁公司发现，游击营销战术最需要注意的是，公司必须对活动的可行性和成本进行全面的调查和分析。公司还设有专门的部门对于广告和营销活动所涉及的健康和安全、法律条文、社会隐私等问题进行评估，以避免负面的影响。

2003 年年底，科宁公司通过调查研究以及与英国各个大学社团的接触，在英国推出了一个全新的媒体——ForeheADS。在英国，平均每个大学生背负了超过 2 万英镑的助学贷款，因此他们对于各种兼职和勤工助学的机会都非常欢迎。科宁公司付给大学生 90 英镑，作为“租借他们脑门”一个星期的费用，在这一个星期可以在他们的脑门上画上广告，学生每天至少要花三小时出现在学生酒吧、餐厅和闹市区等公共场所。这种广告方式在思想开放的大学生中颇受欢迎。从《泰晤士报》到《镜报》，几乎所有的英国媒体都给予了 ForeheADS 极大的关注，连远在美国的《华尔街时报》也在商业版的头条报道了这种新型的广告方式。

（3）突破与挑战：“非传统”也会成为“传统”

科宁公司 6 年的发展，正好见证了游击营销这一战术在西方国家的兴起。

1998 年，正是各个企业最舍得在大众营销上投入的时期，特别是那些跨国公司在广告制作和媒体投放上毫不吝啬，一掷千金。在此时推行游击营销，科宁公司要花很大的力气进行客户教育，向他们宣扬这种概念。那时，只有营销预算十分有限的企业才会把眼光投向游击营销。

这几年来，随着媒体选择越来越丰富，而受众花在大众媒体上的时间越来越少，游击营销的效果渐渐显现出来。正是在这样的环境下，几乎所有的企业都将游击营销列入到了他们的营销计划和预算中。现在，科宁广告的客户名单中出现了英国航空公司、宝马公司的Mini品牌和Tang饮料这样的知名品牌。

科宁公司认为，游击营销从原来偏重创意到了现在的注重媒体选择和整体设计，因此，如何更有效率、更不露痕迹地与消费者建立联系成了游击营销人的当务之急。因为从以前的经验来看，现在的“非传统媒体”和“非传统手段”到了明天就会成为“传统媒体”和“传统手段”。

（资料来源：王卓，米基梅尔逊（美国）．成功营销，2004，(4)．经本书作者重新整理）

案例讨论

（1）何为游击营销，与传统促销手段相比有何优势？

（2）如何进行成功的游击营销？

第二部分　课题学习引导

13.1　促销和促销组合

一个新创办的公司一定会面临众多的促销策略抉择。不同的地区市场如何选用合适的促销策略，怎样才能与消费者进行有效沟通，如何占领更多的市场份额，本课题就是要进行正确运用促销组合策略的分析与研究。

企业与消费者之间达成交易的基本条件是信息沟通。若企业未将自己生产或经营的产品和劳务等有关信息传递给消费者，那么，消费者对此就会一无所知，自然谈不上认购。只有将企业提供的产品或劳务等信息传递给消费者，才能引起消费者注意，并有可能使其产生购买欲望。促销的目的是引发、刺激消费者产生购买行为。在消费者可支配收入既定的条件下，消费者是否产生购买行为主要取决于消费者的购买欲望，而消费者购买欲望又与外界的刺激、诱导密不可分。促销正是针对这一特点，通过各种传播方式把产品或劳务等有关信息传递给消费者，以激发其购买欲望，使其产生购买行为。

13.1.1　促销的概念和作用

促销是“促进销售”的简称，它是指企业通过一定的手段，将有关企业和产品的信息传递给消费者，促使消费者了解、偏爱和购买本企业的产品，从而达到扩大销售的目的。促销是市场营销组合中的又一个重要手段。现代市场营销理论认为，企业不仅要有适销对路的产品、合理的价格和便于消费者购买的营销渠道，而且还必须重视促销工作，它是当代企业经营成功的一个前提条件。促销实质上就是传递、沟通信息、促进消费者购买的活动。在商品经济不发达的时期，由于企业的市场范围较小，消费者不难了解企业生产什么产品，到什么地方去购买，所以生产经营者无须作促销努力。但随着商品经济发展到一定程度，企业的市场范围不断扩大，这就使企业和消费者之间的空间距离越来越远，如果企业不进行促销活动，消费者就不可能了解到企业和产品情况，更谈不上购买企业的产品；另一方面，随着商品经济的发展，生产同类产品的企业不断增加，企业之间为争取消费者展开了激烈的竞争，这种竞争不仅包括产品、价格等方面的竞争，而且还包括信息的竞争，如果企业不采取有效的手段将有关信息传递给消费者，突出本企业产品的优点，促使消费者购买本企业的产品，企业必然会在竞争中失败。可见，当商品经济发展到一定的高度，企业能否科学地制订促销决策就成为决定企业成败的一个重要因素。

事实上，现代企业越来越重视促销活动，这是因为促销有以下几个方面的作用。

1．传递信息

销售产品是市场营销活动的中心任务，信息传递是产品顺利销售的保证。信息传递有单向和双向之分。单向信息传递是指卖方发出信息，买方接收，它是间接促销的主要功能。双向信息传递是指买卖双方互通信息，双方都是信息的发出者和接受者，直接促销有此功效。在促销过程中，一方面，卖方（企业或中间商）向买方（中间商或消费者）介绍有关企业现状、产品特点、价格及服务方式和内容等信息，以此来诱导消费者对产品或服务产生需求欲望并采取购买行为；另一方面，买方向卖方反馈对产品价格、质量和服务内容、方式是否满意等有关信息，促使生产者、经营者取长补短，改进产品和服务，更好地满足消费者的需求。

2．诱导需求

在市场竞争剧烈的情况下，同类商品很多，并且，有些商品差别微小，消费者往往不易分辨。企业通过促销活动，宣传、说明本企业产品有别于其他同类竞争产品之处，便于消费者了解本企业产品在哪些方面优于同类产品，使消费者认识到购买、消费本企业产品所带来的利益较大，消费者乐于认购本企业产品。生产者作为卖方向买方提供有关信息，特别是能够突出产品特点的信息，能激发消费者的需求欲望，变潜在需求为现实需求。

3．产生偏爱

在激烈的市场竞争中，企业产品的市场地位常不稳定，致使有些企业的产品销售此起彼伏，波动较大。企业运用适当的促销方式，开展促销活动，可使较多的消费者对本企业产品产生偏爱，进而稳住已占领的市场，达到稳定销售的目的。对于消费者偏爱的品牌，即使该类商品需求下降，也可以通过一定形式的促销活动，促使对该品牌的需求得到一定程度的恢复和提高。

13.1.2 促销组合概念

1．促销组合的概念

依据促销过程所用的手段区分，促销又可分为广告、人员推销、营业推广和公共关系 4 种。由于各种促销方式都有其优点和缺点，为了把有关企业和产品的信息传递给消费者，有效地发挥促销的作用，企业常常将多种促销方式组合运用。所谓促销组合就是指企业为了达到促销目标，对人员推销、广告、营业推广和公共关系这四大促销手段的综合运用，以形成一个促销整体。

生产者运用促销组合把信息传递给中间商、消费者和其他公众，中间商又运用促销组合把信息传递给消费者和其他公众，消费者和其他公众通过口头相互传递信息，同时，每个信息接受者又把某些信息反馈给信息发出者。

企业要高效率地传递信息，就必须制订科学的促销组合决策，即决定如何科学地组合运用人员推销、广告、营业推广和公共关系这 4 种促销手段，取长补短、相互协调，以较低的费用、较好的效果达到企业的促销目标。首先我们应了解这 4 种促销手段的特点。

2．各种促销手段的特点

每一种促销手段（广告、人员推销、营业推广和公共关系）都有其自身的特点，企业要制订科学的促销组合策略就必须首先了解各种促销手段的特点。

（1）广告

因为广告的形式多种多样，企业的广告目标也不尽相同，因此，很难概括出广告的特性，但广告的以下特点是显而易见的。广告是高度大众化的促销手段，信息覆盖范围广。它通常向社会各阶层宣传介绍企业和产品的情况。广告是一种渗透性很强的信息传递媒介，同样的信息可以重复多次。广告能通过富有艺术性的印刷品、声音、动作和颜色表达企业和产品的特点。广告只是单向地把有关信息传递给听众或观众，而不是像人员推销那样双向沟通信息。

（2）人员推销

在多数场合下，人员推销是一种最有效的促销手段，特别是在促使消费者对企业和产品产生偏爱、采取购买行为等方面能发挥特殊的作用，其原因是它同广告相比，具有明显的优势。推销人员直接和消费者洽谈业务，进行双向信息沟通，买卖双方能够清楚地了解各自的需要和特征，并能根据各种情况作出及时的调整。人员推销能使买卖双方从纯粹的买卖关系发展到个人友谊关系，有利于双方长期合作。但不利之处在于，需要付出较高的代价，是企业花费最高的促销手段。以美国为例，1981 年美国的企业用于人员推销的费用达 1 500 亿美元，而同期的广告费用却只有 610 亿美元。

（3）营业推广

营业推广包括多种促销方式，各种促销方式都具有通过向消费者提供一定的优惠和让利等利益，刺激消费者产生需求，采取购买行为的特征。因为多数营业推广方式是企业在短期所采取的促销方式（如削价、优惠等），因此，它能促使消费者立即采取购买行为。

（4）公共关系

公共关系也有许多种活动方式，这些活动方式使企业信息具有新闻艺术价值和可信度高的特点。许多宣传报道材料经过记者或编辑人员的加工，往往使有关企业和产品的信息优美动听，具有一定的新闻艺术价值。多数听众与观众认为新闻报道比较客观，比企业宣传产品的广告更为可信，公众在思想上无戒心。一些听众或观众对某些广告往往持挑剔或怀疑态度，对某些过分宣传企业产品的广告甚至会产生反感，而公共关系的直接表现形式不是推销产品，而仅仅是某种形式的宣传，因此在公众的思想上一般不存在受骗上当的戒心，可信度高。

13.1.3 促销组合策略

由上面的表述可以清楚地看到，不同的促销手段具有不同的特点，在传递沟通信息方面具有不同的优势，因此企业在制订促销组合的时候应该充分考虑以下因素。

1．促销目标

它是企业从事促销活动所要达到的目的。在企业营销的不同阶段和为适应市场营销活动的不断变化，要求有不同的促销目标。无目标的促销活动收不到理想的效果。因此，促销组合和促销策略的制订，要符合企业的促销目标，根据不同的促销目标，采用不同的促销组合和促销策略。

2．产品类型

不同的产品消费者的购买目的和购买心理都不一样，因此针对不同的产品，企业的促销组合也不一样。一般说来消费品更多的使用广告等非人员促销方式，而生产资料更多的使用人员推销。

3．产品所处生命周期的不同阶段

在投入期为了使消费者尽快了解商品，使产品尽快进入成长期，广告和公共关系是最主要的促销手段，为了使消费者尽快了解产品，可以使用营业推广手段。在成长期可以减少使用营业推广手段。在成熟期，市场竞争变得激烈，为了在竞争中取胜，企业应尽量多运用人员推销手段，同时使用营业推广手段给予价格折扣等方式促进购买。在衰退期，企业要做的是尽快抛售库存，所以应该使用营业推广手段中削价的方法。

4．市场性质

不同的市场应该采取不同的促销组合。市场的地理范围大小不同促销组合就不同，对小规模的本地市场应以人员推销为主；而全国性的市场甚至国际性市场应该多采用广告和文字宣传。分散的市场主要靠广告宣传，相对集中的市场更多的使用人员推销。

5．“推”的策略与“拉”的策略

企业的促销策略可以分为“推”的策略与“拉”的策略。推的策略是将产品信息由推销人员从生产商传递到中间商再到最终消费者，首先通过中间商增加需求，最后最终消费者增加需求。推的策略一般适合于单位价值较高的产品，性能复杂、需要做示范的产品，根据消费者需求特点设计的产品，流通环节较少、流通渠道较短的产品，市场比较集中的产品等。拉的策略是指企业更多的通过广告等非人员的方式把产品信息传递给消费者，最终消费者首先增加需求，从而中间商增加需求。对单位价值较低的日常用品，流通环节较多、流通渠道较长的产品，市场范围较广、市场需求较大的产品，常采用拉的策略。

6．促销预算

4 种促销方式与促销效果不一样，所需要的促销费用也不一样。企业在决定促销组合时需要考虑的一个很重要问题就是促销预算。企业应该投入多少费用到促销中，一般是根据营业额确定。而促销费用确定之后根据费用再确定促销组合。

13.2 促销策略

在对促销和促销组合有基本了解的基础上，必须根据企业的资源优势和产品特性，以及外部环境状况等选用合适的促销策略开展营销活动。本课题就制订科学的促销策略展开分析研究。

13.2.1 广告

1．广告的定义与原则

广告一词源于拉丁语 Adverture，原意是“我大喊大叫”。后演变为英语中的广告 Advertise，其含义是“一个人注意到某件事”，再以后演变为“引起别人的注意，通知别人某件事”。广告的定义很多，一般认为，广告是指企业（广告主）用一定的费用，通过大众媒介，把有关产品和企业的信息传递给广大消费者的一种非人员推销的促销手段，其目的是为了促使消费者认识、偏爱、直至购买本企业的产品。

广告具有如下几个原则。

（1）真实性原则

广告的真实性包括以下几个内容：首先，广告必须以事实为依据，以准确为基础。其次，广告要以诚信为本，讲究信誉。最后，广告内容要完整，既介绍产品的优点，又可根据具体情况向社会公众提出必要的忠告。

（2）思想性原则

广告表现要有确切的思想内容，不能言之无物、空泛肤浅。

（3）艺术性原则

广告的艺术性是指广告必须通过运用美术、摄影、歌曲、音乐、诗词、戏剧、舞蹈、书法、绘画、文艺等丰富多彩的艺术形式，生动活泼地表现出它的主题。广告的艺术性给真实性和思想性附加以价值，赋予生命力。广告的艺术形象越鲜明，越具有创造力，就越会感染社会公众，产生更大的广告效益。

（4）大众性原则

首先，广告要简单明了、通俗易懂；其次，一切围绕大众，为大众着想，站在大众立场上去思考和行动；最后，广告必须向大众普及知识。

广告的大众性是指广告产生社会效应的要求，广告不仅仅是广告制作人员或主创人员创意灵感的表现，而且必须将广告置于大众的评价系统氛围中，以社会上大多数或目标市场的大多数人的接受度，来评价广告的优与劣。

（5）科学性原则

广告是随着社会、经济和传播技术的发展而产生和发展的，基于市场经济的规律和传播的科学规律而存在。广告工作者必须遵照科学的原理、手段、技术与方法对广告活动进行经营与管理。同时还必须充分运用现代的科学技术与手段，对广告从宏观到微观进行定性与定量的科学研究，才会使广告事业产生应有的社会效益与经济效益。

（6）民俗文化性

广告之所以要遵循民俗文化性，是指广告活动是以民俗文化为确定广告目标市场的基准之一，充分尊重社会大众中不同民族、种族的传统特点，充分利用不同大众所喜闻乐见的文化形式、艺术形式，传播广告信息。

2．种类

（1）告知性广告

这种广告又称始创式广告，目的在于向市场开辟某一类新产品的销路或某种新观念的导入。此种广告重点在于使人知晓。

（2）说服性广告

这种广告又称比较式广告，是通过将自己的商品与他人的商品作比较，从而显出自己商品的优点，使公众选择性认购。此种广告重点在于突出自己的商品与众不同。许多国家在广告立法上对于比较式广告有一定限制，特别规定广告中不得有贬低其他同类产品的语句和画面。

（3）提示性广告

这种广告又称提醒广告、备忘式广告，是指在商品销售达到一定阶段之后，商品已经成为大众熟悉的商品，经常将商品的名称提示给大众，以促进商品销售。

除上述分类之外，广告还有许多其他分类方法。如按广告诉求的方法，可将广告分为理性诉求广告和感性诉求广告；按广告产生效果的快慢，可将广告分为时效性广告和迟效性广告；按广告对公众的影响，可将广告分为印象型广告、说明型广告和情感诉说型广告；按广告的目标对象，广告可分为：儿童、青年、妇女、高收入阶层、工薪阶层的广告；按广告在传播时间上的要求，广告可分为时机性广告、长期性广告和短期性广告，等等。

（4）声誉性广告

这是一种形象性质的广告。它着重于介绍企业的品牌、历史、宗旨以及生产能力等，其目的在于提高企业在社会上的形象和信誉等。

3．广告媒体及媒体选择

媒介是广告信息的载体和传播技术手段。广告信息在通过广告公司的制作加工之后，是通过媒介发送给广大消费者的，因而媒介在广告市场上起着重要的作用。可以说没有媒介，广告的传播信息功能就终止了，广告的目的也就无法得以实现。

广告媒介策略，包括以下 4 方面的内容：决定广告的覆盖面、显示频率和效果；选择广告媒介的类型；选择具体的广告媒介；决定广告时间。

（1）决定广告覆盖面、显示频率和效果

所谓广告覆盖面是指在特定的时间内，通过某种广告媒介使多少消费者接收到广告信息；广告的显示频率是指在一定的时期内向消费者传递几次同一内容的广告信息；广告效果是指广告信息对消费者的影响力。决定广告的覆盖面、显示频率和效果是选择广告媒介的前提，因为不同的广告媒介有不同的覆盖面，如中央电视台的覆盖面是向全国的消费者提供信息，而省电视台的覆盖面是向省内的消费者传递信息；不同的广告媒介有不同的广告效果，如电视台的广告效果往往优于广播的效果。此外，显示频率对广告效果也有很大影响，显示次数太少，消费者就很难记住广告内容，印象肤浅；显示次数太多，不仅费用增加，而且消费者会对重复同一广告内容感到一定程度的厌烦。广告的显示频率取决于广告信息的数量和复杂性，一般地说，同一广告内容的显示次数不能少于 3 次。

（2）选择广告媒介的类型

广告媒介也称广告媒体是指传递广告信息的物质载体，由于任何广告都离不开广告媒体，所以，人们习惯上所说的广告类型实际上就是广告媒介的类型，印刷类广告主要包括印刷品广告和印刷绘制广告。印刷品广告有报纸广告、杂志广告、图书广告、招贴广告、传单广告、产品目录、组织介绍等。印刷绘制广告有墙壁广告、路牌广告、工具广告、包装广告、挂历广告等。电子类广告主要有广播广告、电视广告、电影广告、计算机多媒体广告、电子显示屏幕广告、霓虹灯广告等。实体广告主要包括实物广告、橱窗广告、赠品广告等。其中报纸、杂志、广播和电视被称为广告的 4 大媒介。各种广告媒介都有自身的特点和优缺点。企业在选择广告媒介的类型时，不仅要了解各种广告媒介的特点，而且还应考虑以下几方面的因素：

① 目标市场的媒介习惯。

现在以市场为导向的市场营销观念，主张企业的一切营销活动都开始于消费者，媒体选择作为企业营销活动的有机组成部分，当然也不例外。媒体选择以消费者为导向，主要从目标消费群的媒体接触习惯，消费观念等方面出发去制订媒体选择策略。一般的情况如下：根据消费群媒体爱好不同，选择与之对应的媒体，如体育用品的目标消费群有看体育类节目的习惯，媒体选择时就可以选择体育频道或体育类报纸、杂志；根据消费者媒体接触时间的不同，选择不同时间的媒体。如收看电视的高峰期是晚上 19 点到 22 点，在选择电视媒体时就应该选择此时间段的媒体资源；根据消费者的接触动机，可以作出不同的媒体选择。消费者接触媒体一般有获取信息、消遣等主要动机，媒体的选择一定要投其所好。

② 产品的性质。

产品在不同的发展阶段，要面对不同的市场和营销环境。为了保持企业持续稳定的发展，企业可以根据产品不同的发展阶段作出不同的媒体选择。通常的作法是，在产品发展初期，由于市场尚未开发，此时的企业常常在各种媒体上投放广告，力求扩大产品的知名度。促使消费者认识该产品，宝洁在中国培育洗发水市场时就采用过这种方法。在产品发展的中期，企业广告的主要目标是建立品牌，树立企业形象，此时的媒体选择就应该注重媒体的权威性。蒙牛不惜重金夺标为王，应该是看到了持续发展但竞争激烈的牛奶业。当产品发展成熟后，企业的广告目标又转为维护品牌企业形象，防止企业不至于被消费者遗忘。此时广告媒体选择最看重媒体的知名度和信息到达率。

③ 广告的内容。

如广告信息包括许多技术性的数据，则适宜在专业性的杂志上做广告；如广告的内容是让消费者知道本企业将在最近召开展销会，则适宜在电视或广播上做广告。

④ 广告费用。

不同的广告媒介的费用相差很大，如电视的广告费用大大高于广播的广告费用。

（3）选择具体的广告媒介

在每一类广告媒介中，往往有许多具体的广告媒介，如报纸和杂志都有几千种具体的媒介，企业应根据广告内容、对象和效果等因素决定具体的广告媒介。

（4）决定广告时间

企业确定了具体的广告媒介后，还要决定广告的时间，如对于季节性商品，企业应在销售旺季前做广告；如在电视和广播上做广告，企业甚至还要决定在一天中的什么时间做广告最合适。

13.2.2 营业推广

1．营业推广的概念

营业推广（Sales Promotion）也称销售促进，它是指企业用来刺激早期需求或强烈的市场反应而采取的各种短期性促销方式的总称。它旨在提高消费者购买率和分销商效益，不同于人员推销、广告和公共关系的市场行为。零售商和制造商都使用销售推广的方式给予消费者额外的刺激，这些推广方式不是通过强调产品的特色让消费者感到物有所值，而是很可能强调价格优势。营业推广现在已被广泛运用，在很多场合，它甚至被看做是推销的另一种说法。但必须注意到这只是一种短期的促销方式，而且采用营业推广方式促销会令消费者产生一种“机会难得”的感觉，也常使消费者认为卖者急于抛售自己的产品，暗含贬低自己产品的意思。因此企业在使用时要注意时机与方式。

2．营业推广的形式

针对消费者的推广一般有以下几种。

（1）赠送样品

即企业把产品免费赠送给消费者试用或要求其提出改进意见的方法，如糖果厂向中间商赠送糖果新品种，皮鞋厂向中间商赠送新款式皮鞋。这是一种推销新产品最有效但费用也最高的方式，它一方面便于消费者看样订货；另一方面有利于企业同消费者增进友谊。

（2）有奖销售

企业给购买一定数量的消费者一张兑奖发票（如每购买 20 元商品给消费者一张兑奖发票），消费者在规定日期凭兑奖发票兑奖，它能刺激消费者大量采购本企业的产品。

（3）购物抽奖酬宾

企业在商品包装内或以其他形式向消费者提供一张印有号码、设奖等级及奖品、开奖日期等内容的纸条，让消费者在规定的日期凭纸条兑奖。其做法与有奖销售相类似，不同之处是消费者每买一件商品便可取得一张兑奖纸条，因而，其刺激强度往往更大。

（4）商品展销会

由于在展销会期间，商品花色品种比较齐全、名优产品较多、价格优惠、服务周到。因此，能吸引消费者光顾。

（5）现场操作和表演

在一定的场所（居民区或商店内）操作和表演某种新产品，使消费者了解新产品的用途、使用方法等信息，从而促使其采取购买行为。这种方式对于宣传价格较高、使用复杂的新产品具有很好的效果。例如，在洗衣机上市之初，一些工厂通过洗衣机现场表演操作使消费者认识到它的价值，随之采取购买行为。最常见的现场表演是服装表演。

（6）咨询销售

由某些产品的专家在营业场所向消费者介绍产品的性能特点、使用和保养方法等，帮助消费者认识到产品的潜在价值，消除其后顾之忧，从而促使消费者采取购买行为。例如，杭州“思美”商场在 1990 年元旦前夕进行了为期 3 天的咨询销售活动，该商场邀请浙二医院、浙江中医院科研机构组成的十余名皮肤专家在商场前向具有不同皮肤特点的消费者推荐合适的护肤脂、化妆品，使消费者争相购买产品，取得了良好的效果。

（7）增加服务项目

例如，许多商店根据市场疲软、竞争激烈的形势，增加对购买大件商品的消费者提供免费送货上门的服务项目。

（8）提供赠品

企业对购买价格较高的产品附赠一个相关小商品或其他价格较低的产品。

（9）赠送代价券

企业向消费者赠送代价券。消费者可凭代价券享受一定的优惠（如凭每张代价券可减价5元），代价券可以通过邮寄、附在产品中或通过印刷广告赠送。企业一般规定凭代价券购买的产品种类。

（10）交易印花

企业根据消费者购买数额的大小给予一定张数的交易印花，交易印花达到一定数量后可向企业兑换某些商品。它能促使消费者成为企业的常客。

针对贸易的推广方式一般有如下几种：

① 提高购货折扣。

即生产企业向批发商或零售商提供较高的折扣，批发商向零售商提供较高的折扣，鼓励其扩大采购批量，积极推销产品。

② 提供津贴。

主要是生产企业向中间商提供各种津贴，如商品削价津贴，中间商为生产者的商品做广告的费用津贴以及企业向消费者提供部分运费津贴等。这种方式能促使中间商大胆进货，积极推销，吸引远地消费者购买本企业产品。

③ 推销竞赛。

主要是生产企业针对中间商和推销人员开展的一种促销活动，如规定在某一时期内谁推销产品越多，谁就是优胜者，并给予优胜者一定数量的现金或实物奖励、旅游或疗养机会以及某种精神奖励，从而促使中间商和推销人员开展竞赛，积极推销产品。

④ 送货销售。

即生产企业向批发商、零售商送货销售，批发商向零售商或零售商向消费者送货销售，如一些批发企业开大篷车到农村基层供销社送货销售，一些零售企业到居民区送货销售。

总之，营业推广的各种方式能使消费者产生强烈和快速的反映，它能被用来表现产品的特点，也能被用来刺激即将低落的销售得到回升，但值得注意的是，营业推广的效果往往是短期性的，在建立长期的品牌偏爱方面，效果并不理想。

13.2.3 人员推销

1．定义

人员推销是最古老的促销方式，同时也是企业营销中不可缺少的促销方式。人员推销是企业的推销人员直接向消费者进行介绍、说服工作，促使消费者了解、偏爱本企业的产品，进而采取购买行为的一种促销手段。与其他促销方式相比，人员推销有如下优缺点。

（1）优点

① 人员推销针对性强并能直接促成交易；

② 培养关系，建立长期的友谊；

③ 在推销产品的同时，还可以兼做售前售后的工作。

（2）缺点

① 人员推销的开支较大；

② 人员推销效果好坏，取决于推销人员的素质。

2．推销人员的选拔与培养

选择推销人员这一工作非常重要，因为一个企业推销能力的强弱不仅取决于推销人员的数量，更重要的取决于推销人员质量。优秀的推销人员能为企业带来很大的经济效益，吸引许多新消费者；而不合格的推销人员不仅推销效率低下，而且会使企业失去潜在的消费者，给企业带来损失。

一般来说，作为一名合格的推销人员应该具备如下素质：

① 要有对企业和产品的高度热忱，有坚忍不拔的精神和扎实的工作作风。推销人员直接与消费者面对面，要把产品成功推销出去，首先推销人员要对自己的产品有信心，更要热爱自己的企业与产品，而且还要有吃苦耐劳的工作作风。

② 有热诚的服务精神，富有进取心。推销人员一方面是企业的销售代表，另一方面也是消费者的顾问，即为企业销售产品，又为消费者提供建议。为消费者服务是推销的基础。推销员不仅要考虑企业自身的利益，还要帮助消费者获取利益。"双赢"才有利于企业今后的发展。

③ 求知欲强，知识面广。丰富的知识是推销员做好工作的前提。这些知识包括企业知识（企业的历史、信誉、产品种类、交货方式以及付款条件等），产品知识（产品性能、用途、价格以及与竞争者产品相比的优势和劣势），用户知识（用户的购买动机、购买条件等），市场知识（市场供求状况、一般价格水平等）。

④ 良好的个性，一定的推销技巧。

3．培训推销人员

人员推销是一个综合复杂的过程。在这个过程中既包括信息沟通又包括商品交换还包括技术服务，因此对推销人员的素质提出了很高的要求。通过培训推销人员应掌握以下知识：

（1）有关企业情况

包括企业的历史、经营目标、组织结构、所经营的主要产品和销售额，以及资金和设备等情况。

（2）有关企业产品情况

主要包括企业产品的生产过程以及产品的用途。

（3）消费者和竞争企业的特征

包括不同类型的消费者及其需要，购买动机和购买习惯，竞争企业的经营策略等。

（4）推销技巧

包括推销产品的方式、方法、交际能力等。

（5）推销工作的程序和责任

包括如何合理分配时间、尽可能节约费用、编写报告等工作。

培训时间应视推销人员的原有素质和产品、市场的特点而定，但一般不少于3个星期；培训方法可灵活多样，如由业务经理和业务骨干进行专题讲解，进行模拟推销，分析成功或失败的推销案例；企业也可以由精通推销技术的推销人员带“新手”进行实地推销。

4．推销人员的激励

为了调动推销人员的积极性，企业需要从各个方面着手进行激励。环境激励是指企业创造良好工作氛围，使推销人员能够心情愉快工作的激励方法；目标激励是指企业为销售人员确定目标，以目标激励销售人员努力工作的激励方法；物质激励是指企业以实际的物质报酬来调动销售人员努力工作的激励方法。

激励方式有以下几种：

（1）薪金制

企业按期支付推销人员一定的薪金和从事推销所必需的费用津贴，不定期地向推销人员发放奖金等。这种方法的优点是企业容易掌握推销人员的推销费用，便于调整推销人员的工作，并使推销人员在收入方面有所保障，从而能大胆地开展推销工作。其主要缺点是不利于调动推销人员的积极性，企业要花较多的精力对每个推销人员进行控制、评价和奖罚，在企业不景气时无法降低推销费用。同时，这种方法不利于吸引具有进取心的推销人员在企业工作。

（2）佣金制

企业按推销额或利润的一定比例向推销人员支付报酬。它有两种做法：一是企业支付推销人员完成推销功能所需要的费用津贴；二是企业不负责推销人员的费用。这两种做法在佣金提取率上有较大差别。佣金制的优点是：①它能最大限度地调动推销人员的积极性；②在企业不负责推销费用的情况下，有利于推销人员千方百计地节省费用；③企业通过对不同产品规定不同的佣金提取率，能促使推销人员重视推销所有畅销或滞销、利大或利小的产品。其缺点是由于推销人员的报酬只和销售额或利润额挂钩，因而，推销人员往往忽视同收入无关的活动，如向消费者提供服务，向企业反馈市场信息、编写销售报告等。同时，在经济萧条时，推销人员没有收入保障，必然会影响其积极性。

（3）薪金和佣金结合制

即把薪金制和佣金制相结合，以吸取其优点，避免其缺点。这种方法既能调动推销人员的积极性，又能促使推销人员去完成必要的促销任务。在经济萧条时，企业既能降低推销费用，又能使推销人员具有一定的稳定收入。

（4）精神激励

精神激励是指对做出优异成绩的销售人员给予表扬，授予荣誉称号，激励销售人员努力工作。

13.2.4 公共关系

1．公共关系的定义和作用

（1）公共关系的定义

对公共关系的定义很多，一般认为，公共关系是指组织在经营管理中运用信息传播媒介，沟通组织与公众之间的关系，通过树立良好的组织形象，取得相关公众的了解、理解、信任、支持与合作，求得组织的生存与发展的组织活动、管理过程以及由此形成的社会关系。

公共关系的要点包括5个方面：

① 公共关系作为一种组织活动、管理过程以及社会关系，其主体是组织。

② 公共关系的沟通对象是公众。公共关系作为组织与相关公众之间的相互关系，其指向对象是相关公众。

③ 公共关系的工作手段是大众传播媒介。此外还要通过直接的人际传播手段，广泛地应用各种形式的人际沟通媒介和大众传播媒介，去影响、诱导公众意见、态度和行为，这已成为公共关系活动的主要目标和特色。

④ 公共关系的直接目标是为组织树立良好的公众形象；公共关系的最终目标是求得组织的生存与发展。

⑤ 公共关系的本质是它的公共利益或利益的公共性。公共关系具有公共性，是组织与公众之间的双向关系。一个组织要想取得特定公众的了解、理解、信任、支持与合作，必须在某一确定方面满足特定公众的需要。

（2）公共关系的作用

公共关系对实施主体即生产企业的作用，从微观上看，良好的公共关系对具体的企业所产生的作用和影响有如下几点：

① 帮助企业监测社会环境（社会舆论、意识、态度和行为），收集社会对企业的各种反映，向企业决策层和相应部门提供信息和决策咨询。

② 建立和保持企业与各类公众的双向沟通，向公众传播企业信息，争取公众的理解和支持，强化与公众的联系。

③ 塑造良好企业形象，扩大企业知名度，提高企业信誉度，提高企业美誉度，提升公众与企业的合作度。

一个企业有了高质量的产品，向消费者提供了优质服务，为整个社会作出了一定的贡献后，通过公共关系使公众了解到企业的成绩和为公众服务的经营思想，这会使公众对企业有一个更好的评价，从而有利于美化企业的形象，提高企业的声誉。

④ 使社会组织有计划地调整企业目标和行动，并以相应政策和行动影响公众的舆论、态度和行为，在社会组织与公众之间进行协调，促成双方合作，帮助企业实现既定目标。

⑤ 加强企业凝聚力和吸引力，使企业内外保持和谐一致。

⑥ 在企业面临危机时，有效地化解矛盾，缓和与消除冲突，变被动为主动，变不利为有利。

2．公共关系的基本属性

（1）客观性

公共关系的客观性是由社会关系所具有的客观性质决定的。公共关系是由社会群体之间的互动而形成的关系，它同社会上的个人关系、社会制度一起，构成社会关系系统。公共关系的产生和发展，有其客观必然性，它是社会上客观存在着的一种社会关系。

（2）公共性

公共关系是社会群体与社会环境发生的联系。社会群体是人们通过一定的社会互动过程而结合起来进行共同活动的集体。公共关系具有明显的公共特性。

（3）稳定性

社会组织与公众的关系是长期存在的，不仅谋求眼前利益，而且考虑长远利益。公共关系的建立和维持是一种连续的、持久的、有计划的努力。

（4）相关性

社会组织与公众建立关系不是随便的、随机的，而是有明确对象的。公共关系是在相关的社会组织与公众之间建立起来并维系下去的。这里所谓相关，就是指某类社会群体的共同利益被某一社会组织的政策和行动所影响；反过来，这类社会群体的舆论和行动也制约着这个社会组织，甚至决定着这个社会组织的成败与命运。

（5）间接性

社会组织与公众的联系往往是不能直接、面对面地进行，一般要通过一定的媒介才能互动。人与物都可以充当这种媒介。

（6）互利性

互补是社会关系建立和发展的动力，互利是相互交往的基础，只有在互惠互利的基础上，才能够建立和维持相互间的关系。

（7）可变性

可变性体现在两个方面：第一，公共关系的性质可以发生变化，原先的合作互助关系可能因为利益冲突等因素影响而变为竞争或敌对关系；反过来，对立性的关系也可转化为合作的关系；第二，虽然建立起来的关系具有一定的稳定性，但也不排除因某种原因双方“另择对象”，主客体都有可能置换。

3．公共关系的主要活动方式

企业要同公众沟通信息，就必须开展灵活多样的活动，其主要活动方式有以下几个类型。

（1）宣传型公关

即企业邀请新闻机构的有关人员（如记者、编辑等）撰写有关企业的报道文章，通过一定的信息媒介（如报纸、电台等），向公众宣传企业的经营思想、产品质量、服务项目、为社会作出的贡献等内容。它是公共关系最重要的活动方式，前面所说的公共关系的三个特点（即具有新闻艺术价值、可信度高、公众在思想上无戒心）主要就是体现在宣传报道这一活动方式上。或编写散发宣传材料，介绍企业情况，使更多的公众了解企业。

（2）征询型公关

虚心听取和处理公众对本企业各方面的意见。企业不仅要虚心听取公众的意见，而且要对公众的意见作出迅速处理，将处理的结果告诉对方，并表示感谢，以消除公众的不满或误会，维护企业的声誉。

（3）交际型公关

建立与政府机构、供应商、中间商等有关组织的联系，努力搞好关系，以求得其了解和协助。建立同有关社会团体以及在社会上有一定影响人士之间的联系，如同消费者协会、各种行业协会建立联系，同著名的科学家、教授、学者、体育明星、电影明星、文学家、记者等建立联系，使他们了解企业，争取他们在适当的场合为企业进行宣传。

（4）社会型公关

倡导、举办或参加有关社会福利活动，进行力所能及的赞助活动，以提高企业的知名度，树立企业形象。

（5）服务型公关

以实际行动向公众表明本企业在不断进步，努力为社会作出贡献。例如，企业不断提高产品质量和服务水平，不断开发新产品，为民解难，并通过一定的途径使公众了解这些情况。

（6）维系型公关

在企业公共关系顺利稳定发展时期，为保持声誉，稳定这一良好关系，长期不断实施不露痕迹的影响。如保持一定的见报率等。

【小　结】

（1）促销是“促进销售”的简称，它是指企业通过一定的手段，将有关企业和产品的信息传递给消费者，促使消费者了解、偏爱和购买本企业的产品，从而达到扩大销售的目的。所谓促销组合就是指企业为了达到促销目标，对人员推销、广告、营业推广和公共关系这四大促销手段的综合运用，以形成一个促销整体。企业在制订促销组合的时候应该充分考虑以下因素：促销目标、产品类型、产品所处生命周期的不同阶段、市场性质、“推”的策略与“拉”的策略、促销预算。

（2）广告的定义很多，一般认为，广告是指企业（广告主）用一定的费用，通过大众媒介，把有关产品和企业的信息传递给广大消费者的一种非人员推销的促销手段，其目的是为了促使消费者认识、偏爱直至购买本企业的产品。广告的种类有告知性广告、说服性广告、提示性广告。

（3）营业推广（Sales Promotion）也称销售促进，它是指企业用来刺激早期需求或强烈的市场反应而采取的各种短期性促销方式的总称。它旨在提高消费者购买率和分销商效益，不同于人员推销、广告和公共关系的市场行为。

（4）人员推销是指企业的推销人员直接向消费者进行介绍、说服工作，促使消费者了解、偏爱本企业的产品，进而采取购买行为的一种促销手段。

（5）对公共关系的定义很多，一般认为，公共关系是企业在经营管理中运用信息传播媒介，沟通组织与公众之间的关系，通过树立良好的企业形象，取得相关公众的了解、理解、信任、支持与合作，求得企业生存与发展的企业活动、管理过程以及由此形成的社会关系。

第三部分　课题实践页

一、选择题

（1）以下关于促销与营销关系的说法正确的是（　　）。

A. 促销就是营销　　B. 促销是营销策略中的一个部分

C. 促销是营销的发展　　D. 营销的重点是促销

（2）促销的主要任务是（　　）。

A. 宣传与说服　　B. 引起消费者的注意与兴趣

C. 传递与企业有关的信息　　D. 促进消费者购买

（3）以下关于推式策略和拉式策略的说法正确的是（　　）。

A. 拉式策略是指企业以促销组合中的人员销售的方式进行促销活动

B. 推式策略是指企业以促销组合中的非人员销售的方式进行促销活动

C. 二者信息流动的方向不同

D. 二者信息流动的方向大致相同

（4）人员推销最重要的任务是（　　）。

A. 销售产品　　B. 传递信息　　C. 提供服务　　D. 寻找客户

（5）（　　）比较适合现阶段我国彩电行业的广告目标。

A. 培养品牌的偏好　　B. 描述可提供的服务

C. 鼓励消费者改用本企业的品牌　　D. 强化或改变对产品的信念

E. 树立企业的形象

（6）广告设计的核心是（　　）。

A. 广告主题的设计　　B. 广告文案的设计

C. 广告画面的设计　　D. 广告技术的设计

（7）营业推广具有（　　）等特点。

A. 艺术性强　　B. 刺激性强　　C. 在短期内采用

D. 可信度高　　E. 见效迅速

（8）消费品最重要的促销手段是（　　）。

A. 营业推广　　B. 广告宣传　　C. 公共关系　　D. 人员推销

（9）企业确立提示性广告目标的目的是通过广告达到（　　）的目的。

A. 使消费者偏爱和购买企业的产品　　B. 使消费者了解有关产品的信息

C. 消除消费者购买产品的后顾之忧　　D. 使消费者经常想到本企业的产品

二、判断题

（1）对消费品的促销多采用拉的策略。（　　）

（2）企业可通过长期使用营业推广或人员推销培养消费者忠诚度。（　　）

（3）营业推广与公共关系作为企业主导性策略必须配合使用。（　　）

（4）商品与劳务信息是广告主体。（　　）

（5）推的策略适用于用户多而广，需求总量大的产品促销。（　　）

三、简答题

（1）何为促销，促销有哪些作用?

（2）什么是广告，广告设计应遵循那些原则?

(3) 公共关系的活动方式有哪几种？如何开展？

四、课堂讨论

(1) 促销的本质是什么？为什么企业要搞促销活动？

(2) 对现在商场流行的促销活动的是与非进行分析。

五、实训操作

如果学生自己在校园周边开一个运动服装店，写出开店的促销方案。

实训目标：训练学生促销策略制订能力。

实训组织：学生分组，讨论写出促销方案。

实训成果：方案展示汇报，师生点评。

课题十四 实施营销策划

技能目标	知识目标	建议学时
➢ 理解市场营销策划概念	（1）掌握营销策划概念，把握营销策划的本质 （2）掌握营销策划的特征和原则 （3）能运用营销策划概念分析营销策划活动	2
➢ 掌握市场营销策划的方法与内容	（1）能掌握并运用营销策划的主要方法 （2）能正确对营销策划的内容进行分类	2
➢ 熟悉营销策划的步骤与误区	（1）能针对营销某一活动进行策划程序设计 （2）通过学习避免营销决策的误区	2

第一部分 案例与讨论

案例1：营销构思创意四法则

一、人无我有，绝对优势法则

人无我有，即挖掘或制造自身所独具的、别人无法移植和克隆的东西出来，突出该特色，以绝对优势压倒竞争对手，从而占领市场。

二、人有我优，相对优势法则

同质化日趋严重的今天，所谓一家独享的不可替代的产品或服务已经很难存在，在这种情况下就必须寻找大家都具备，但是我做得最好的产品，即所谓的“专业化”和“人有我优”，以相对优势来压倒对手，从而占领市场。

三、有中生有，显示优势法则

当上述第一点和第二点企业自身经过详细挖掘，发现自己都不具备的情况下，就应该退而求其次，说出行业之共识，或行业之潜规则，亦即业内人士都十分清楚、十分了解，并且绝大多数从业人员都认为消费者也应该了解与熟悉这些共识或规则，然而事实上消费者却并不了解，或者有所耳闻，但是却不知其所以然的东西出来，把行业的所共同具备的东西拿出来，打造成企业自身的“独特的”竞争力。简言之，就是当绝大多数竞争对手都把消费者当成专家的时候，我们把消费者当成是“普通人”甚至“傻子”。

四、无中生有，追加优势法则

在经过各种各样的分析与调研之后，发现自己可供利用的资源实在是少之甚少的情况下，就可以采取“无中生有”的做法，即运用追加优势法则。——注意，其中的关键在于“追加”二字，此“无中生有”非彼“无中生有”，切不可进行虚假宣传，而是将自己现在还做不到但是很快就能做到的，或者自己的发展目标和战略规划中的独特之处拿出来放在此时来说。

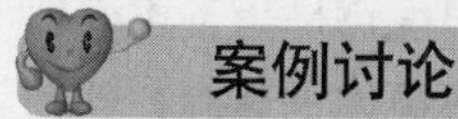

案例讨论

（1）营销构思创意四法则体现了市场营销策划的哪一项特征?

（2）从方法论角度，营销构思创意四法则体现了市场营销策划的哪一项方法?

第二部分 课题学习引导

14.1 理解市场营销策划概念

作为企业的一名营销策划人员，该如何正确理解市场营销策划的含义？策划与计划和创意的区别和联系又体现在哪里？当前多变的环境和激烈的市场竞争下，该如何更好地理解营销策划对于企业发展的战略意义？本课题将对市场营销策划内涵，对市场营销策划特征和原则进行详细分析和阐述。

14.1.1 理解策划和市场营销策划的内涵

市场营销策划是指随着人们在营销实践活动中不断总结经验和教训，并在传统营销理论基础上发展起来的一门新兴学科。对于企业的营销工作而言，有没有整体营销战略，这样的营销战略是否符合企业发展的实际情况，以及营销战略如何实施等都是决定企业营销成败的关键。而营销策划本身即是企业指导营销工作的最高纲领性文件，营销战略的正确与否直接关系到企业的荣辱兴衰。所以，营销策划是企业在进行市场运作中最重要的工作之一。为了更好地理解营销策划对于企业发展的战略意义，首先就要对策划有一个比较深入的了解。

1．策划的概念及其与计划和创意的区别

（1）什么是策划

策划是人类最古老的活动之一。在人类文明史上，策划在政治、经济、军事等许多领域都有实践应用，对社会进步和发展起到了巨大的推动作用。在大量现代科学理论、科学方法不断涌现的今天，策划在对人类智慧归纳总结的基础上，由个人与群体活动的经验总结，上升成为能够基本准确描述策划活动内在规律的理论，逐步迈向系统化、科学化，形成一门跨学科、大纵深的综合性学科。策划已发展成为与战略学、计划学、规划学、决策学、运筹学、系统论、控制论等学科紧密联系、相互交叉又相对独立的一门多元化的综合性学科。

所谓策划是指人们为了达到某种预期的目标，借助科学思维方法和系统分析方法，对策划对象的环境因素进行分析，对资源进行重新组合和优化配置以及围绕这些活动所进行的调查、分析、创意设计并制订行动方案的行为。它包括团体策划和个人策划、政治策划和军事策划、企业策划和政府策划、战略策划和策略策划，等等。凡是有决策、计划的领域就有策划，只要有管理就存在策划活动。策划的科学与决策的成功是密不可分的。其特征如下：

① 目标性。

任何策划都必须围绕一定的目标，把握住原则与方向。开展策划的出发点是为了更好地实现自己的目标。因此，策划过程中的一切活动始终不能脱离目标，而是要根据环境条件的变化，不断进行创新，以使将要采取的行动能产生最佳的效果。

② 可行性。

策划不是空想，策划方案的产生要建立在现有人、财、物的基础上，脱离现有条件的策划只是“海市蜃楼”，它无法实现企业目标。因此，任何策划都要具有可行性。

③ 新颖性。

策划产生的创意、制订的方案应该具有开创性，一般不是沿着惯性思维考虑问题，而应突破陈旧观念，应区别于别人已经或正要实施的各种方案，表现为新、特、奇，对受众具有强烈的吸引力。策划是一种创造思维，要突破常规，富有新意，不落俗套，因此有人称之为“头脑工程”。

④ 超前性。

策划是“创造未来”，是根据目前或可预见的条件设计还未到来的事业。因此，策划者必须有超前意识，有长远眼光，在设计方案时要“高瞻远瞩”。策划是一种超前思维，对于可能产生的效果有明确的预测，对策划方案实施过程中可能遇到的障碍与难点以及各种环境变化的状况，策划者都要事先作出评估并制订出应变对策与措施。

⑤ 综合性。

策划是编导，是一种全方位、多谋略、多手段的整合。它包括信息资源的分析与判断、方案的构思与制订、最后的实施、评估与调整的全部过程。

策划既不同于计划，又不同于策略。策划是研究“去做什么”，是一种围绕已定目标而开展的具有崭新创意的设计。计划是研究“怎样去做”，是一种围绕已定设计而组织实施的具体安排，无须创意。策略则是研究“如何做得好”，是考虑如何将创意进行合理组合，以达到最佳效益。

策划的新颖性和超前性折射出人类思维的智慧光芒。在人类社会的各个领域，策划处处闪耀着耀眼的光辉。

具体地说，我们可以从以下 4 个方面进一步理解策划的内涵。

① 从策划的过程看，一个完整的策划，基本上包含了预测和决策两大步骤。作为预测，它要对组织未来发展的前景和趋势进行科学的分析和准确评估；作为决策，它要在预测的基础上，对组织的应对方针和行动措施进行大胆抉择。从这个意义上说，任何一种策划都是“大胆设想，小心求证”的过程。

② 从策划的内容来看，一个完整的策划，基本上都包括了战略策划和战术策划两大内容。战略策划是统筹选择实现特定目标的方法、途径和各项资源调配，以实现长远的目标和方针。战术策划则是为了实现战略所必须采取的一系列行之有效的行动方案。战术策划具有很强的操作性，它往往要设计出“做什么、如何做、何时何地做”等每一个环节的运作步骤，以保证在每一个环节上达到最佳组合，在每一个阶段都取得最大成果。通过对这两项内容的策划，从而最大限度地调集、协调和发挥各方面的信息和资源优势，以便实现既定的战略目标。

③ 从策划的性质来看，策划是一项极为复杂的综合性思维工程。首先，策划本身就是一种极为复杂的思维活动的过程，是策划者运用知识、信息、智慧进行复杂的脑力劳动的过程。其次，策划是一项综合性思维工程。在策划过程中，既要运用周密严谨的理性思维，进行分析、判断和预测，又要运用灵活多变、富有创意的感性思维进行想象、创造和重新组合，对各种思维方式的综合运用，是策划成功的关键所在。

④ 从策划的范围来看，策划普遍存在于人类行为之中。无论是政治统治，企业经营还是个人发展都需要精心的设计策划。像“太阳神”的“专业保健”定位，都是精心策划的结果。

（2）策划、计划与创意

从策划的含义中，我们可以发现策划与计划是两个不同的范畴，这两个概念容易被人混为一谈，其实两者有较大的差异。策划近似英文 strategy to plan，而计划则是英文的 plan。策划更多地表现为战略决策，包括分析情况、发现问题、确定目标、设计和优化方案，最后形成具体工作计划等一整套环节。计划很大程度上只是策划的最终结果，比较多地表现为在目标、条件、战略和任务等都已明确化的情况下，为即将进行的活动提供一种可具体操作的指导性方案。有关策划与计划的不同进行比较，见表 14-1。

表 14-1 策划与计划差异表

策　划	计　划	策　划	计　划
全局性、整体性 战略决策	具体性、可操作性 指导方案	灵活多变	按部就班
掌握原则与方向	处理程序与细节	挑战性大	挑战性小
具有创新性和创意	常规的工作流程	长期专业训练的人员	短期培训人员
超前性	现实可行性		

策划需要创意，需要出点子、出主意，但又不仅仅是创意。创意只是策划程序中的一部分，是可以在瞬间产生的突破，而策划是在调查、谋划、评价、反馈等复杂程序上的综合过程，它是系统有序的创造性活动。当然，好的创意可以成为成功策划的有力保障。

2．市场营销策划的含义

策划的种类繁多，市场营销策划是运用于企业经营活动的重要分支。所谓营销策划就是指策划人员围绕企业目标，根据企业现有的资源状况，在充分调查、分析市场营销环境的基础上，激发创意，制订企业具体市场营销目标和确定解决问题的一套策略规划的活动过程。营销策划针对特定的营销对象和市场机会，在环境预期和市场分析的基础上，围绕企业的市场目标及绩效要求，对企业可控的经营资源和营销手段进行事先的、系统的设计、规划和安排。

在营销实践中，企业早期的营销策划主要依靠个人的经验，侧重于出点子、提建议和想办法。随着企业规模的扩大和经营内容的增加，企业内部的管理分工不断发展。多变的环境和激烈的市场竞争，在客观上要求企业运用科学的理论和方法，掌握营销策划原理、方式和程序，提高营销策划的可靠性和效果。策划需要创意，但又不仅仅是创意，策划不同于一般的出点子，它是策划人员系统有序的创造性活动。出点子往往是经过一定思考，在瞬间产生的突破。而策划则是一个复杂的综合过程，需要经过调查、谋划、评价、反馈等多道程序，出点子只能算是策划程序中的一个环节。

市场营销策划是一种经营哲学和市场营销方法论的反映，它是一门创新思维的学科。市场营销策划实质上是企业在市场营销过程中，运用所拥有的内外部资源和其他可利用的资源，构造一个新的营销系统工程，是根据一定的经营哲学和经营理念对这个系统中各个方面的资源进行组合和配置。在这个过程中，营销理念设计是其他一切营销活动设计的前提，而市场营销活动则是市场营销理念的实现。

14.1.2 掌握市场营销策划的六大特征

市场营销策划是一门复合型的学科，它是由多门学科知识综合、交叉、碰撞而形成的新的应用知识体系。它秉承市场营销学的特点，是综合思维的科学与精湛的经营艺术的结合，市场营销策划既是一门科学，同时也是一门经营艺术。要深刻、准确地把握市场营销策划的实质，就必须对市场营销策划的特性进行系统全面的了解。一般来说，市场营销策划具有如下特性。

1．目标特征

策划的目标性是指策划所指向的对象和要解决的问题。策划首先要有正确的明确具体的策划目标，因为它是制订策划方案的依据。目标作为策划全过程的重要环节，是策划的前提，没有目标就无从策划。目标选定的准确与否直接影响着策划的进行。

策划实际上也是目标分解过程。必须把大的目标分解成为具体的子目标，这样目标容易明确。如果目标定得不明确，也会影响策划的针对性。策划的目标越明确，实现的可能性就越大。策划的目的性特征就是要求我们通过策划，围绕某一活动的特定目标这个中心，努力把各个要素、各项工作从无序转化为有序，从模糊变成清晰，从而使该活动顺利圆满地完成，并且更具针对性。

要使策划目标明确具体，策划目标所概括的内容必须用词准确，含义确切，时间和范围清晰，有一定的评价标准。策划目标既是整个策划的归宿，又是制订策划方案的出发点。在确定目标时，应尽可能把主观愿望与客观因素有机地结合起来，测准目标的约束条件，把握好市场变化规律，对一般市场和目标市场的未来变化趋势和策划的预期效果应当有科学的认识。

2．系统特征

市场营销策划是系统分析的学科，市场营销策划也是一项系统工程设计，其主要任务是帮助企业利用开放经济中丰富的各种资源，包括企业内部和外部资源、显性资源和隐性资源等，用系统的方法将其进行新的整合，使其在市场营销过程中产生整合效应。市场营销策划是用科学、周密、有序的系统分析方法，对企业的市场营销活动进行分析、创意、设计和整合，形成目标、手段、策略和行动高度统一的逻辑思维过程和行动方案。

市场营销策划强调对既有资源和可利用资源进行整合。整合是系统论的一个基本范畴和重要原理，市场营销策划就是依据系统论的整合原理，寻求市场营销活动中各类资源整合效益最大化。市场营销策划是一系列点子、谋略的整合，这种整合要求各种资源、点子、策略都必须服从于整体营销战略，是建立在点子和谋略之上的多种因素、多种资源、多种学科和多个过程整合而成的系统工程。因此，作为理论，市场营销策划是一门系统科学，作为实践，市场营销策划是一项系统工程。

3．程序特征

市场营销策划就是根据对市场变化趋势的分析判断，对企业未来的市场营销行为进行的超前筹划。策划是对将来的活动和事件进行事先谋划的工作，具有超前性。怎样在事物发生、发展变化之前就能把握事物的变化过程，策划就是通过按一定的程序进行来保证其正确性。从非程序性转向程序性是策划的必然趋势。古代策划活动，绝大多数是居于经验直观策划。这种类型的策划并不是按照严格的逻辑推理和一定的程序进行的，而更多是依赖于策划者的个人因素。策划者的能力、才干、经验、阅历等因素直接决定了策划的成功与否，因此这种非程序性、不规范的策划带有很大的随意性。

现代策划为了保证策划方案的合理性和高成功率，不可避免地趋向程序化。程序性的策划并不排除策划者个人因素的重要作用，但这种策划不是完全地或主要地依赖于个人的能力和经验，而是在科学理论指导下，依照严格的逻辑推理程序进行的。尽管这些程序要耗费更多的时间和更多的精力，似乎有些“麻烦”，但却能有效地减少策划的失误，保证了策划的合理性和高成功率。

策划既是管理活动、决策活动和计划活动之前的一种制度化的程序，又是策划程序的结晶。同时，策划自身也是一种科学程序，只有严格按照运作程序进行策划，才能保证策划结果的目的性。

4．理论特征

市场营销策划是对企业未来的市场营销行为的筹划，对于未来市场行为趋势的把握，未来的状况必然受到许多现实因素的影响、制约。诸多因素变化都遵循各自规律，唯有理论能够予以明晰地揭示。因此，在策划时，虽然面对的是未来，但必须立足现实和理论去进行周密的谋划，而不能凭空设想。策划活动的全过程是策划者、主体目标、标的对象、策划方案相互作用的行为过程，也是以营销理论为依据，应用创造学、思维学理论开发创造力的过程。

策划在本质上是一种运用理论的理性行为。这种筹划借助于坚实的营销理论、丰富的经验和高超的创造力，将各种营销要素进行优化组合，形成各种营销方案和行动措施。在策划活动全过程之中，理论既是它的逻辑起点，又贯穿于策划行为过程的始终，理论作为创造性策划的内核，在策划活动各要素相互作用中，始终发挥着指导作用，离开理论的参与和渗透，策划的创造力就缺少来源。

无论是遵循策划程序进行的典型策划，还是根据临时变化情况，运用策划经验和策划艺术进行的随机策划，其成功与否及其成功的程度，都与理论的应用密不可分。因此，理论性是策划的重要特征。

5．创新特征

策划的创造性是策划的必然特性。失去了创造性的策划活动就不能称之为策划，而只是固有行为模式的照搬，是一种简单的模仿。

创造性思维的特征主要体现在：①积极的求异性。创造性思维往往表现为对常见的现象和权威理论持怀疑、分析的态度，更多的是沿着理论的轨迹对事物进行具体化分析，得到新的观点。②敏锐的洞察力。在观察过程中，分析事物的相似与相异，挖掘事物之间的必然联系，从而作出新的发现和发明。③创造性的想象。这是创造性思维的重要环节，它不断创造更新表象，赋予抽象思维以独特的形式。④独特的知识结构。这是创造性思维的基础。⑤活跃的灵感。它能突破关键一点，产生意想不到的效果。策划的过程其实就是创造性思维发挥的过程，创造性思维是策划生命力的源泉，它贯穿策划活动的方方面面和策划过程的始终。

6．时机与环境特征

在瞬息万变的社会环境中，时间和环境是策划的重要因素。作战要讲究时机，策划也有一个时机问题，机不可失，时不再来，必须快速抓准。只有时机成熟，策划才会奏效。只有策划与环境相一致才能达到预期效果。这就要求策划者适应环境，因时而策，对不同的标的对象，因时而异。策划者与偶然时机打交道时，更要把握时机，把握偶然事件中的必然规律，随机进行策划。这是一种高超的策划艺术。

14.1.3　明确营销策划的五项基本原则

1．目标明确原则

目标明确是营销策划的关键。在营销策划中，目标是首要的、关键的问题，没有正确的目标，就谈不上整个策划活动的展开。正确的营销策划目标，必须有利于企业整体经营目标的实现。

要明确营销策划目标，必须分析营销环境。目标的确立不能毫无根据地空想，必须进行市场调查，分析市场营销环境。例如，某航空公司要制订竞争性营销策划方案，不能不考虑国家主管部门多次重申的不允许机票打折销售的政策，显然以价格竞争作为其营销策划内容是不合时宜的，应以安全准点、高质量服务等内容作为竞争手段，从而确立自己的策划目标。

在确定策划目标时要有针对性。在多种多样的目标中，企业要选取适合于自身特点的目标，特别要注意分析目标市场，重视市场定位，选定正确的策略组合。如果策划的目标针对性不明确，无的放矢，那么，往往投入大量的人力、物力也毫无结果，造成重大损失。例如，人们每天都能接触到很多广告，有些企业的广告策划就缺乏针对性，让人猜谜似的不明其意，焦点模糊，造成巨额浪费。

在确定策划目标时还要讲究实际。设定目标不是为了追求表面的宏伟与宣传效果，而应讲究实际。在进行策划时，还应灵活运用不断变化的市场要素，以突出实用性为重点，顺应现实，在实施阶段随时作出修正。

2．整体策划原则

营销策划必须考虑围绕企业整体目标展开。营销策划是为企业整体目标服务的，虽然有时在进行某个细分目标的营销策划时会侧重于某些方面，但局部工作仍然以服从整体目标为重，应有利于整体目标的实现。

3．注重实效原则

营销策划绝不能追求表面完美而无实效。策划书不只是以文字、图表、数值等来表现策划设定的内容，而且还应包括实施的具体说明和修正。策划书的制作与策划作业是有机的整体，两者虽不能混为一谈，但它们是密切相关的。一般策划书的制作者应该参与策划方案的实施，以使策划方案取得实效。

4．可操作性原则

营销策划必须以企业的实际情况及市场环境为依据。营销策划方案应该具体，做到思考周密，分工详细，具有可操作性，否则，再好的营销策划创意也无法执行。

5．创意超前原则

营销策划不能简单地看做一种计划。营销策划应包括某种新的创意，应有新的点子。这种新的创意、新的尝试、新的点子应该不拘泥于现状，应具有超前性，要源于现状而高于现状，立足目前而着眼于未来。许多划时代的发明，就是一种超前的创意。例如从“如果能像鸟一样在空中飞该多好”，于是产生了飞机；从“如果能自由自在地和远方的朋友谈话该多好”，于是产生了电话。

14.2 掌握营销策划的方法与内容

当了解和掌握营销策划的重要性、主要特征和必须坚持的五项基本原则之后，还应该掌握营销策划的方法与营销策划的内容。本课题就营销策划的方法与内容进行详细的分析与讨论。

14.2.1 营销策划的方法

市场营销策划归根结底是一门经商科学，是一种市场营销的方法论，是用辩证的、动态的、发散的思维方法整合企业营销活动中的各种资源，使其达到总体经济效益最大化的科学。它是以现代市场营销理论为指导，以唯物辩证法的基本原理为根本方法，用于指导营销实践的理论。

1．唯物辩证法

唯物辩证法要求认识事物必须从实际出发。一切以条件、时间和空间为转移。市场营销策划不是空洞的玄学，因而在策划过程中，必须审时度势，用动态的观念从客观存在的市场环境、策划对象、消费者等具体情况出发，因时、因地、因人、因事制宜地进行设计和制订方案。

对立统一规律是唯物辩证法的实质和核心，市场营销策划要把握市场营销活动中买卖双方的对立统一关系，分析双方的认识差异和利益矛盾，求同存异地统一在互利互惠的原则上。只有紧紧扣住这一点，才能真正把握住市场营销策划的精髓。

2．创新思维方法

创新思维方法就是指超越常规的、违反常规的种种思维。创新思维不是脱离实际的“胡思乱想”，它是建立在客观物质基础上，有科学依据的“逆向”、“超前”思维，创立与众不同、异于常规的理念和思路。创新思维是某些营销理念设计和营销资源重新整合的前提和基础。

（1）逆向思维方法

逆向思维方法是一种与同向思维或传统思维相反的思维，是创新思维的主要方式之一。人们的思维常常与熟悉的东西相联系，常常用习惯思维或传统思维去认识问题、分析问题。

按传统思维或习惯思维方法分析问题和处理问题，虽然有时也能得出正确的结论，但面对日益激烈的市场竞争、经济体制转型、社会生活方式发生巨大变化的现实，传统思维或习惯思维就容易发生误导，甚至碰壁。

新的市场环境要求市场营销创新可以是战略的，也可以是战术的，而逆向思维是营销创新最佳选择之一。首先，原来活动方式的各个方面、各种条件都有各个细节，人们都按“传统”或“习惯”认真思考、面对新的瞬息万变的市场竞争环境，要想突破，要想创新，就只有反其道而行之——逆向思维。其次，出于历史的局限性所形成的传统思维或习惯思维可能存在着某种不合理、不科学的因素，不利于企业在市场经济条件下的发展，也需要提倡逆向思维，才能吐故纳新。天才乃是能以“非习惯性方式”去理解事物的人，这一说法富于创新的哲理。

（2）超越思维方法

超越思维方法是指超出事物原有的时空范围去思考事物、对待事物或改造事物的一种思维方式。超越思维表现为两种类型：

① 空间超越思维，又称“跳出去”思维。

指超越事物原有的空间范围来认识事物的本质和它与其他空间的关联度。例如，要跳出市场看市场，要看到商品货币交换关系掩盖下的是人与人的利益交换；跳出企业看企业……等等。

② 时间超越思维，又称“超前”思维。

指在时间序列上超越原有的时间界限进行的思维。只有超前才能创新，在激烈的商场竞争中，只有比别人看得远才能走在别人的前面，才有产品创新、服务创新，也才能实现消费者满意的目标。当前，市场营销策划中的超前必须是适度的，过分的超前就会脱离实际，市场不接受；反之滞后则意味着有被淘汰出局的危险。超前创新只能是适度的。

3．市场调查法

市场调查是对复杂多变的市场环境作出科学分析的基础，是市场营销的起点。策划首先要了解现实和潜在的市场状况，消费者的购买力水平、消费方式、购买欲望的特点，竞争性产品的优缺点，竞争对手的营销策略，科技进步给市场营销带来的冲击等，全面、准确地掌握市场信息之后，才能具有针对性地进行营销创意、理念设计和制订可行的市场营销谋略和方案，把策划出来的创意、构思和行为放到具体的市场环境和营销活动中去认识和分析，并整合出符合客观实际的策划方案。

当然，市场营销策划的研究方法还有很多，诸如，市场实验法、系统分析法、纵横比较法、改进创新法等，可根据市场营销策划的层次性和环节性特点，进行选用或组合。

14.2.2 营销策划的内容

营销策划是对营销活动过程的设计与计划。而营销活动是企业的市场开拓活动，它贯穿于企业经营管理过程。因此，凡是涉及市场开拓的企业经营活动都是营销策划的内容。市场营销策划内容相当广泛和丰富，从不同角度出发，可以依据不同的标准作出不同的分类。

第一，根据策划的对象可分为企业策划、产品策划和服务策划等。企业策划是对企业整体所进行的策划，主要目的在于树立良好的企业形象；产品策划是围绕某一产品的开发和销售所进行的策划，主要目的在于推广产品和扩大销路；服务策划是以服务作为产品，从更好地满足消费者需要出发而进行的策划，主要目的在于提高消费者满意程度。

第二，根据市场变化的不同目标，可以分为市场选择策划、市场进入策划、市场渗透策划、市场扩展策划、市场对抗策划、市场防守策划、市场撤退策划等。市场选择策划是对如何有效择定目标市场所进行的策划；市场进入策划是为产品成功地进入市场所进行的策划；市场渗透策划是为争取现有市场增加购买力所进行的策划；市场扩展策划是为扩大现有产品的市场面、开拓新市场而进行的策划；市场对抗策划是关于怎样与主要竞争对手相抗衡的策划；市场防守策划是怎样抵制竞争产品、巩固现有市场的策划；市场撤退策划是怎样有计划地退出现有市场的策划。

第三，依据市场营销过程为标准，可以分为目标市场策划、产品策划、品牌策划、包装策划、价格策划、分销策划、促销策划等。目标市场策划是为产品确定适当的市场位置所进行的策划；产品策划是对产品的开发、创新、改进、提高所进行的策划；品牌策划是对产品品牌怎样赢得消费者欢心所进行的策划；包装策划是关于怎样进行科学包装、艺术装潢，使包装更加美观、方便、安全、经济所进行的策划；价格策划是确定恰当的价值策略的一种策划；分销策划是有效地选择分销路线的一种策划；促销策划是关于开展人员推销、广告、公共关系、营业推广的策划。

第四，依据市场营销的不同层次来划分，可分为市场营销战略策划与战术策划。企业战略策划分为总体战略策划与经营战略策划两个层次。一般来说，总体战略策划的任务，是从企业整体的角度明确企业任务，区分战略经营单位，决定企业的投资组合战略和成长战略。经营战略策划的任务，则是站在战略经营单位的角度分析形势，制订目标和计划。市场营销人员则依据经营战略的要求进行市场机会研究、市场细分、目标市场选择和市场定位策划，其任务在于明确市场营销职能的运行方向。总体战略为经营战略指明方向，经营战略则为各职能战术建立一个基本框架。市场营销的战术策划是指市场营销人员在战略性市场营销策划的基础上，对市场营销的产品、价格、分销以及促销（即市场营销手段），所进行的组合策划和个别策划，属于战术性市场营销策划，其目的在于把战略性市场营销规定的任务落到实处。

第五，根据企业营销活动的范围，可以很容易地把营销策划区分为整体营销策划与局部营销策划。凡是策划内容涉及企业营销活动全过程的，也就是说既包括确定目标市场活动，又包括占领目标市场的活动，即被称之为整体营销策划。整体营销策划因为涉及企业营销活动的全过程，所以它的策划时间跨度至少在 1 年以上，一般情况下以 3~5 年最为适宜。另外，整体营销策划还往往和一个企业的发展战略及其长期经营活动相结合，它规定了企业的发展方向及目标。同时，整体营销策划又可以看做是企业的行动指南或行动纲领，它对企业营销活动的质与量进行概括与规定。

所谓局部营销策划是指策划内容不涉及企业营销活动全过程的营销策划。如果从企业的营销活动范围来看，不同时涉及确定目标市场和占领全部市场的策划即为局部营销策划。也就是说，局部营销策划可以是仅对确定目标市场的策划，也可以是仅对占领目标市场的策划，甚至可以进一步缩小范围，就确定目标市场或占领目标市场内的某一内容进行局部营销策划。如对市场定位进行策划就是一种局部营销策划，它是对居于目标市场活动中的某一活动内容所进行的策划。而对企业的广告进行策划也是一种局部营销策划，它是对占领目标市场活动中的促销活动的某一活动内容所进行的策划。局部营销策划的时间跨度以 1 年以内的短期为多，其策划往往集中于某一时段的具体营销活动。因此，对占领目标市场活动的策划成了局部营销策划最为常见的内容。

14.3 熟悉营销策划的步骤与误区

在对营销策划概念、方法和内容已经掌握的基础上，还要学习和掌握营销策划的具体步骤及营销策划存在的误区。本课题将对营销策划的步骤与误区做进一步的分析与阐述。

14.3.1 营销策划的步骤

营销策划的程序是指营销策划的具体操作步骤。营销策划是在不可控制的营销环境中进行的，因此，营销策划的方法是追求创新、灵活多样，从这个角度讲，营销策划没有完全固定的模式和程序。但是营销策划又是有规律可循的，为保证营销策划工作顺利进行，一般情况下，营销策划可以参照以下 7 个程序来进行，如图 14–1 所示。

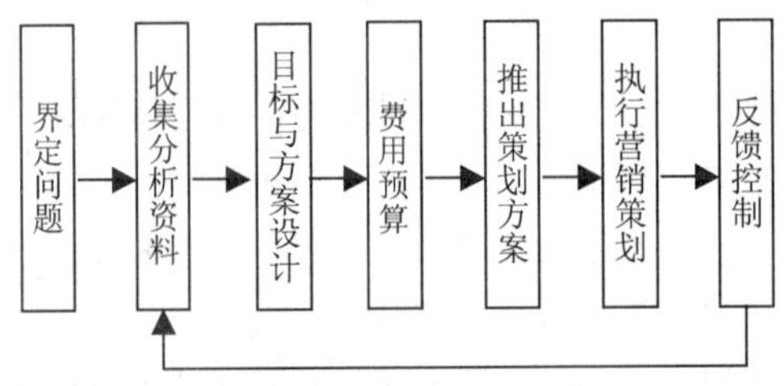

图 14-1　营销策划程序图

1．界定问题

开展营销策划工作，无论是在委托情况下，还是企业自行策划，策划人员都必须弄清策划的目的，界定问题，找出主题。通常要了解企业想做的事是什么，为什么要做这件事，企业正在做什么事，为什么这样做。界定了问题，才能确定营销策划的工作范围，避免盲目行动。

管理大师杜拉克在从事咨询顾问时曾这样工作：首先客户会提一大堆问题，但杜拉克听了这些问题后向客户说道："你最想做的事情是什么？你为什么最想做？你现在正在做什么事？你为什么这样做呢？"这就是杜拉克的问题界定法。他改变客户所问，提出一连串的问题反问，目的就是为了帮助客户理清问题、提出问题，然后让客户自己动手去处理最先必须处理的问题。

杜拉克的问题界定法给我们以启示，我们往往追求结果，而没有耐心花时间去界定问题，其实只要界定了问题，把问题简单化、明确化，分清问题的重要性，那么问题就解决了一半。那么，界定问题的方法主要有 4 种：

（1）专注于重要问题

如果认为每一件事情都很重要，结果会变成没有一件事是重要的，就像我们想同时完成多个目标，其结果往往是一个目标也实现不了。例如，一个人去追逐多只兔子，不如去专门追一只兔子，因为这样更容易捉住它。一个人如果同时有多个目标要实现，那到头来可能一事无成。假如我们不能专注于最值得解决的重要问题，我们很可能解决了一个不重要的问题或错误的问题，这样做不但重要问题没有解决，反而因为处理错误的问题而产生出新的难题。

（2）细分问题

要把问题明确化，最好的办法就是将问题进行细分。任何东西都可以细分，以书为例，可以把书按用途、内容、大小、开本、品质、颜色等进行划分。任何问题也可以细分，以问题"如何防盗"为例，可细分为社区的警卫、门锁、警铃、守望、巡警等布置。

（3）改变原有问题

改变原有问题会使问题更明确。针对事件要点直接提问，十里不同风，百里不同俗，在各个地区就同一个问题都需要做出改变，如风俗、情况等，使之得以解决。

（4）运用"为什么"的技巧

多问为什么就能使问题明确化、浅显化，分清重要性。例如，有个人想拥有更多的钱，为什么？他说积累的钱多了，就可以提前退休。为什么要提前退休？退休以后就可以到各地旅游。这时你就找到了根本性问题，他不是为了多占用钱，而是为了可以到各地旅游。结果是只要调动到旅游业或外交性工作中，也可以实现到许多地方旅游的目标。

好的开始是成功的一半。当为自己制订好一个目标，并把它界定明确、清楚之后，营销策划就取得了成功的一半。

2．收集分析资料

信息、材料和能源被誉为现代经济发展的三大支柱。信息开发的水平决定着策划的水平。资料收集分析是信息的收集和开发工作，也是营销策划的基础。资料收集包括第一手资料收集和第二手资料收集。第一手资料可以通过市场调查、召开座谈会、参加情况介绍会等收集。第二手资料的收集包括查找文献、统计报表、销售报表、财务报表、经营计划等。资料收集既要包括对现状资料的收集，又要包括对历史资料的收集，因为对历史资料的了解可以看出事物变化发展的轨迹，有助于对营销方案的制订。

对于收集到的各种资料进行系统整理，分析处理。通过分析，从繁杂的数据中归纳出问题所在，理出头绪，把握住企业所处营销环境的真实状况。资料分析还要对今后的发展趋势与走向做出预测。

3．目标与方案设计

这是营销策划的关键阶段，它决定了营销策划的成功与否、质量高低。因为营销策划的核心内容是体现在营销目标与方案的设计上。对于一个策划者来说，其主要的精力与策划重点应放在这一阶段上。在这个阶段，经过创意一般可形成多种概要性方案的框架，并在此基础上完成营销策划书的撰写。

4．费用预算

这里的费用是指为了达到营销目标而实施营销方案所需要的预算。预算根据第三阶段的目标与方案设计的内容来预算。费用预算不能只有一个笼统的总金额，要进行分解，计算出每一项营销行动的费用。如在预算促销费用时，除了列出总金额外，还要预算出广告费用、推销员费用或营业推广费用。在广告费用中，还要分解出电视广告费用、电台广告费用等。

费用预算实际上与前面的目标和方案设计是有紧密联系的，绝对不能把两者割裂开来。在进行营销方案设计时，本身就要考虑到费用支出。营销策划的第三和第四阶段，实际上应该一起考虑实施，一般的做法是，先设计营销方案，然后预算费用，再根据费用调整营销方案，直到确定一个投入少、产出效果好的营销方案来。

5．推出策划方案

策划方案完成后，策划人员要向委托人或企业决策者进行讲解、汇报，通过汇报与企业决策者及相关经营管理人员进行沟通，进一步了解决策者的意图，使营销策划方案内容更符合实际，进行必要的完善。在此基础上，向决策者推出策划方案。策划人员向委托人或决策者推出策划方案常用的说明工具有简报、投影胶片、演示磁盘、录像机、投影仪或计算机投影仪等，以此更好展示营销策划的“亮点”。

确定策划方案主要是看此策划方案的可行性，主要包括下列3个方面：

（1）方案有足够的资源支持

每个策划方案均受资源本身的限制，资源包括人力、财力、时间等。由于受限于资源，因此该策划方案是否可行就要看资源是否充足。许多策划人秉持“无中生有，天马行空”原则，挖空心思、大胆突破，想出了一个有创意的方案，然而常因忽略了企业的有限资源，结果方案进行到一半就发生“搁浅”现象，以至于半途而废。在现实中，可行的创意往往比“最好的”创意还要好。

（2）有高级主管的信任和支持

由于策划部门是一个职能单位，影响是有限的，策划方案能否顺利推行、执行到底，与主管的信任和支持有很大关系。通常一个策划方案需要投入资金几十万甚至高达几百万元，而策划方案在推行之初，很可能看不出任何效果，这时倘若高层主管的意志不坚定，对策划方案的信心发生动摇，就会影响策划方案的执行。

（3）有其他部门的全力配合

要使策划方案顺利地得到推行，除了主管的全力支持外，企业其他部门的全力配合也非常重要。策划者必须留意其他部门的正面反应和反对意见，所以在制订方案之前，必须与其他有关部门多进行沟通、协调。最好的方法是请各部门的主管共同参与制订策划方案，经过大家讨论后的策划方案，就不仅仅是策划部门的方案，而是大家共同参与制订的方案，这样，各部门都会相互配合，收到事半功倍的效果。

策划方案能否被确定还与方案名称、策划人员、策划目标、策划内容和费用分析等直接相关。

6．执行营销策划

策划方案通过后，由企业有关部门进行实施，策划部门与实施部门要保持良好的沟通，策划人员要向实施部门将策划的意图、策划的目标、策划的内容、实施的步骤、重点、方法一一讲解清楚，以便更好执行策划方案，企业决策者要统一指挥，职能部门要分工协作，齐心协力，执行策划方案，实现策划目标。

7．反馈控制

营销策划设计时与执行时的客观环境，约束条件等都可能发生变化，因此，营销策划方案的实施应注重反馈控制。在一个计划时间内的营销活动结束以后，要根据结果对营销策划进行评估，看看营销目标是否达到，是否有差距存在。如果有差距存在，要找出原因，以便对下一个计划时间内的营销策划进行调整。一般情况下，该程序只有在营销策划在一个计划时间结束后还要持续下去时才有意义。

14.3.2 营销策划的误区

营销策划要走向成功，还要避免陷入营销策划的误区。

1．盲目追求轰动效应

在营销策划实践中，企业往往热衷于制造出爆炸式轰动。当然，并不是全面否定策划的轰动性，在营销策略正确的前提下，一项策划活动越能引起目标受众注意与兴趣越好。但是策划的构思随心所欲，只求外表轰动，不求实际的内容，更不管受众心理，只重形式而无内容的策划是注定要失败的。

2．策划完全由自己来完成

策划大师约翰·华那卡从多年的经验积累中总结出一个现已广为流行的策划方程：策划成功=他人的头脑+他人的金钱。所以，成功的策划，绝不是单纯地实现自己的构思，而是应该巧妙地借用他人的头脑与他人的金钱来创造价值的活动。如果策划完全由自己来完成，往往会导致失败，因为这种做法违背了营销策划的成功方程式。

3．编造概念，误导消费

产品本身缺乏科技内涵与实际功能，缺乏具体真切实在的消费者利益，于是肆意编造概念，玩弄概念术语，形成媒体层面上的热闹炒作和市场层面的短期虚假繁荣，但最终还是会因消费者的醒悟以及产品自身的缺陷而使产品不得不退出市场。这是我国企业营销策划的又一大误区，这种现象在保健品行业尤为普遍和严重。

4．促销策划代替营销策划

促销以产品为中心，以企业为中心，不管消费者是否需要，是否愿意接受，硬推出去，抽奖、买赠、打折，硬销出去。而真正现代意义上的营销，则是指一切以消费者为中心，从满足消费者的各种需要出发，并为之提供全方位、多层次的整合服务。真正的营销策划不是在产品生产出来出现库存积压之后开始的，而是在产品研发、生产之前就开始了的。然而，现在还有不少策划仍然停留在促销策划层次，并且美其名曰“营销策划”，结果自然无法解决根本问题而陷于恶性促销循环。

5．策划就是写出策划书

策划书是策划工作的一部分，策划不仅仅是制作策划书，策划书制作之前，要做深入的调查研究，策划书完成后，还要把策划书的内容推销出去，让别人接受你的策划，并付诸实施，否则，策划只能成为一纸空文，毫无意义。

【小　　结】

（1）市场营销策划是一门创新思维的学科。市场营销策划实质上是企业在市场营销过程中，运用所拥有的内外部资源和其他可利用资源，构造一个新的营销系统工程，是对这个系统中的各个方面资源根据一定的经营哲学和经营理念进行资源组合和配置。在这个过程中，营销理念设计是其他一切营销活动设计的前提，而市场营销活动则是市场营销理念的体现。

（2）策划具有策划活动的目标特征、策划活动的系统特征、策划活动的程序特征、策划活动的理论特征、策划活动的创新特征、策划活动的时机与环境特征等。把握特征是进行营销策划的基本要求，所以策划时必须严格遵守。它也是评价策划工作的标准。

（3）策划最主要运用的理论是市场营销学，创新理论不过是手段而已，注意不要舍本求末，过程的规范是结果质量的保证。

（4）市场营销策划的内容是相当广泛和丰富的，依据不同的标准可作以下归纳：第一，以策划的对象为标准可分为企业策划、商品策划和服务策划等。第二，以市场发展程序为标准可分为市场选择策划、市场进入策划、市场渗透策划、市场扩展策划、市场对抗策划、市场防守策划、市场撤退策划等。第三，以市场营销过程为标准可分为市场定位策划、产品策划、品牌策划、包装策划、价格策划、分销策划、促销策划等。

（5）市场营销策划是一门涉及多种学科的综合性应用科学，其研究对象是市场营销策划过程中的市场进入障碍分析、营销资源配置、营销创意、营销理念设计和制订市场营销策划方案等的基本方法、技巧及其一般规律。

第三部分　课题实践页

一、选择题

（1）以下不属于营销策划要素的是（　　）。

A. 目标　　B. 创意　　C. 挑战性　　D. 可操作性

（2）下列选项中，不属于策划与计划的区别的是（　　）。

A. 策划必须有创意，而计划不一定有创意

B. 策划是掌握原则与方向，而计划是处理程序与细节

C. 策划灵活变化多，而计划灵活性小

D. 策划要有目标，计划不一定要有目标

（3）市场营销策划按（　　）标准划分为市场定位策划、产品策划、价格策划、分销策划和促销策划。

A. 市场发展阶段　　B. 内容　　C. 策划对象　　D. 策划目的

（4）从策划的（　　）来看，一个完整的策划，基本上都包括了战略策划和战术策划两大内容。

A. 过程　　B. 内容　　C. 性质　　D. 范围

（5）下列不属于营销策划的特征的是（　　）。

A. 目标特征　　B. 系统特征　　C. 程序特征　　D. 规范特征

（6）（　　）是对复杂多变的市场环境作出科学分析的基础，是市场营销的起点。

A. 市场调查　　B. 产品创意　　C. 决策计划　　D. 资料收集

二、判断题

（1）凡是有决策、计划的领域就有策划，只要有管理就存在策划活动。（ ）

（2）从策划的内容来看，一个完整的策划，基本上包含了预测和决策两大步骤。（ ）

（3）计划的挑战性大，策划的挑战性小。（ ）

（4）理论性是市场营销策划的基本特征之一。（ ）

（5）营销策划必须坚持可操作性原则。（ ）

（6）依据策划的对象为标准，可分为市场营销战略策划与战术策划。（ ）

（7）创新思维是某些营销理念设计和营销资源重新整合的前提和基础。（ ）

（8）收集分析资料是营销策划的关键阶段，它决定了营销策划的成功与否、质量高低。（ ）

（9）策划大师约翰·华那卡的策划成功方程是：策划成功=自己的头脑+他人的金钱。（ ）

（10）编造概念，误导消费是当前我国保健品市场营销中存在的一个突出现象。（ ）

三、简答题

（1）什么是市场营销策划?

（2）市场营销策划的步骤有哪些?

（3）市场营销策划的方法有哪些?

四、课堂讨论

（1）什么是策划? 什么是营销策划?

（2）怎样理解市场营销策划既是一门科学，又是一门经营艺术?

（3）如何避免走入营销策划的误区?

五、实训操作

6~8 个同学组成一个小组，确定要调查的产品。为你的产品找出两三个有竞争性的品牌。然后讨论为什么消费者购买某一品牌而不购买其他品牌，消费者的购买决策过程是如何作出的? 然后选择一个或多个商店，调查了解消费者对该品牌商品购买的决策过程，并以此写出调查报告。

实训目标：熟悉并运用市场调查法，理解其对营销策划的重要作用。

实训组织：学生分组，对多个产品进行分别调查。

实训成果：调研分析报告展示，老师点评。

课题十五　撰写营销策划报告

技能目标	知识目标	建议学时
➢ 理解营销策划书撰写的目的和原则	(1) 会运用营销策划书撰写的原则	1
➢ 熟悉营销策划书的格式与内容	(2) 能对营销策划书进行评价和分析	1
➢ 掌握营销策划书的撰写技巧	(3) 能结合实际策划项目撰写营销策划书	1

第一部分　案例与讨论

案例1：中秋月饼营销策划书

一、概要

中秋是中国的一个传统节日，消费者在这期间比较活跃，容易形成消费热点，因此这一时期成为商家获取利润的大好时机。本策划根据公司推出的工艺礼品，综合分析消费者市场的各种因素，对本产品的投入市场做出了可行性分析及销售建议。

二、背景市场分析

1．背景分析

据中国社会调查所（SSIC）近日公布的对北京等全国近十个城市2 000位公众如何过中秋节的问卷调查，有53%的被访者表示会去看望自己的领导或工作上的伙伴。如今的老百姓已经不再满足于全家聚在一起吃顿饭这么简单，中秋节的消费趋向有了一些新变化，有人形象地把这种消费现象称之为“月光经济”。

2．市场分析

随着人们物质生活水平的提高，已经不仅仅满足于中秋节大吃一顿，而是开始追求更有文化的方式来欢庆节日，所以预计今年的中秋节消费者的消费将更趋于多元化。

工艺品作为一种进入普通消费者家庭不久的商品，由于兼具传统内涵和现代气息，能给人们带来问候的同时，也让人们接受了文化的洗礼。其发展趋势十分诱人，极大的市场空间、丰厚的利润回报、极强的购买力和需求量，使之成为一个永不衰落的朝阳产业。

三、市场营销战略

1. 产品定位

高尚脱俗、美观大方、具有较高的品位和较强的文化气息，适合赠送亲友、自己收藏且价格适中的一种工艺产品。产品将分为高档、中档和低档 3 种。

2. 目标市场

此次公司推出的这种产品目标是以大中型企事业单位的集体消费者为主，以及一部分乐于收藏工艺品、文化素养较高的消费者的综合市场，具体分类见表 15-1。

表 15-1 消费分类

目标消费群体	追求时尚的年轻人	文化程度较高、热爱收藏的老年人	大型企事业单位	一部分中年人和学生
产品类别	高档	高档	高、中、低档	中、低档
消费类型分析	一般具有较高收入、经济独立、追求时尚，接受新事物能力较强	具有较高的文化素养，热爱传统文化，有收藏工艺品的爱好	具有制度性、群体性需求	这类人有较高的文化素养，但经济上不独立或收入水平不高
主要用途	自己收藏、赠送亲友	自己收藏	赠送客户、领导，发放员工	赠送亲友

3. 销售渠道

① 针对重点客户，可以派出推销员联络大中型企业，发布产品信息、介绍产品特点，了解客户需求，并不失时机地促成订货。

② 以各类商场、工艺品商店为平台，提供相应的广告支持，并给予一定的优惠条件的代销。

4. 营销建议

① 由于工艺品不是一种生活必需品，也不是一种理性消费品，建议增大销售队伍，扩大产品宣传途径。

② 争取时间上的优势，先下手为强，力求在中秋节前一个星期基本上完成大部分订货。

四、机会与问题分析

1. 机会与优势分析

由于消费者在中秋节期间的消费已经越来越趋于多元化，并且在中秋节容易形成消费热潮，特别是工艺品作为一种新型消费品，更能吸引消费者的眼球，引起购买冲动，从而形成消费热点。

2. 威胁与劣势分析

面对市场上越来越多的工艺品销售商，与我们的竞争对手也越来越多，形成的市场也越来越大。

特别是我们不可能像一些大型专业厂家一样可以顺利进入大型商场，甚至于拥有自己的专卖店。

3. 问题分析

① 面对市场上琳琅满目的工艺品，怎样使我们的产品更能满足消费者的要求？

② 如何克服在中秋节市场上，我们的目标与客户需求上的信息不对称问题。

五、具体行动方案

1．前期

月　日～月　日为调研阶段。从现在掌握的市场信息入手，针对目标市场，特别是重要目标市场进行跟踪调查，及时了解目标市场信息，研究分析目标市场范围内的需求量及目标市场动向。

2．中期

月　日～月　日为分销阶段。派出销售人员，以了解到的目标市场信息，对目标客户进行走访、垂询，并在预计时间内完成大部分订货任务。

3．后期

月　日～月　日为收尾阶段。通过各种手段，掌握客户的需求情况及意见、建议，争取二次订货，完成销售计划。

六、风险控制

针对问题分析中可能出现的各种风险，以及各阶段调查出来的各种问题，对计划及时进行修正，使风险尽量降低。

案例讨论

（1）这是一份简单的市场营销策划书，请分析该策划书的基本要素是否齐全？

（2）策划书中的哪些方面还需要加以完善？

第二部分　课题学习引导

15.1　理解营销策划书撰写的目的和原则

针对某项产品或某个营销活动，需要撰写一份科学、准确、全面、可行的营销计划书。如何撰写营销计划书，撰写营销策划书的目的和原则是什么，这就是本课题研究探讨的内容。

15.1.1　营销策划书的作用

营销策划书是营销策划方案的书面反映，也称为企划案。营销策划的最终成果将在策划书中体现出来，因此营销策划书的撰写具有重要意义。营销策划书是全部营销策划成果的结构化登录，是未来企业营销操作的全部依据。有了一流的策划，还要形成一流的策划书，否则优秀的策划就得不到完整的反映，或者会使营销策划的内容难以被人理解。策划书一般来说没有一成不变的格式，它依据产品或营销活动的不同要求，在策划的内容与编制格式上也有变化。但是，从营销策划活动一般规律来看，其中有些要素是共同的。

营销策划书既是艰苦的营销策划工作的表现形式，也是下一步实施营销活动的具体行动指南。任何一种营销策划，只要通过营销策划书的内容就可以了解策划者的意图与观点。营销策划书的作用可以归结为以下几个方面：

1．准确、完整地反映营销策划的内容

营销策划书是营销策划的书面反映形式。因此，营销策划书的内容是否能准确地传达策划者的真实意图，就显得非常重要。从整个策划过程上看，营销策划书是达到营销策划目的的第一步，是营销策划能否成功的关键。

2．充分、有效地说服决策者

通过营销策划书的文字表述，首先使企业决策者信服并认同营销策划的内容，说服企业决策者采纳营销策划中的意见，并按营销策划的内容去实施。

3．作为执行和控制的依据

营销策划书作为企业执行营销策划方案的依据，使营销职能部门在操作过程中增强行动的准确性和可控性。因此，如何通过营销策划书的文字表述魅力以及视觉效果，去打动及说服企业决策者，也就自然而然地成了策划者所追求的目标。

15.1.2 营销策划书的基本种类

按照策划书呈报对象的不同，可分为内部营销策划书和外部营销策划书两大类。其中，每一大类中又可按照具体内容细分出许多不同主题的策划书，例如市场调查策划书、新产品开发策划书、产品促销策划书等。

内部营销策划书是指呈报给企业的各级领导，供其作为决策依据的策划书。

外部营销策划书是指呈报给企业的消费者或经营伙伴等与企业经营相关的个人、组织或机构的策划书。外部营销策划书是非绝密文件（但对一般公众仍旧保密）。

15.1.3 营销策划书撰写的原则

为了提高营销策划书撰写的准确性与科学性，应首先把握其编制的几个主要原则：

1．逻辑思维原则

策划的目的在于解决企业营销中的问题，应按照逻辑思维的构思来编制策划书。首先是设定情况，交代策划背景，分析产品市场现状，再把营销策划的目的全盘托出；其次是在此基础上进行具体策划内容的详细阐述；再次是明确提出方案实施的对策。

2．简洁朴实原则

要注意突出重点，抓住企业营销中所要解决的核心问题，深入分析，提出可行性的相应对策，针对性强，具有实际操作指导意义。

3．可操作原则

编制的策划书是要用于指导营销活动，其指导性涉及营销活动中的每个人的工作及各环节关系的处理。因此，其可操作性非常重要。不能操作的方案创意再好也无任何价值。

4．创意新颖原则

要求策划的创意新、内容新，表现手法也要新，纳入以全新的感受。新颖的创意是策划书的核心。

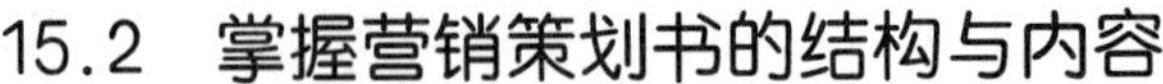

15.2 掌握营销策划书的结构与内容

不同的营销策划书有不同的形式和侧重点，但万变不离其宗，任何一份完善优秀的营销策划书包含的基本结构框架都是一样的。本课题就营销策划书的结构与内容进行详细的分析与研究。

营销策划书没有一成不变的格式，它依据产品或营销活动的不同要求，在策划的内容与编制格式上也有变化。但是，从营销策划活动一般规律来看，其中有些要素是共同的。营销策划书的结构一般情况下可以和营销策划的构成要素（内容）保持一致。其意义在于使营销策划书的制作效率化。目前，被公认为比较合理的营销策划书的结构框架应由以下几个部分组成，见表 15-2。

表 15-2　　营销策划书的基本构成

策划书的构成	要素与作用	策划书的构成	要素与作用
（1）封面	策划书的脸面	（7）营销目标	明确任务
（2）前言	前景交代	（8）战略及行动方案	对症下药
（3）目录	一目了然	（9）营销成本	计算准确
（4）概要提示	要点提示	（10）行动方案控制	容易实施
（5）环境分析	策划的依据和基础	（11）结束语	前后呼应
（6）机会分折	提出问题	（12）附录	提高可信度

15.2.1 封面

很多人会认为营销策划书关键在于内容，封面如何好像无关紧要，其实这是错误的。给一份营销策划书配上一个美观的封面是绝对不能忽略的。有很多人认为营销策划书重在内容，而封面无关紧要，其实这种看法忽略了封面的形象效用。

阅读者首先看到的是封面，因而封面能起到第一印象的强烈视觉效果，从而对策划内容的形象定位起到帮助。现在人们对于杂志或著作的封面设计已非常重视，同样，营销策划书的封面也应好好策划一番。封面的设计原则是醒目、整洁，切忌花哨，至于字体、字号、颜色则应根据视觉效果来定。

封面制作的要点如下：

1．标出委托方

如果是受委托的营销策划，那么在策划书封面要把委托方的名称列出来，如 xx 公司 xx 策划书。这里要注意的是不能出现错误，否则会给人留下不良的影响。

2．取一个简明扼要的标题

标题要简洁明了。有时为了突出策划的主题或者表现策划的目的，也可以加一个副标题或小标题。

3．标明日期

日期应以正式提交日为准。不应随随便便定一个日期，同时要用完整的年月日表示，如2008 年 8 月 8 日。

4．标明策划者

一般在封面的最下部位要标出策划者。如果策划者是公司，则需列出企业全称。

15.2.2 前言

前言的作用在于引起阅读者的注意和兴趣。前言的文字不能过长，一般不要超过一页，字数应控制在 1 000 字以内。其内容可以集中在以下几个方面：

首先，可以简单提一下接受营销策划委托的情况。如：xx 公司接受 xx 公司的委托，就 xx 年度的营业推广计划进行具体策划。

接下来要重点叙述为什么要进行这样一个策划，即把此策划的重要性和必要性表达清楚，这样就能吸引读者进一步去阅读正文。如果这个目的达到了，那么前言的作用也就被充分发挥出来了。最后部分可以就策划的概略情况，即策划的过程，以及策划实施后要达到的理想状态作简要说明。

15.2.3 目录

目录的作用是使营销策划书的结构一目了然，同时也使阅读者能方便地查寻到营销策划书的内容。因此，策划书中的目录不宜省略。

如果营销策划书的内容篇幅不是很多，目录可以和前言同列一页。列目录时要注意的是，目录中所标的页码不能和正文的页码有出入，否则会增加阅读者的麻烦。

因此，尽管目录位于策划书中的前列，但实际的操作往往是等策划书全部完成后，再根据策划书的内容与页码来编写目录。

15.2.4 概要提示

为了使阅读者对营销策划内容有一个非常清晰的概念，使阅读者立刻对策划者的意图与观点予以理解，作为总结性的概要提示是必不可少的。换句话说，阅读者通过概要提示，可以大致理解策划内容的要点。

概要提示的撰写同样要求简明扼要，篇幅不能过长，字数可以控制在一定数量之内。另外，概要提示不是简单地把策划内容予以列举，而是要单独成一个系统，因此，遣词造句等都要仔细斟酌，要起到一滴水见大海的效果。

概要提示的撰写一般有两种方法，即在制作营销策划书正文开始前事先确定和在营销策划书正文结束后事后确定。这两种方法各有利弊，一般来说，前者可以使策划内容的正文撰写有条不紊地进行，从而能有效防止正文撰写离题或无中心化；后者简单易行，只要把策划书内容归纳提炼就行。采用哪一种方法可由撰写者根据自己的情况来定。

15.2.5 环境分析

这是营销策划的依据与基础，所有营销策划都是以环境分析为出发点。环境分析一般应在外部环境与内部环境中抓重点，描绘出环境变化的轨迹，形成令人信服的依据资料。

环境分析的整理要点是明了性和准确性。所谓明了性是指列举的数据和事实要有条理，使人能抓住重点。在具体进行环境分析时，往往要收集大量资料，但所收集的资料并不一定都要放到策划书的环境分析中去，因为过于庞大繁杂的资料往往会减弱阅读者的阅读兴趣。如果确需列入大量资料，可以用“参考资料”的名义列在最后的附录里。因此，做到分析的明了性是策划者必须牢记的一个原则。

所谓准确性是指分析要符合客观实际，不能有太多的主观臆断。任何一个带有结论性的说明或观点都必须建立在客观事实基础上，这也是衡量策划者水平高低的标准之一。

15.2.6 机会分析

这一部分可以把它和里面的环境分析看做是一个整体。而实际上在很多场合，一些营销策划书也确实是如此处理的。

在这里，要从上面的环境分析中归纳出企业的机会与威胁、优势与劣势，然后找出企业存在的真正问题与潜力，为后面的方案制订打下基础。企业的机会与威胁一般通过外部环境的分析来把握；企业的优势与劣势一般通过内部环境的分析来把握。在确定了机会与威胁、优势与劣势之后，再根据对市场运动轨迹的预测，就可以大致找到企业问题所在了。

15.2.7 营销目标

通过 SWOT 分析得出分析结果后，即可据此来设定营销目标。营销目标通常是几个目标的组合，包括利润率、销售增长率、市场份额提高率、分销网点的增加、风险分散、创新和声誉等。

营销目标必须满足 4 个条件，第一，目标必须按轻重缓急有层次地安排。例如，策划方案的一个关键营销目标是提高利润。由此衍生出增加收入或减少费用。增加收入又可以转化为提高市场份额或价格。通过这种方法，就能把抽象的营销目标变成企业部门和个人能够执行的特定目标。第二，在可能的条件下，目标应该用数量表示。第三，目标必须切实可行。第四，各项营销目标之间应该协调一致。例如销售最大化和利润最大化要同时达到是不可能的。

15.2.8 战略及行动方案

这是策划书中的最主要部分。在撰写这部分内容时，必须非常清楚地提出营销目标、营销战略与具体行动方案。这里可以用医生为病人诊断的例子来说明。医生在询问病情、查看脸色、把脉以及各种常规检查后（这可以看做是进行环境分析和机会分析），必须对病人提出治疗方案。医生要根据病人的具体情况为其设定理想的健康目标（如同营销目标）、依据健康目标制订具体的治疗方案（如同营销战略与行动方案）。因此，“对症下药”及“因人制宜”是治疗的基本原则。所谓“因人制宜”是指要根据病人的健康状况即承受能力下药，药下得太猛，病人承受不了，则适得其反。

在制订营销战略及行动方案时，同样要遵循上述两个基本原则。常言道："欲速则不达。"在这里特别要注意的是避免人为提高营销目标以及制订脱离实际，难以施行的行动方案。可操作性是衡量此部分内容的主要标准。

在制订营销方案的同时，还必须制订出一个时间表作为补充，以使行动方案更具可操作性。此举还可提高策划的可信度。

1．营销宗旨

企业一般可以注重这样几方面：

① 以强有力的广告宣传攻势，顺利拓展市场差异化营销策略；

② 以产品主要消费群体为产品的营销重点；

③ 建立起点广面宽的销售渠道，不断拓宽销售区域等。

2．产品策略

通过前面的产品市场机会与问题分析，提出合理的产品策略建议，形成有效的 4P 组合，以达到最佳效果。

（1）产品定位

产品市场定位的关键是在消费者心目中寻找一个合理空间，使产品迅速启动市场。

（2）产品质量功能方案

产品质量就是产品的市场生命。企业对产品应有完善的质量保证体系。

（3）产品品牌

要形成一定知名度、美誉度，树立消费者心目中的知名品牌，必须有强烈的创牌意识。

（4）产品包装

包装作为产品给消费者的第一印象，需要能迎合消费者使其满意的包装策略。

（5）产品服务

策划中要注意产品服务方式、服务质量的改善和提高。

3．价格策略

可以从以下几个方面入手：

① 合理的批零差价，调动批发商、中间商积极性；

② 适当数量折扣，鼓励多购；

③ 以成本为基础，以同类产品价格为参考，使产品价格更具竞争力。若企业以产品价格为营销优势，则更应注重价格策略的制订。

4．销售渠道

根据产品目前销售渠道状况，对销售渠道的拓展计划，采取一些实惠政策。鼓励中间商、代理商的销售积极性或制订适当的奖励政策。

5．广告宣传

（1）广告宣传的原则

① 服从公司整体营销宣传策略，树立产品形象，同时注重树立公司形象；

② 在一定时段上应推出一致的广告宣传。广告宣传商品个性不宜变来变去，功能变多

了，消费者会不认识商品，反而使老主顾也觉得陌生；

③ 在选择广告宣传媒体多样式化的同时，注重抓宣传效果好的方式；

④ 不定期地配合阶段性的促销活动，掌握适当时机，及时、灵活地进行广告宣传，如逢重大节假日，公司组织有纪念意义的活动等。

（2）实施步骤可按以下方式进行：

① 策划期内前期推出产品形象广告；

② 适时推出诚征代理商广告；

③ 节假日、重大活动前推出促销广告；

④ 把握时机进行公关活动，接触消费者；

⑤ 积极利用新闻媒介，善于创造利用新闻事件提高企业产品知名度。

6．具体行动方案

根据策划期内各时间段特点，推出各项具体行动方案。行动方案要细致、周密，操作性强又不缺乏灵活性。还要考虑费用支出，一切量力而行，尽量以较低费用取得良好效果为原则。尤其应该注意季节性产品淡、旺季营销侧重点，抓住旺季营销优势。

15.2.9 营销成本

营销费用的测算不能马虎，要有根据。像电台广告、报纸广告的费用等最好列出具体价目表，以示准确。如价目表过细，可作为附录列在最后。在列成本时要区分不同的项目费用，既不能太粗，又不能太细。用列表的方法标出营销费用也经常被运用，其优点是醒目。

15.2.10 行动方案控制

作为策划方案的补充部分，应明确对方案的实施过程的管理方法与措施。对行动方案的控制设计要有利于决策的组织与施行。在方案执行中都可能出现与现实情况不相适应的地方，因此方案贯彻必须随时根据市场的反馈及时对方案进行调整。

方案的实施与控制，是否应该算作营销策划的内容，这在实践中有两种不同的看法：一种观点认为策划案完成并得到企业批准，营销策划即告完成；另一种观点则认为策划案完成后方案的实施也是营销策划的当然内容。但不管持哪种观点，客观的事实是，策划案的实施往往少不了策划专家的参与指导，除非所策划的问题比较简单，方案实施过程中不涉及技术性问题或碰到意外困难。而这种假设情况一般比较少见，尤其当企业委托专家策划，往往是面临的问题较大，或者是重大的策划项目。

方案实施从某种程度上说，其工作难度并不亚于对方案的策划。因为方案在实施过程中可能会碰到很多困难，出现一些意想不到的问题，需要付出艰辛的努力。因此，方案实施过程中要做好以下几方面工作。

1．做好动员和准备工作

新营销方案的出台，往往牵一发而动全身，而且营销方案的实施需要把任务分解到企业的各相关部门去执行，故实施之前要做好动员工作，思想上高度重视，做到认识一致。同时要做好相应的准备工作，如人员配备、设施添置，资金调度，以及对执行新业务人员的培训等。

2．选择好实施时机

方案的实施要精心选择好时机，瞄准出击。如策划的广告方案，在恰当的宣传时机推出，效果会更好，时机选得准，往往能取得事半功倍的效果；而贻误时机，则有可能前功尽弃。

3．加强实施过程的调控

在方案实施过程中，首先，要做好任务分解，落实人员，明确责任，熟悉业务操作规程和操作要求；其次，要加强协调，市场营销是一个有机联系的系统，如果企业部门之间、上下级之间协调不够，往往造成一处梗阻，全线瘫痪；再次，要加强检查和评估。检查方案的执行情况、实施进度等。如果发现方案设计中有不足，则要及时对方案作必要的调整。

评估则是对实施效果的评估。效果的评估一定要深入分析，找出原因。如果执行效果理想，达到了预期目的，则要注意总结经验，以利再战。如果执行效果不理想，甚至差距很大，就要客观分析效果不理想的原因，是方案的制订有问题，如目标过高，措施不当，还是客观市场环境变化带来不可克服的障碍，或是方案执行不力，或实施时机选择不当，等等。找出原因，有针对性地解决问题。这不论是对策划方还是企业一方来说，都是必要的。它有利于不断提高策划水平，也有利于企业增强驾驭市场营销活动的能力。

15.2.11 结束语

结束语主要起到与前言的呼应作用，使策划书有一个圆满的结束，而不至于使人感到太突然。结束语中再重复一下主要观点并突出要点是常见的写法。

15.2.12 附录

附录的作用在于提供策划客观性的证明。因此，凡是有助于阅读者对策划内容的理解、信任的资料都可以考虑列入附录。但是，为了突出重点，可列可不列的资料还是不列为宜。作为附录的另一种形式是提供原始资料，如消费者问卷的样本、座谈会原始照片等图像资料，等等。作为附录也要标明顺序，以便查找。

15.3 掌握营销策划书的撰写技巧

营销策划书尤如一本书，需要策划者具备较深的专业理论知识，较强的文字功底，较好的逻辑分析能力，较多的公关能力，尤其需要有过硬的写作技巧。只有具备了这样几个基本条件，才能写出高水平的营销策划书。本书最后需要分析和阐述的是策划书的撰写技巧。

一台戏如果情节生动有趣，剧本却枯燥无味，那么这台戏真正上演时也不会吸引人。策划书的写作也是如此，只有形象有趣才能吸引更多的人参与和支持。

如果要使策划书引人入胜，在写作时可以想象一下剧本所采用的有关手法。剧本为了使读者一开始就进入入迷的状态，常常开始就制造一个悬念或描述一件让读者感兴趣的事件，从而提高观众的情绪，并且将这种气氛贯穿全剧。在这种气氛中，随着故事情节的进展，将剧情蕴涵的意义及主题传达给观众。在策划书的写作中同样也可以运用这种技巧。

营销策划书和一般的报告文章有所不同，它对可信性、可操作性以及说服力的要求特别

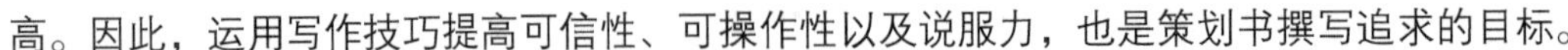

高。因此，运用写作技巧提高可信性、可操作性以及说服力，也是策划书撰写追求的目标。

15.3.1 寻找一定的理论依据

欲提高策划内容的可信性，并使阅读者接受，就要为策划者的观点寻找理论依据。事实证明，这是一个事半功倍的方法。但是，理论依据要有对应关系，纯粹的理论堆砌不仅不能提高可信性，反而会给人脱离实际的感觉。

15.3.2 适当举例

这里的举例是指通过正反两方面的例子来证明自己的观点。在策划报告书中，适当地加入成功与失败的例子既能起调节结构的作用，又能增强说服力，可谓一举两得。这里要指出的是，举例以多举成功的例子为宜，选择一些国外先进的经验与做法，用以印证自己的观点是非常有效的。

15.3.3 利用数据说明问题

策划报告书是一份指导企业实践的文件，其可靠程度如何是决策者首先要考虑的。报告书的内容不能留下查无凭据之嫌，任何一个论点均要有依据，而数据就是最好的依据。在报告书中利用各种绝对数和相对数来进行比照是绝对不可少的。要注意的是，数据需有出处，以证明其可靠性。

15.3.4 运用图表帮助理解

运用图表能有助于阅读者理解策划的内容，同时，图表还能提高页面的美观性。图表的主要优点在于有着强烈的直观效果，因此，用其进行比较分析、概括归纳、辅助说明等非常有效。图表的另一优点是能调节阅读者的情绪，从而有利于对策划书的深刻理解。

15.3.5 合理利用版面安排

策划书视觉效果的优劣在一定程度上影响着策划效果的发挥。有效利用版面安排也是策划书撰写的技巧之一。版面安排包括打印的字体、字号、字距、行距以及插图和颜色，等等。如果整篇策划书的字体、字号完全一样，没有层次、主辅，那么这份策划书就会显得呆板，缺少生气。总之，良好的版面可以使策划书重点突出，层次分明。

应该说，随着文字处理的计算机化，这些工作是不难完成的。策划者可以先设计几种版面安排，通过比较分析，确定一种最好效果的设计，然后再正式打印。

15.3.6 注意细节，消灭差错

细节往往会被人忽视，但是对于策划报告书来说却是十分重要的。可以想象如果一份策划书中错字、漏字连续出现，读者怎么可能会对策划者抱有好的印象呢？因此，对打印好的策划书要反复仔细地检查，特别是对于企业的名称、专业术语等更应仔细检查。另外，纸张的好坏、打印的质量等都会对策划书本身产生影响，所以绝不能掉以轻心。

【小　　结】

营销策划书的编制要把握 4 个主要原则，一是逻辑思维原则；二是简洁朴实原则；三是可操作原则；四是创意新颖原则。

被公认为比较合理的营销策划书的结构框架应该包括封面、前言、目录、概要提示、环境分析、机会分折、营销目标、战略及行动方案、营销成本、行动方案控制、结束语和附录等内容。

营销策划书和一般的报告文章有所不同，它对可信性、可操作性以及说服力的要求特别高，因此，应运用写作技巧提高营销策划书的可信性、可操作性以及说服力。

第三部分　课题实践页

一、选择题

（1）以下不属于营销策划书的主要作用的是（　　）。

A．准确、完整地反映营销策划的内容　　B．充分、有效地说服决策者

C．为企业未来发展指明方向　　D．作为执行和控制的依据

（2）下列选项中，不属于营销策划书撰写基本原则的是（　　）。

A．逻辑思维原则　　B．充分细致原则　　C．可操作原则　　D．创意新颖原则

（3）营销策划书的核心内容是（　　）。

A．环境分析　　B．机会分析　　C．营销目标　　D．战略及行动方案

二、判断题

（1）任何一种营销策划，只要通过营销策划书的内容就可以了解策划者的意图与观点。（　　）

（2）新颖的创意是策划书的核心。（　　）

（3）不是所有营销策划都是以环境分析为出发点的。（　　）

（4）凡是有助于阅读者对策划内容的理解，信任的资料都应列入附录。（　　）

（5）战略及行动方案是营销策划书中的最主要部分。（　　）

三、简答题

（1）试述营销策划书的结构框架。

（2）撰写营销策划书应把握哪些原则?

四、课堂讨论

（1）营销策划书有什么作用?

（2）营销策划书的撰写有哪些技巧?

（3）应该从哪些方面完善营销策划书?

五、实训操作

选择一项学生们可以进行的项目，通过调查，写一份营销策划书。

实训目标：发挥学生积极参加社会实践的能力，巩固学生关于策划书写作的理论知识，强化学生的动手操作能力，培养学生在编写策划书中的创意以及技巧。

实训组织：班级干部组织，将班级分成 5～8 人一组，每组选一位负责人，小组成员分工协作，共同完成实训工作。

实训成果：营销策划书展示，老师点评。